KB252627

 공익과 인권 14

2008 2009 한국과 표현의 자유

서울대학교 공익인권법센터

한인섭 편

景仁文化社

최근 한국에서 표현의 자유와 관련된 쟁점이 다각도로 제기되고 있다. 2008년 상반기가 촛불로 상징되는 백가제방식 표현의 시기를 활짝 열었다면, 하반기에는 각종 표현들에 대한 경찰단속과 사법처리를 둘러싼 논란이 또다른 표현들을 불러일으키고 있다. 무대가 달라졌을 뿐이다. 상반기의 중심 무대가 '시청앞 광장과 거리'였다면, 하반기에는 '서초동 법정'과 '여의도 국회'가 중심무대가 되었다. 촛불시위가 off-line 뿐 아니라 on-line에서 뜨겁게 진행되었듯이, 그 여파로 인터넷에 대한 각종 규제의 시도가 이어지고 있다. 몇몇 쟁점은 이미 헌법재판소의 위헌심판 및 헌법소원의 대상이 되어 있다. 인터넷상의 불매운동의 정당성을 둘러싼 시비도 사법적, 입법적 대응거리가 되고 있다. 비단 정치적 표현 뿐 아니다. 최진실 사망을 둘러싸고 악플에 대한 규제, 공인에 대한 표현의 자유의 한계 여부도 논란되고 있다. 선거의 공정성과 선거운동 관련 표현의 규제의 적정성 여부도 계속 논란거리이다.

이렇게 우리 사회에서 '표현의 자유'가 급작스레 중심이슈로 등장하게 된 것은 정권교체의 여파와 관련되지만, 더 넓게는 우리사회의 민주화의 진행과정에 대한 평가와 앞으로의 전망에 대한 서로 다른 구상이 충돌하기 때문이기도 하다. 마침내 2008년 하반기에는 '표현의 자유'와 관련된 규제입법 및 새로운 미디어질서의 구상에 대한 언론입법을 둘러싸고 국회에서 "입법전쟁"까지 야기되는 지경이 되었다. "MB악법" 대 "MB약법"으로 통칭되는 이 입법전쟁은 몇차례의 "전투"를 겪은 후 겨우 여야협상으로 미봉된 상태에서 2009년으로 넘어와 지금에 이르도록 '화약고'로 남아있다.

　가장 당혹스런 것은 입법과정에서 군사형-산업형 시대의 돌진주의가 재등장한 것이다. "약법"인지 "악법"인지에 대해 충분한 정보의 제공도, 충분한 공론형성과정도 없이 "작전"하고 "돌파"하여 법률이라는 고지를 선점하자는 발상이 넘실거린다. 압도적 다수의석을 갖고 있는 여당이 행정부와의 허심탄회한 협의와 공론화 과정을 생략한 채 입법안을 남발하고 있다. 이렇게 '숙려'의 과정을 생략한 입법과정은 결국 문제투성이의 법을 결실하기 마련이다. 모름지기 하나의 법률이 바람직한 국가질서 형성에 기여하고 시민사회에 연착륙하기 위해서는 수많은 토론과 공청을 거치고, 타협과 조정을 통해 여러 가지의 우려를 해소시키는 장치를 집어넣고, 숙려와 소화의 단계를 거치면서 결과를 도출하는 것이 바람직함은 말할 나위가 없다.

　입법은 그 결과가 아니라 '과정' 속에서 국민의 내면적 규범으로 자리잡는다. 국민들이 생각하는 바람직한 규범질서와 실정법이 일치하게 될 때, 저절로 규범에 대한 존중심이 생겨나고 최소한의 사회적 비용으로 법치를 뿌리내리게 할 수 있다. 날치기든 무엇이든, 어거지로 법을 통과시켜놓고, 그 법을 지켜라고 하고, 지키지 않으면 제재하겠다고 하는 것은 반법치적 발상이다. 민주헌정 20년을 지낸 이 시점에도 "악법도 법이니 어쨌든 지켜라"고 강변하는 자세가 재등장해서는 안될 것이다.

　우리는 이 책을 통해 표현의 자유를 둘러싼 현재의 쟁점에 대해 법률가로서 답변을 성실히 준비하였다. 주제가 '표현의 자유'이니만큼, 어떤 예정된 결론의 도출이 아니라 자유롭게 의제를 설정하고 가급적 다양한 방식으로 이 문제를 접근하고자 했다. 이제 한국의 민주주의도 명목적-장식적 민주주의를 넘어서고, 제도적-일률적 민주주의도 넘어서서, 다원적-시민적 민주주의의 단계로 나아가야 한다고 생각한다.

법조인들은 법을 재판규범이라 하지만, 그보다 법은 국민 전체의 것으로 시민의 일상 속에 녹아있는 행위규범으로서의 법질서를 만들어가야 한다.

법은 입법자의 전유물도 아니고, 판검사들의 전유물처럼 여겨져서도 안된다. 자신의 법적 권한을 행사하는 자는, 그 권한을 조자룡 헌칼 쓰듯 해서는 안되고, 천년의 고려자기를 대하듯 조심스럽고 소중하게 다루어야 한다. 무엇보다 권한을 가진 자들은 이 기회에 권병(權柄)을 휘두르자고 할 것이 아니라 무엇보다 겸허한 자세로 귀를 열어 각계의 표현을 경청해야 할 것이다. 법을 지켜라고 강요하지 말라! 먼저 지켜서 좋고, 지키면 편한 법을 만들어라! 그리고 그 법을 겸허하게 적용하고 집행하라! 그리고 그 법이 행여 불공정하거나 형평성을 잃지 않았는지 늘 성찰하라! 이럴 때 그 법은 만인이 가슴속에서 절로 살아난다.

무언가 갑갑하고 어두워지는 듯한 느낌이 드는 것은 짙어지는 경제불황 탓만은 아닐 것이다. 이런 시점에서 우리의 표현들이 하나의 반딧불과 같은 작은 길잡이라도 될 수 있으면 하는 소망이다. 이 책을 만드는 데 기여한 8명의 필자, 5명의 지정토론자 및 자유토론자들, 그리고 편집과정에서 기여한 이들, 일일이 거명은 않겠지만 이 모든 분들의 수고를 기억했으면 한다. <공익인권법>의 활성화를 위해 도와주시는 여러분들의 격려에도 감사드린다.

2009년 2월
서울대 공익인권법센터를 대표하여
한 인 섭

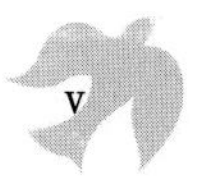

╫ 목 차 ╫

2008년 한국 : 표현의 자유와 민주주의

한 상 희*

I. 2008년 한국: 민주주의의 퇴행

　현정부의 출범 이래 가장 빈번하고도 강력하게 대두되는 대국민 요구
사항이 법질서의 확립이다. 이명박 대통령은 "떼법"이 없으면 GDP가 1%
는 상승할 것[1]이라고 말하며, 법무부는 이를 이어받아 공식문건에서까지

---

* 건국대 법대 교수

1) 이는 차문중, "법·질서 준수가 경제성장에 미치는 영향," 한국개발원 포럼자
료, 2007.1.7.에 기반을 둔 발언이다. 하지만 이 문건은 분석틀의 타당성은
물론 분석결과의 해석에 있어서도 심각한 문제를 야기한다. 실제 이 문건은
PRS Group의 조사를 바탕으로 한 것으로 각국별 법·질서의 평점과 경제성
장률간의 상관관계를 조사한 것이나, 다음의 점에서 하자가 있다. ①법·질
서 항목은 총 6점으로 되어 있는바, 사법등의 법체계가 3점, 법위반을 비롯
한 질서부분의 평점이 3점으로 배정되어 있음에도 불구하고 이 문건은 마치
불법시위만이 경제성장에 영향을 미치는 듯한 뉘앙스로 작성되었고, ②PRS
Group이 제시한 부패수준이나 여타 20여가지의 다른 지표들간에 상호작용

'떼법 문화'라는 '속된' 표현을 사용하면서 법치확립-불법집단행동근절-각종 집회의 상습시위꾼 등의 언어폭력을 자행하면서 형사재판 시 민사상 손해배상 책임도 함께 추궁하는 한편, "시위대 검거 등 정당한 공무집행"에 대하여 "과감한 면책보장"의 방법으로 적극적 공권력 행사를 독려하겠다고 나선다.[2]

하지만 이 법질서의 관념은 이명박 대통령이 경찰의 성매매업소 집중단속과 관련해 "무차별적인 단속으로 인한 민생피해가 가지 않도록 조직폭력 등 민생사범 단속에 주력하라"고 말하는 순간 하나의 '허무개그'가 되어 버리고 만다. 대통령과 그의 정부가 사용하는 법질서의 관념은 "글로벌"적인 수준에서 사용하는 법질서(law and order)와는 전혀 동떨어진, 후진적인 국가폭력을 허사로 포장해 놓은 것일 따름임을 너무도 잘 보여주고 있기 때문이다. 그리고 바로 이런 개념왜곡에서부터 현정부의 반헌법적, 반입헌주의적 성격이 노정된다. 여기서는 국가영역과 사회영역에 각각 타당한 헌법요청은 몰각된다. 민주주의적 정치과정이 법질서의 이름으로 매도되고, 국민의 자유와 권리의 보장을 위한 법의 지향은 자의적인 시장경제라는 논리로 왜곡되어 버리고 만다.

미국산 쇠고기문제로 촉발되었던 촛불집회에 대한 현 정부의 태도는 또 다른 예이다. 시민들로부터 광장을 빼앗아버리는 대표적인 음모이기 때문이다. 아울러 언론사를 장악하며 시민들의 눈과 귀를 가리고자 하는 시도는 법의 명문규정조차 거역하며 행사된 적나라한 폭력에 다름 아니

이나 영향관계가 있음을 간과하였고, ③법·질서와 경제성장률 간의 상관관계를 이론적으로 설명하지 못하는 한계를 가진다. 특히 후자와 관련하여서는 법·질서가 경제성장률에 영향을 미치는 것인지 거꾸로 경제성장이 법·질서에 영향을 미치는 것인지도 별도의 검증대상이어야 하나, 이에 대하여는 침묵하고 있다.

2) 법무부, 2008. 03.19자 「진짜최종업무보고 보도자료」, http://www.moj.go.kr/ 참조.

다. 감사원과 경찰까지 동원하며 KBS사장을 갈아치우는가 하면 그렇게 바뀐 사장들을 첨병삼아 방송의 인사권뿐 아니라 언론의 자유의 본질에 해당하는 할 편집권까지도 침탈해 낸다. "땡전뉴스"로 상징되던 관변언론의 폐습을 이제 다시금 반복하고자 하는 것이다.

사이버모욕죄를 앞세우며 실명제와 감청확대라는 사이버 3대 악법을 밀어붙이는 행태는 사이버공간이라는 또 다른 광장을 말살하고자 하는 음모로 확산된다. 한 연예인의 죽음을 빌미로 그들은 사이버공간에서 쌓여왔던 해묵은 콤플렉스를 복수의 감정으로 털어버리고자 한다. 사이버공간은 악플과 모욕과 거짓으로 가득찬 악의 공간으로 폄하하면서 그곳은 전방위적인 국가감시의 대상이 되어야 하며 이 감시망 속에서 누구든지 이 공간에서 허튼 글, 허튼 말을 하면 처벌받을 것임을 공언한다.

경기회복을 위해 기업에 대한 세무조사를 삼가고 기업에 대한 압수수색을 자제하겠다는 기업프렌들리 사법정책은 이 허무개그의 극단에서 우리의 법치의 종말을 재촉한다. 자본권력을 휘두르는 천민적 시장에 대해서는 지나치게 관대해질 것을 공언하는 정부가 인간의 권리이자 헌법의 핵심 기본권이 되는 집회의 자유, 표현의 자유에는 지나치게 엄격하고자 한다. 실제 민주주의라는 것이 자유로운 의사소통을 전제로 한다는 점을 감안한다면 정치권력이 그 매체를 통제하여야 할 이유는 결코 적지 않다. 아직도 정치후진국들에서는 전화나 팩스가 통제되고 있으며 인터넷의 연결지점마다 검열의 체제를 구축하고 있음은 그 좋은 예가 된다. 국민들 사이의 의사소통이 통제되어야 의식과 사상을 통제할 수 있으며 그 결과로서 행동에 대한 통제까지 완벽해지기 때문이다. 그리고 바로 이 점에서 출범한지 10개월이 채 안 되는 기간 동안 현정부와 집권여당이 한 일은 지난 20년간 우리가 소중히 가꾸어 왔던 공공영역을 파괴하는 것임은 심각한 문제를 야기하게 된다. 그것은 그동안의 민주화의 성과를 말살하기에 충분한 것이기 때문이다. 지난 날 수많은 공적 담론을 생산해 내며 대통령까지 만들어내었던 사이버공간을 이제 자본의 상업주의와 순간적 쾌락주의만이 판을 치는 곳으로 전락시키고 있는 것이다.3)

이 글은 이런 현 정부의 문제점들을 민주주의의 이념적 지향 속에서 비판해 보고자 하는 목적에서 작성되었다. 근대국가의 성립과정에서 그 본질적 구성요소로 성립되었고, 자본주의의 발전과정에서는 시장에 대한 가장 굳건한 보호자가 되었으며, 세계체제가 구축되어 있는 오늘날에조차 신입헌주의라는 형태로 가장 강력한 규율이 되어 있는 입헌주의－그리고 그 전제로서의 인권과 법치를 향한 헌법이념－가 현 정부에 와서는 여지 없이 침탈되고 있는 현실을 표현의 자유라는 한 고리를 빌어 적시해 보고자 하는 것이다. 물론 그에 대한 대안은 이 글의 몫이 되지 않는다. 단지 "나의 영(靈)은 죽어 있는 것이 아니냐"4)는 질문에 불과하기 때문이다.

Ⅱ. 민주주의와 촛불집회

1. 입헌주의와 국가권력

입헌주의(constitutionalism)는 근대국가의 본질적 개념요소이다. 그것

---

3) 하지만 그 희생에도 불구하고 그들이 얻고자 하는 것은 신자유주의적인 시장도 보수적인 자유도 아니다. 오로지 그들의 관심대상은 기득권의 재생산과 강화에만 한정되어 있다. 그들이 추진하는 감세정책은 물론 최근 경제위기를 빌미로 수도권을 중심으로 하는 토건정책을 추진하고자 하는 현상은 그들이 추구하는 바가 가진 자 혹은 있는 자에게만 고착되어 있을 뿐임을 잘 보여준다. 국제중학교로 상징되는 교육정책은 영어몰입수업 논란과 마찬가지로 동일한 목적에 봉사한다. 겉으로야 글로벌시대를 말하고 엘리트교육을 말하지만, 그 실질에 있어서는 강남교육'특구'의 집단이기주의를 그대로 반영하고 있을 뿐이다.
4) 김수영, 「사령(死靈)」에서

은 국가를 하나의 인위적인 실체(corpus artificialis)로 구성하면서 개인
적·인격적 지배로부터 국가를 독립시켜 국가 그 자체를 하나의 목적으로
삼아 '국가에의 의지(Wille zum Staat)'가 모든 권력을 정당화하는 기초로
전제한다. 그리고 이 의지를 현실적·구체적으로 발현하는 규범 – 성문의
헌법 – 으로 하여금 모든 국가권력을 계획적이고도 체계적으로 기속하도
록 명령한다.5)

이 점에서 보면 헌법은 입헌주의의 맥락에서 보자면 두 가지의 큰 의
미를 가진다. 그 첫째는 입헌주의의 가장 중요한 내포로서 전제권력에
대한 안티테제로서의 권력통제규범이라는 성격이다. 그것은 절대권력에
대한 제한을 그 모태로 하지만 그렇다고 해서 왕권신수설등의 봉건적 이
데올로기에 대한 항의에만 한정되지 않는다. 대의제체제와 같이 주권자
와 통치권자가 이원적으로 분할되어 있는 체제에서는 비록 그 통치권이
주권자에 의하여 위임되거나 할양되었음에도 불구하고 여전히 이런 통치
권은 제한되어야 하며 그 제한은 기본법 내지는 근본법에 의하여 이루어
져야 할 것을 선언한다.

하지만 이런 항의적 선언으로서의 입헌주의는 혁명의 진행과 더불어,
그리고 ②의 목적지향으로 인하여 또다른 의미를 획득하게 된다. 국민의
자유와 권리를 보호하기 위한 권력의 창출 혹은 승인이라는 일종의 적극
적 성격이 그것이다. 즉, 입헌주의는 국가의 형성을 위하여 새로운 국가
권력을 창출하기 위한 규범적 근거를 마련하거나 혹은 기존의 국가질서
에 대하여 새로운 정당성의 근거를 제공하는 의미를 가진다. 그래서 그
것은 비록 국민의 자유와 권리에 대한 권력이라 하더라도 기본법 혹은
근본법의 근거 하에서 구축되는 것이라면 그 정당성을 획득할 수 있도록
하는 기능을 수행한다.6) 일종의 헌법의 '수권규범성'으로 범주화되는 이

---

5) 신우철, "근대 입헌주의 성립사 연구: 입헌주의의 서구적 원형과 독일적 변
   용," 중앙대학교 법학논문집, 제31집 제1호, 2007, 8면 참조

기능은 한나 아렌트적인 의미에서의 '권력'과 '폭력'을 구분하는 기준을 마련하고, 사회 내에 존재하는 다양한 힘의 존재 혹은 힘의 관계들을 유효하고도 타당한 국가권력으로 승화시키는 역할을 담당하게 된다.[7]

"모든 권력은 국민으로부터 나온다"(헌법 제1조제2항, 독일기본법 제20조제2항)는 헌법규정이 의미를 가지는 것은 이 부분에서이다. 그것은 기존의 힘관계에 대하여 새로운 힘을 행사하면서 그것을 통제하는 한편 새로운 국가권력으로 전이시키는 헌법제정의 과정을 지배하는 힘, 즉 헌법제정권력의 원천을 지시하는 것이자 동시에 그러한 헌법제정권력이 국민 일반에 항구적이고 편재적으로 존재하고 있음을 선언하는 것이기 때문이다.

C. Schmitt의 「항시적 자연상태」로서의 헌법제정권력론[8]은 이를 말한다. 입헌주의체제를 구성하는 최고의 규범으로서의 근본법은 곧장 C. Schmitt의 절대적 헌법에 상당한다. 그것은 정치적 통일체의 존재방식을 결정하는 것으로, 국민의 "정치적 실존형태와 형식"에 대한 정치적 결정이다. 그리고 이 결정은 적어도 시민적-법치적 입헌국가에 있어서는 주권자로서의 국민들이 내리는 직접적 정치적 의지이다. 그리고 무엇보다 중요한 것은 "헌법제정권력은 그것이 한번 행사되었다고 해서 효력을 상실하거나 소멸되는 것이 아니다"

---

6) 이런 입헌주의의 기능에 관하여는 오향미, "헌정주의의 조건으로서의 주권과 헌법제정권력: 독일 헌정사를 중심으로," 한국정치학회보, 제41집 제4호, 2007 참조.

7) 한국의 하이에크주의자들이 미국과는 달리 민주주의와 사회정의구현이라는 헌법목표를 폐제하고자 하는 주장을 헌법개정의 필요성과 연계시키고 있음도 바로 이 때문이다. 시장이나 자본이라는 사회적 힘이 정당한 권리-재산권-나 권력-사유재산제-로 승인받기 위해서는 헌법적 포섭작용이 필요함을 인정하고 있는 것이다.

8) 이에 관한 간략한 설명으로는 오향미, 전게논문 및 김효전, 독일헌법학설사, 법문사, 1982, 141-154면 참조.

그에 있어서의 헌법제정권력은 항시적·항구적인 것으로 Kriele의 말처럼 헌법의 제정과 동시에 헌법으로 흡수되어 소멸하는 것은 아니다. 그것은 잠재적 주권자로서 헌정의 위기 상황에서는 언제든지 재등장할 수 있는 영원한 권력이다.

이렇게 본다면 입헌주의의 요청은 곧장 민주주의의 요청으로 결합된다. "만약 국민 대다수가 정치적 운명을 새롭게 결정하고자 하는 의지를 갖고 있다면 그 결단은 존중될 수밖에 없는 것"9)이기 때문이다. C. Schmitt가 바이마르공화국에서의 의회주의를 정당간부, 고급관료, 군간부, 자본가층에 의하여 장악되어 그 집단에 의해 사전결정된 바를 하등의 '토론'도, '공개'도 없이 통과시키는 형식적 과정에 불과하다고 비판하면서 '사망선고'를 내리는 한편, 그 대안으로서 통치자와 피치자의 동일성을 강조하는 것은 바로 이 때문이다. 그는 통치자와 피치자의 절대적 구분을 바탕으로 이루어지는 대의제는 결국 한계상황에 봉착하면서 비상의 조치가 필요하게 되는 예외상태10)를 야기하고 있다고 보고 있는 것이다.

물론 그의 민주주의론은 일단은 독재론으로 이어져 독일 나치즘의 이론적 기반으로 변용되었다. 하지만, 그럼에도 불구하고 그의 민주주의론 자체의 타당성이 흠결되는 것은 아니다. 오히려 그가 생각하는 「이념국가」의 문제가 독일에 특유한 상황과 결합하면서 그 역사적 오류가 나타난 것에 불과하다. 중요한 것은 자유주의의 이름으로 사유화되어 버린 국가적 이념을 어떻게 공적인 것으로 다시 복원시킬 수 있을 것인가 혹

---

9) 오향미, 전게논문, 306면.
10) 그에 의하면 이 예외상태는 법은 퇴보하지만 국가는 잔류하며 국가는 자기보존권에 근거하여 법을 정지시킨다고 한다. 그리고 이 예외상태에서 결단을 내리는 자가 주권자이며 "정치적 통일체로서의 국가는 그것이 존재하는 한 결단하는 통일체이며, 예외상태를 포함한 결정적 상태에 대한 결정권을 개념 필연적으로 항상 보유하고 있어야 한다는 의미에서 「주권적」"이라 한다.

은 그러한 영역으로서의 정치는 어떻게 체계화할 수 있을 것인가의 고민
이다.

엄밀히 보아 그의 이념국가는 가장 추상적 수준에서 결정되는 법의
실현을 추구하는 국가라는 점에서 그것은 법치국가이자, 동시에 법의 '내
용적 무관심'을 전제로 결단에 기초를 가지는 질서의 형성을 추구한다는
점에서 그것은 정치에 기반하는 국가－민주주의에 의거한 국가－를 의
미한다. 그리고 그 헌법적 구성이 항시적·잠재적 주권으로서의 헌법제정
권력으로 표출되고 있는 것이다. 즉, 대의제적 과정을 거쳐 정립된 구체
적 법이 절대적 지배력을 획득하는 사법국가체제가 아니라 이러한 구체
적 법을 추상적·일반적 법에 의거하여 회의하고 비판하며 이로부터 부단
히 자기 갱신을 하는 법권력, 그 성찰로부터 새로운 공적 가치를 형성해
나가는 결단의 정치, 그것이 바로 C. Schmitt가 말하는 민주주의론의 요
체일 것이다.11)

실제 근대 이래 국민국가체제에서부터 오늘에 이르기까지 전 세계적
으로 국가를 구성하는 보편적 지향으로서의 입헌주의는 주권자에 의하여
정립되고 그 주권자에 의하여 부단히 갱신되는 근본법 즉 헌법의 지배로
특징지워지는 정치체제 혹은 헌법원리라 할 수 있다. C. Schmitt의 헌법
론은 이런 입헌주의를 터잡는 주권의 문제를 설명하고 있다. 즉, 가장 추
상적인 수준에서는 보편적 법의 지배를 규정하고 이 보편적 법은 주권자
인 국민이 이루어내는 결단에 의하여 충족되어야 할 것, 그것이 입헌주
의의 요체임을 선언하고 있는 것이다.

---

11) 바로 이 때문에 그는 소송의 판결을 내리는 법관에게 최종결정권을 두는 사
법국가나 비인격적인, 따라서 일반적이고 영속한다고 상정되며 양정 및 규
정가능한 내용을 가지는 규범에 지배되는 입법국가를 배제하고 물(物) 자체
가 지배하는 행정국가를 선호한다.

2. '촛불정국'과 주권적 '예외상태'

　이런 C. Schumitt의 분석은 100회 이상 지속되었던 촛불집회의 상황을 가장 잘 설명한다. 미국산 쇠고기 수입결정의 문제는 국민의 건강권 내지는 생존권에 대한 위험을 야기하였을 뿐 아니라 이 과정에서 보여준 현 정부의 폐쇄적이고 획일적인 의사결정구조는 정부에 대한 국민적 신뢰는 물론, 정부의 존재 자체를 의심하게끔 만들었다. 그 중에서도 국가 내부의 문제는 국가 내부에서 결정한다고 하는 주권의 기본원칙(대외적 독립성)은 심각히 훼손되면서 이 정부는 누구의, 누구를 위한 정부인가라는 항의가 줄을 이었다.

　여기서 주권의 훼손은 두 가지로 요약된다. 그 첫째는 "검역주권"의 문제이다. 광우병이 발생한 국가에서 수입하는 쇠고기제품의 안전성을 우리 국가가 주체적으로 검역하지 못하고 그 핵심적 내용을 미국에 할양해 버리는 쇠고기협정이 국가주권을 침해하고 있는 것이다. 여기서 '검역'주권이란 세간의 용어법으로 보다 정확히는 국가의 안전에 관한 결정을 할 수 있는 국가고권을 의미한다. 광우병의 유입 및 그 발병가능성으로부터 국민의 안전을 지킨다고 하는 것은 국내의 질서와 안전에 관한 고권적 결정을 내리는 것이며, 이는 주권의 가장 핵심적인 내용이 된다. Hobbes 이래 사회계약의 가장 기본적인 목적으로 제시되었던 생명과 신체의 안전에 관한 국가적 결정에 해당하기 때문이다. 그래서 이 문제는 단순히 검역조건이 어떻고 그 통관의 절차를 어떻게 하는가와 같은 미시적 수준의 결정과는 차원을 달리 한다. 그것은 국가가 국민의 생명과 신체의 안전에 대하여 가지는 일종의 국가목적(raîson d'Etat)에 관한 사항이 된다.

　둘째의 주권문제는 입법주권이다. 입법은 국가가 국민 일반에 대하여 추상적인 형태로 구속력 있는 명령을 하는 것을 의미한다. 따라서 그것은 국가와 국민의 관계를 설정하는 가장 핵심적인 국가기능이다. 물론 입법의 내용이나 그 세부적인 절차를 어떻게 할 것인가의 결정은 입법재량 내지는 입법형성의 자유에 해당한다. 하지만, 입법자는 누구로 하며 그 입법의 범위와 한계는 어떻게 할 것인가는 분명 주권자의 결정권에 속하는 문제이다.

입법권을 헌법에서 규정하고 이의 실천에 관한 사항을 헌법사항으로 하고 있음은 바로 이 때문이다. 그럼에도 불구하고 미국과의 쇠고기수입 협정에 이은 정부의 '쇠고기고시'는 철저하게 이 점을 부정해 버린다. 이 고시는 "이 고시에서 말하는 쇠고기 및 쇠고기제품이라 함은 미국의 식품위생조건에 따라 생산된 것을 말한다"라고 규정함으로써 헌법이 전혀 알지 못하는 방식으로 입법권을 미국에 이양해 버린다. 실제 우리 헌법에 의하면 국회의 입법권은 대통령이나 대법원 등 각 헌법기관 및 그 하위기관에 위임될 수 있다. 그러나 어떠한 경우에도 국가 내부의 문제를 규율하는 법 즉, 국제법이 아닌 국내법의 경우에는 결코 외국 혹은 외국의 어떤 기관에 입법을 위임할 수는 없다. 그럼에도 불구하고 이 고시는 '쇠고기 및 쇠고기제품은 어떠한 것이어야 하는가'를 정하는 권한—이는 법규율의 대상을 정하는 문제로 입법의 본질요소이다—을 그대로 미국 농무성에 넘겨 버리고 있다.

실제 이 두 가지의 주권문제는 상호 긴밀히 연관된 것이다. 양자는 모두 국내적인 문제에 대하여 국내법적 통제권을 행사하지 못하고 미국의 의지에 그 권한의 상당부분을 할양함으로써 야기된 것이다. 문제는 그것이 주권의 실체와 형식이라는 두 발현태 모두를 침훼하고 있다는 점이다. 소위 '검역주권'으로 지칭되는 국민의 생명과 신체의 안전에 관한 권한은 주권의 실체적 요소에 해당하며, 입법주권의 문제는 주권이 발동되는 형식에 관한 것이다. 요컨대, 근대 국민국가 체제에서 가장 중요하게 구성되어 왔던 주권의 두 구성요소(경찰권과 입법권)가 이 쇠고기문제에 와서 여지없이 무너져 버린 셈이다.

그럼에도 불구하고 현정부는 이를 '떼법문화'라는 억지와 '법질서'라는 폭력으로 억눌러버린다. 국민들의 집약된 요구에 대한 현정부의 반응은 물대포와 소화기분사와 컨테이너 장벽이었고, 그에 계속된 줄 이은 체포·구속·기소와 근처상인들을 동원한 '관변'소송들이었다. 한마디로 현 정부에서의 법담론들은 자신들이 행사하는 권력만을 유의미한 법질서의 개념으로 편입시키고 그것의 안정적 집행을 위하여 국민의 일방적 복종을 강요하는 형식적 입헌주의의 오류를 벗어나지 못하고 있는 것이다.

C. Schmitt가 말하는 '예외상황'은 여기서 발현된다. 우리 헌정사의 과정에서 이미 주권자로 자리잡고 있었던 국민들은 이런 '미시적'(쇠고기 수입이라고 하는, 국가기능 전체에 비추어 아주 작은 부분을 다루고 있다는 의미에서) 주권훼손의 문제를 주권 그 자체에 대한 도전으로 인식하고 자신의 주권을 행사하고자 거리에 나서 일종의 '대의의 종말'을 선언하였다. 대통령 혹은 그의 정부로 표상되는 일련의 대의체(그의 의사가 국민의 의지로 간주된다는 점에서 이는 「대의」에 해당한다)에 대한 거부의사를 명시하고 스스로 국가의사의 주체가 되고자 한 것이다. 실제 이런 국민적 저항이 우리나라의 대의체계 전반을 부정하는 '혁명적' 상황에까지 이르렀는가의 문제는 별도로 논의되어야 할 것이나, 적어도 미시적 국면—쇠고기수입문제 혹은 소위 1+5의 의제—에 관한 대의체계에 대한 거부와 새로운 의사결정체제의 구성에 대한 요구는 분명 '예외상황'에 값할 정도에 이른다. 굳이 정리하자면 미시적 예외상황을 만들어내고 있는 것이다.

이렇게 본다면 촛불집회는 단순한 시민저항 내지는 시민적 항의의 수준을 넘어서게 된다. "대한민국은 민주공화국"이라는 헌법 제1조를 합창하며 교육자율화, 대운하, 공기업민영화, 물 사유화, 공영방송 장악기도 등을 아우르는 1+5의제까지 포섭하게 되면서 "신체로 민주주의를 거리

학습 했다"는 찬사까지 들었던 것이 이 촛불집회다. 실제 촛불집회의 성격을 직접민주주의, 집단지성, 다중적 급진정치, 무정형적 창조적 탈주, Web2.0, 등등 수많은 규정[12]이 있으되 그런 평가에도 불구하고 그것은 "모든 권력은 국민으로부터 나온다"는 우리 헌법의 지상명제가 현실에서 구현되는 순간이었음은 변함없는 것이다.[13]

Ⅲ. 표현의 자유와 민주주의의 위기

1. 2008년 한국: 반인권·반법치

C. Schmitt가 말하는 예외상태는 검역주권, 입법주권의 침해로 인해 완성되는 것은 아니다. 그것은 오히려 '대의의 종말'이라는 판단까지도 무색할 정도로 주권적 시민과 대통령·의회로 상징되는 대의자 사이의 간극이 극단화됨으로써 활성화된다. 「지배자의 피지배자로부터의 이반」이

---

12) 이에 대하여는 문화과학, 2008 가을에서 특집으로 다루고 있다. 특히 거기에 실린 "특집 좌담: 2008년 촛불집회를 말하다" 참조. 실제 촛불집회의 성격을 헌법이론적으로 규명할 수 있는 방법은 그리 마땅하지 않다. C. Schmitt의 헌법제정권력론 정도가 그에 값할 수 있을 듯 하다. 우리 헌법학에서는 그의 헌법제정권력론은 정태이론으로 변질되고 말았지만, 상시적, 항시적 권력으로서의 헌법제정권력이라는 그의 테제의 관점에서 본다면, 촛불집회는 헌법제정권력의 발동을 위한 전제로서의 위기상황, 비상사태에 해당할 수 있을 것이다.

13) 이 부분에서 촛불정국이 예외상황인가라는 '객관적 시점'에서의 분석은 무의미하다. C. Schmitt가 말하는 예외상황은 이미 그 개념이 정해져 있고 이 선재하는 개념에 어떠한 국면을 포섭하는 관점에서 접근할 것이 아니라, 주권자인 국민들이 당대의 상황을 어떻게 파악하고 그것에 어떠한 의미를 부여하고 있는가의 관점에서 접근하여야 한다. 즉, 이 '예외상황'의 인식에 관하여서도 여전히 국민적 '결단'은 유효하게 적용될 수 있어야 한다는 것이다.

라는 현상은 한편으로는 권위주의 체제를 형성해 내지만 다른 한편으로는 그러한 권위주의적 통치에 대한 격렬한 저항을 야기한다. 과거 우리나라의 군사정권이 반공주의와 성장주의의 이데올로기를 발판으로 권력을 한 사람 혹은 하나의 정치세력에 집중하였을 때 그에 대한 치열하고도 지속적인 저항이 제기되었음은 이를 잘 보여준다.

실제 우리나라의 민주화는 상업화를 주도한 부르조아지(배링턴 무어)가 아니라 민주화운동이었으며, 따라서 현재의 역사발전은 "운동에 의한 민주화"라고 규정하고 있는 최장집교수의 말은 그대로 타당하다. 지난 군사정권은 정경유착등 권위주의적 산업화의 과정을 거치며 재벌이라고 하는 소수집단에 성장의 성과를 오롯이 배당해버리는 한편, 이러한 개발독재의 체제를 유지하고 강화하기 위하여 관료적 권위주의의 체제를 구축하였다. 뿐만 아니라 이러한 권위주의적 체제를 통해 노동을 통제하며 권력과 언론을 유착시켜 언론은 단순한 권력홍보기관 내지는 국민여론 '선도'기관 정도에 한정시켜 버렸다.[14) 한국의 민주화는 이렇게 됨으로써 지체되었고 바로 이렇게 됨으로써 그 불씨가 촉발되었다.

문제는 이런 지나간 역사가 여전히 오늘의 현재사로 부활하고 있다는 점이다. '비즈니스 프렌들리'로 상징되는 친기업정책은 엄밀히 보아 전세계를 휩쓸고 있는 신자유주의의 물결에 편승하기 위함이라기보다는 오히려 그 실질에 있어서는 특정 기업 혹은 재벌에 대한 자본축적의 기회를 독점적으로 확장시키기 위한 전술이라는 측면이 강하다. 현 정부의 초기부터 제시되었던 고환율정책이나 경제위기의 극복을 위한 처방과는 전혀 무관한 듯이 보이는 상속·증여세·법인세 중심의 감세정책, 경부운하 또는 부동산경기부양정책 등의 토건국가경향, 수도권규제완화조치와 지역균형개발정책의 후퇴, 금산분리정책의 완화, 인천공항·수도·전기 등 공

---

14) 최장집, 민주화 이후의 민주주의: 한국 민주주의의 보수적 기원과 위기, 후마니타스, 2003, 86-94면.

공사업의 민영화시도 등의 정책기조는 과거 권위주의 군사정권의 경제정책과 크게 달라진 바 없어 보인다. 오히려 과거의 군사정권은 스스로가 경제정책의 주도자였음에 반하여 현재의 정권은 재벌을 중심으로 한 자본권력의 순수한 '위원회' 정도의 수준에서 움직이고 있다는 느낌만이 부각될 뿐이다.

더불어 민주화의 성과로 제기되었던 참여민주주의의 틀조차도 지난 정권 이래 국가과정에 대한 시민적 참여와 그를 바탕으로 하는 민주적 의사결정의 방식으로 제도화되지 못하고 오히려 관료주의·전문가주의에 포섭되어 국가기구의 의사결정과정에 비전문가로서의 시민들이 별다른 대표성도 확보하지 못한 채 들러리서는, 일종의 정당화기구로 편입되어 버리고 마는 과정을 보여 왔다. 환언하자면 마치 87년의 민주화 동력이 기성 정당과 기성 정치인을 중심으로 하는 제도권정치의 승리로 귀결되듯이, 지난 "참여정부"의 참여민주주의는 관료들과 그들이 필요로 하는 지식을 생산하고 전달하는 전문가집단, 그리고 이들을 뒷받침하는 자본권력의 복합체가 형성되는 것을 도왔을 따름이고 그 결과 시민에 의한 행정이 아니라 관료와 전문가와 자본의 3자연합체의 승리를 만들어 내었을 뿐이다.[15]

하지만 무엇보다도 두드러진 과거회귀의 현상은 민주주의의 동력이 되었던 "운동"에 대한 억압－특히 표현의 자유에 대한 탄압－에서 극에 이른다. "운동"은 기본적으로 신념과 이념의 전파수단으로서의 표현행위－의사소통행위－를 그 전제로 하며, 따라서 현 정권의 폭력은 필연적으로 이 의사소통의 과정을 타겟으로 삼는다.

---

15) 론스타사건의 경우는 그 대표적인 예이며, 김&장 등 대형로펌이 전직관료들을 고문등으로 고용하여 자본과 관료들을 결합시키는 역할을 감당하고 있는 모습은 그의 또 다른 양상이다.

2. 표현의 자유와 그 위기

표현의 자유에 대한 헌법적 법리를 제대로 교정하여야 할 필요는 여기서 나온다. 표현의 자유에 대한 현정부의 이런 강권력 행사는 사실상의 폭력에 그치지 않고 부단히 '법'의 외관을 확보하려고 노력한다. 그리고 이 과정에서 표현의 자유에 대한 제한의 법리들이 이런 저런 방식으로 왜곡된다.

헌법재판소는 표현의 자유를 두고 "민주체제에 있어서 불가결의 본질적 요소"[16]라거나 혹은 "민주국가의 존립과 발전을 위한 기초가 되기 때문에 특히 우월적인 지위를 지니고 있"으며[17], "언론·출판의 자유가 보장되지 않는 상황에서의 민주주의는 시행될 수 없으며 표현의 자유가 보장되어 있지 않는 나라는 엄격한 의미에서 민주국가라 하기 어렵"[18]다고까지 판단하고 있다. 표현의 자유는 인격의 자유로운 발현이나 진리의 발견이라는 이념과 더불어 민주주의의 실현에 직접 봉사하는 것일 뿐 아니라 그의 본질요소로 개념규정되고 있는 것이다.[19]

문제는 이런 헌법재판소의 판단이 현실에 있어서는 실질적인 규범력을 획득하지 못하고 있다는 점이다. 실제 그 판단이 단순한 립 서비스에 그치지 않는다면 그 실질을 충당하는 표현의 자유의 법리는 의연히 최근의 억압체제를 비판하는 준거로 작동하여야 할 것이다. 하지만, 현실은 그렇지 못하여 위에서 보듯 질서라든가 복리[20] 혹은 공공용물의 사용에

---

16) 헌재 1998. 4. 30 95헌가16
17) 헌재 1991. 9. 16 89헌마163
18) 1992. 11. 12 89헌마88
19) 이런 식으로 표현의 자유의 존재이유를 설명한 결정례로는 헌재 1998. 4. 30 95헌가16 참조.
20) 대통령이 떼법문화를 비판하며 이를 경제성장의 저해요소로 비난하는 것은 그 대표적인 예에 해당한다.

대하여 가지는 시민들의 반사적 이익의 하위개념, 하위가치로 표현의 자유를 설정하는 것이 다반사이다. 그리고 그 법적 근거를 헌법 제21조 제2항과 헌법 제37조 제2항에서 과감하게 도출하고 있다.

이하에서는 이 점에 주목하여 표현의 자유에 대한 제한의 법리를 살펴보고 그것이 어떻게 구현되어야 할 것인지를 살펴본다. 즉, 전통적으로 표현의 자유를 제한하는 방식들－검열을 포함한 일련의 사전제한과 형벌 등에 의한 사후제한－의 의미를 천착하면서 현정부가 취하는 억압정책에 대한 항의적 수준에서의 관심뿐 아니라 다양성을 중심으로 하는 현대사회의 특성까지 고려하면서 제대로 된 표현의 자유의 법리적 의미를 도출해 내고자 한다.

1) 검열에 관한 두 시각: 자유시장론과 자기실현론

구 영화법(1984.12.31, 법률 제3776호(개정)) 제12조 제1항 및 제2항, 제13조 제1항 중 공연윤리위원회의 영상물심의에 관한 부분은 헌법에 위반된다는 취지의 헌법재판소 결정[21]은 표현의 자유에 대한 제한의 법리가 우리나라에서 어떻게 구성되고 있는지를 보여주는 대표격에 해당한다. 헌법재판소는 이 결정문에서 헌법 제21조 제2항상의 검열금지조항을 가장 명확하게 정의하고 있기 때문이다. 그에 의하면, 검열은

행정권이 주체가 되어 사상이나 의견 등이 발표되기 이전에 예방적 조치로서 그 내용을 심사, 선별하여 발표를 사전에 억제하는, 즉 허가받지 아니한 것의 발표를 금지하는 제도를 뜻한다.(……) 검열은 일반적으로 ①허가를 받기 위한 표현물의 제출의무, ②행정권이 주체가 된 사전심사절차, ③허가를 받지 아니한 의사표현의 금지 및 ④심사절차를 관철할 수 있는 강제수단 등의 요건을 갖춘 경우만 이에 해당하는 것(번호는

---

21) 헌법재판소 전원재판부 1996. 10. 4. 93헌가13, 91헌바10 (병합) ［위헌］ 영화법 제12조 등에 대한 위헌제청

필자의 것임)

　이라고 단언하고 있다. 그리고 이러한 검열은 우리 헌법 제21조 제2항에 의하여 '절대적으로 금지되는 것'이나, 이러한 성격의 검열을 제외한, 기타 형태의 사전심사는 "표현의 자유와 이와 충돌되는 다른 법익 사이의 조화의 문제"로 해석되어야 하며, 따라서 헌법 제37조 제2항의 적용을 받게 되는 법익교량의 법리로 처리되어야 한다고 보았다. 뿐만 아니라, 검열과 사후적인 사법적 규제 역시 별개의 문제로 보아야 함을 적시하고, "사법절차에 의한 영화상영금지조치나 (……) 형벌규정(음란, 명예훼손 등)의 위반으로 인한 압수"는 검열금지의 원칙에 위반되지 아니한다고 본다. 요컨대, 이 결정문은 표현의 자유에 대한 국가적 규제의 대표적인 형태로 사전적 규제로서 검열과 사전심사를 들고, 사후적인 규제로서 사법적 규제의 예를 제시하고, 헌법에 의하여 절대적으로 금지되는 것은 검열에 국한된다고 보는 것이다.

　여기서, 이러한 헌법재판소의 판단에서 무엇보다도 중요한 개념요소로 제시되는 것이 바로 ②의 행정권이 주체가 되는가의 여부이다. 헌법재판소는 사전심사기관에 대하여 그 형식에 불구하고 그 실질을 중심으로 "행정권이 주체가 되어 검열절차를 형성하고 검열기관의 구성에 지속적인 영향을 미칠 수 있는 경우"라면 그것은 검열을 행하는 행정기관에 해당하며 따라서 그러한 사전심사절차는 헌법에서 금지되는 검열절차라고 본다. 그래서 그 조직이나 구성, 심사절차, 재정 등이 행정부(여기서는 문화체육부장관)와 국회에 종속되어 있는 현 법제도하에서는

> 　공륜이 민간인으로 구성된 자율적인 기관이라고 할지라도 법에서 영화에 대한 사전허가제도를 채택하고, 공연법에 의하여 공륜을 설치토록 하여 행정권이 공륜의 구성에 지속적인 영향을 미칠 수 있게 하였으므로 공륜은 검열기관으로 볼 수 밖에 없다. (……) 심의기관의 독립성이 보장되어야 하는 것은 단지 심의절차와 그 결과의 공정성 및 객관성을 확보하기 위하여 모

든 형태의 심의절차에 요구되는 당연한 전제일 뿐이기 때문이다.

라고 선언하였다.[22] 이에 새로 개정된 공연법에서는 제18조에서 공연윤리위원회는 대한민국예술원회장이 추천하고 대통령이 위촉하는 자로 구성하도록 규정하고 있다.

가. 사상의 자유시장론과 검열: 이인호교수의 경우

이러한 헌법재판소의 결정에 대하여 가장 강력한 비판을 하고 있는 것이 이인호교수의 글[23]이다.[24] 그는, 표현에 대한 검열금지가 헌법에서 규정되는 사상적 토대는 한 마디로 '사상의 자유시장론'이라고 전제한 뒤, 헌법재판소의 위 결정 또한 이러한 사상적 토대에 입각하고 있다고 단언한다. 그는, 그러한 사상적 토대에도 불구하고 헌법재판소가 ①검열의 주체로서 국가기관이 아닌 행정권으로 한정하고, ②검열과 사전제한을 구분하여 전자는 절대적 금지의 대상으로 하고, ③사전심사와 사후심

---

22) 이러한 결정요지는 일관하여 이후의 유사사건에서 반복되고 있다. 헌법재판소 전원재판부 2001. 8. 30 2000헌바36; 2001. 5. 31 2000헌바43·52병합; 2000. 2. 24. 99헌가17; 1999. 9. 16. 99헌가1; 1999. 5. 27. 97헌마137, 98헌마5(병합); 1999. 1. 28. 98헌바64; 1998. 12. 24. 96헌가23; 1997. 3. 27. 97헌가1; 1996. 10. 31. 94헌가6 참조.

23) 이인호, "표현의 자유와 검열금지의 원칙: 헌법 제21조 제2항의 새로운 해석론," 법과사회 제15호, 1997

24) 이 글에서는 이인호교수의 분석과 후술하는 김욱교수의 분석을 중심대상으로 삼는다. 이들의 논문은 -헌법재판소의 결정과 더불어- 우리의 헌법학계에서는 보기 드물게, 표현의 자유에 관한 법리를 기반하는 표현의 자유의 본질론을 심각하게 거론하고 있기 때문이다. 뿐만 아니라, 그러한 이념적 지향 위에서 검열이라고 하는 구체적인 헌법문제를 나름의 시각과 대안제시를 통하여 일응 체계화하고 있다는 점에서 의미를 가진다. 이들은 헌법재판소의 위 결정에 대한 비판적 안목을 제시함과 동시에 표현의 자유에 대한 일반이론을 구성하기 위한 최선의 케이스를 제공하고 있는 셈이다.

사 내지 사후처벌을 구분하며, ④매체에 따른 법리해석의 융통성을 축소시키고 있다는 점을 들어 나름의 대안을 제시하고자 노력하고 있다. 그에 의하면 헌법 제21조 제2항의 검열과 허가는 개념본질적으로 동일한 것이며 이때의 검열은 절대적인 것이 아니기 때문에 반드시 사전제한(prior restraint)과 구분할 실익이 없다고 한다.

하지만 이러한 비판은 그 자체 다음과 같은 몇 가지의 문제를 안고 있다.

첫째, **사상적 토대**에 관한 독해상의 오류가 있다. 그는 헌법재판소의 판단준거가 사상의 자유시장론이라고 단언하고 있지만, 엄밀히 보아 이 주장은 약간의 단순화의 혐의가 있다. 미국의 표현의 자유에 관한 법리는 면밀히 보자면 Holmes대법관에 의하여 정리된 사상의 자유시장론과 Brandeis대법관의 자기지배의 이론을 바탕으로 하는 매디슨적 공화주의의 결합으로 이루어진다. 뿐만 아니라, 이러한 수단으로서의 표현의 자유 ─즉, 진리발견의 수단으로서(자유시장론) 또는 자기지배 내지는 민주정부이념의 실천을 위한 수단으로서(자기지배론)의 표현의 자유─라는 논의에 더하여 자기실현(self-fulfilling)의 형식으로서 표현을 바라보는 시각이나 전사회적 다양성에 대한 관용(tolerance)으로서의 표현의 자유를 바라보는 시각 등 다양한 입장들이 상호 면밀하게 결합되어서 나타난다.

이 점에서 우리는 헌법재판소가 위의 결정문에서 검열제가 허용될 경우에는 "국민의 예술활동의 독창성과 창의성을 침해하여 정신생활에 미치는 위험이 클 뿐 아니라" "관제의견이나 지배자에게 무해한 여론만이 허용되는 결과를 초래할 염려가 있"다고 언급한 부분에 주목할 필요가 있다. 헌법재판소는 적어도 표현의 자유의 사상적 토대에 대하여 만큼은 미국식의 자유주의적 관점에 입각하기 보다는 오히려 독일식의 이론구성에 보다 충실하고자 한다. 즉, 인격발현의 한 형식이자(정신생활의 보호), 민주적 지배를 중심으로 하는, 자유로운 비판과 토론을 통한 민주주의의 실천(다양한 정치적 의견표현의 보장)이라는 법익을 우선적으로 설정하고 있다. 미국식의 시각에서 바라보고자 한다면, 헌법재판소의 태도는 사상의 자유시장론[25)]보다는 오히려 매디슨적 자기지배의 원리에 보다 가깝다고 할 것이다.

둘째, **검열과 사전제한**: 이인호교수는 검열과 사전제한을 분리하고 있는 헌법재판소의 입장을 비판하고 만약 양자를 구분할 경우 후자 즉, 사전제한은 헌법 제37조 제2항의 적용대상으로 되는 바, 동 조항에서 나타나는 본질적 내용의 침해금지라는 요청이 무의미해진다고 주장한다. 요컨대, 표현의 자유에 대한 본질적 내용의 침해란 표현행위 자체를 사전적으로 금지하는 것인데 과연 그러한 경우가 있을 수 있을까라는 회의론을 바탕으로,

> 제21조 제2항의 존재이유는 헌법제정권력자가 제37조 제2항과는 별도로 검열을 절대적으로 금지시킨 데에 있다기보다는, 제37조 제2항의 적용에서 표현에 대한 검열은 특별히 엄격하게 심사하여야 한다는 취지를 분명히 한 것이라 이해된다

고 한다. 그래서 제21조 제2항의 검열은 표현이 사상의 자유시장에서 평가의 기회조차 갖지 못한 채 정부등이 내용을 심사하여 시장으로부터 제

---

25) 사상의 자유시장론은 선험적 판단의 문제가 아니라 토론과 검증이라는 실험의 결과로서 진리를 추구한다. Abrams v. U.S. 250 U.S. 616(1919)에서의 Holmes대법관의 반대의견. 한마디로 이 이론은 적자생존, 약자도태라는 사회적 진화론의 한 변형태에 지나지 않는다. 이러한 비판에 관하여 자세한 것은 한상희, "표현의 자유의 헌법적 함의:공화주의적 대안의 모색," 일감법학 제5권 2000,12 참조. 실제 이러한 맥락에서 Red Lion Broadcasting v. FCC(395 U.S. 367, 1969)나 Miami Herald Publishing Co. v. Tornillo(418 U.S. 241, 1974)사건의 청구인측은 문지기(gatekeeper)가 [표현행위가 시장에 들어갈 수 있도록] 허용하지 않는 한, 시장에서의 진리의 발견은 불가능하다고 주장하고 있다.

외시키는 것, 즉 "사상의 공개시장의 형성 자체를 불가능하게 만드는 모든 조치"라고 하는 "실질적 의미"로 이해하여야 한다고 주장한다. 미국의 법리에서 말하는 엄격심사기준(strict scrutiny test)라든가 입증책임의 전환 및 가중 등과 같은 법리가 바로 이 검열의 통제장치가 되는 것이다.

이렇게 볼 경우 이교수의 주장대로 검열이라는 것은 일반적인 사전제한의 한 특수유형에 지나지 않으며 이런 분석은 타당하다. 하지만, 그렇다고 해서 헌법 제21조 제2항은 그 자체로 독립된 문언상의 의미를 갖지 못하는 것으로 이해되어서는 아니된다. 오히려 그것이 바로 제37조 제2항에 대한 특별법적 지위를 가지는 것으로 표현의 자유에 대하여는 헌법 제37조 제2항에 의한 제한을 넘어 검열 혹은 이를 포괄하는 개념으로서의 사전억제에 해당하는 제한을 하는 것은 원천적으로 허용되지 아니함을 선언한 것이라고 해석되어야 한다.

그리고 이렇게 할 때 제37조 제2항의 본질적 내용의 침해금지조항은 헌법재판소가 말하는 검열외의 사전제한에도 여전히 의미를 가질 수 있게 된다. 사상의 자유시장론이 팽배한 미국의 법제에서 신문매체에 대하여 반론권을 부여하는 것은 위헌이라고 판단하는 것[26]은 표현의 자유에 대한 제한이 내용과 관계없이 이루어질 수도 있음 - 물론 이 사건에서는 기각되었지만 - 을 잘 보여준다.

이렇게 본다면 헌법 제21조 제2항의 검열과 헌법 제37조 제2항에 의한 표현의 자유에 대한 제한은 별개의 영역을 다루고 있다고 보는 헌법재판소의 태도가 오히려 타당해진다. 다만, 헌법재판소는 헌법 제21조 제2항의 검열의 개념을 지나치게 축소해석함으로써 후술하는 바와 같이 미국연방대법원을 중심으로 광범위하게 받아들이고 있는 사전억제금지의 원칙이 제대로 헌법제21조의 해석론으로 녹아들어가지 못하게 막고 있다. 요컨대 헌법 제21조 제2항의 검열은 이인호교수의 말처럼 표현의 내

---

26) Miami Herald Rublishing Co., v. Tornillo, 418 U.S. 241(1974)

용을 직접 대상으로 이루어지는 억제 즉, 모든 형태의 사전제한, 사전억제를 의미하는 것으로 보되, 제37조 제2항에 의한 표현의 자유 제한에는 관점편향적 규제를 제외한 나머지 즉, 관점중립적 규제, 방법규제, 구조규제 등이 포함되는 것으로 보는 것이 바람직하다.

　셋째, **검열의 주체**: 이인호 교수는 검열개념을 실질적으로 이해해야 한다는 것을 전제로 검열의 주체를 행정권에 한정할 이유가 없고 모든 국가기관을 포괄하는 것으로 보아야 한다고 주장한다.

> 사법권이나 행정권에 의한 사전제한은 모두 사상의 자유시장에서 자유로운 토론과 비판의 기회를 원천적으로 봉쇄한다는 점, 예측에 기초해서 추상적 판단을 하게 된다는 점, 그리고 남용의 우려가 있다는 점에서는 동일하다. 따라서 [양자는] 모두 헌법 제21조 제2항과 연관해서는 사물의 본성상 동일한 것이다.

　이인호 교수가 "다소 치밀하지 못한 논리구성"임을 의심하는, 헌법재판소의 사법권과 행정권의 구별은 이 지점에서 의미를 가진다. 헌법재판소가 "표현의 자유와 이와 충돌되는 다른 법익 사이의 조화의 문제"에 대하여 "상충하는 다른 법익과의 교량과정"을 사전제한과 검열을 구별기준으로 제시하고 있는 것은 사법권과 행정권의 차별화를 위한 것이기 때문이다. 즉, 법익형량의 문제는 그 자체 사법적 판단의 대상이지, 어떠한 행정기관의 정책적 판단의 대상은 아니기 때문이다. 미국연방대법원이 행정기관에 대하여 어떠한 사전제한의 권한을 인정하고 있는 것도 그것이 행정기관의 행정재량의 대상이 될 수 있다는 점에서가 아니라 일정한 절차보장－대립당사자적 청문의 기회보장[27]－을 통한 준사법적 판단에

---

27) Freedman v. Maryland, 380 U.S. 51(1965). 이 때 대립당사자적 구조에는 신속한 청문기회의 보장, 위법의 입증책임의 전환(위원회가 입증책임을 짐), 가능한 한 사법적 절차에 의거할 것 등이 포함된다: 안경환, "표현의 자유와

입각하고 있기 때문이라는 것은 이 점에서 시사점을 부여한다. 물론 이 부분에 관한 헌법재판소의 결정은 사법권조차도 검열-혹은 사전억제-의 결과를 야기할 수 있다는 사실을 간과하고 있다는 점에서 나름의 한계를 가진다. 그리고 이 점에서 검열의 주체를 굳이 행정권에 한정할 것이 아니라 널리 사법권에까지 확장하자는 이인호 교수의 주장은 타당성을 가진다.

요컨대, 우리 헌법은 사전제한의 과정에서 그 주체가 누구든 토론과 비판의 가능성이 봉쇄되어 있거나(전자의 경우), 국가적 결정과정의 참여 가능성이 배제되어 있는(후자의 경우) 그 어떠한 제한메카니즘도 허용하지 않는 것이며 헌법 제21조 제2항의 「검열」이 가지는 의미는 바로 이것이라고 보아야 할 것이다.[28]

나. 인격의 발현과 검열제폐지론: 김욱교수의 경우

김욱교수의 논문[29]은 크게 두 가지로 나뉜다. 위 결정 및 그에 관한 기존의 평석에 대한 비판의 부분과 새 영화법에서 나타나는 '사실상의 검열에는 대한 비판이 그것이다. 그는 글은 위의 헌법재판소 결정을 비판하면서 검열을 절대적으로 금지되며 따라서 등급심사 등을 포함하기도 하는 사전제약과 구별된다는 것을 전제로[30] 현재의 영상물심의제도는 "행정권의 자체기준의 도덕상판단에 의한 영화예술의 사전검열"로서 그것은 허용되는 사전억제가 아니라 절대금지의 대상이 되는 검열의 일종

사전제한-미국 헌법이론을 중심으로," 인권과정의 제153호, 1989에서 참조하여 정리함.

28) 그 외에도 이교수는 매체별 융통성의 문제등을 지적한다.

29) 김욱, "영화에서의 사전검열금지의 원칙과 표현의 자유의 한계-2000헌가 9 위헌법률심판제청사건에 부쳐-," 민주법학 제19호, 2001.

30) 위의 논문, 162면.

일 뿐이라고 주장한다. 이를 차례로 살펴본다.

검열주체의 문제: 먼저 김욱 교수는 위 결정에 대하여 행정권에 대한 검열이 위헌이라는 점에는 지지의견을 보내면서도 사법권에 의한 사전규제의 가능성과 그 조건·방법 등에 대한 사항들이 정리되지 못함으로써 새로이 개정된 영화법에서도 여전히 '검열'현상이 잔존하고 있음을 아쉬워하고 있다. 이 지점에서 그는 종래 헌법재판소가 검열의 개념정의를 할 때 "의사표현이 외부에 공개되기 이전에 국가기관이 그 내용을 심사하여 특정한 의사표현의 공개를 허가하거나 금지시키는"[31](강조는 필자의 것) 것으로 하였다가, 이 사건 결정에서는 행정권으로 축소하고 있는 점에 대하여 헌법재판소가 "사법권에 의해 사전·사후에 상영금지 등의 조치를 받을 수는 있다"는 입장으로 전환한 것이라고 이해하고자 한다.

그러나 이 부분에 대한 논의의 차이는 위 결정을 어떻게 독해하는가에 달린 것으로, 굳이 별다른 의미를 부여할 필요는 없을 것으로 보인다. 이전의 헌법재판소의 결정은 정기간행물의 납본의무가 검열에 해당하는가(90헌바26사건) 또는 국정교과서제도가 검열제도인가(89헌마88사건) 등에 관한 것으로, 이 부분에서는 검열의 개념적 정리가 그리 큰 의미를 갖지 못하였다는 인상이 강하였기 때문이다. 즉, 여기서는 검열을 정의하고 있는 것은 오히려 방론에 지나지 않는다. 반면 본 영화법관련 심판은 검열 그 자체가 중심논점으로 검열의 개념 자체가 결정주문에 직접적으로 영향을 미치는 것인 만큼 최대한 명확하게 그의 개념을 정립할 것이 요청된 사건이다. 한마디로 이 사건에서는 검열의 개념규정 그 자체가 주문(ratio decidendi)에 해당하는 비중을 가지고 있는 것이다.

둘째, **사법권에 의한 검열 문제**: 그는 이인호교수와는 달리, 사법권에 의한 사전제한의 경우를 절대적 금지의 대상으로서의 검열에서 제외한 위 결정에 찬동한다. 그래서 행정권에 의한 사전규제는 등급심사에 국한

---

31) 헌법재판소 1992. 6. 26, 90헌바26; 1992. 11. 12, 89헌마88

시키고, 이를 사법권의 재판에 의하여 담보하는 경우 나름의 의미를 인정할 수 있다고 한다. 뿐만 아니라, "심사기준의 강도"에 관하여는, 엄격한 기준이 적용되어야 한다는 주장에 대하여는 찬동하지만 그것도 "내용상의 심사기준의 범주문제가 아니라 절차와 책임의 강도문제"로 이해하면서, "내용상으로는 [사전제한과 사후제한이] 동일한 심사기준에 의하여 심사되지만, 사전제한은 사후제한에 비해 강한 입증책임과 약한 위법책임을 물어야 한다"고 한다.

하지만, 이러한 논의에는 미처 논증되지 못한 부분이 있다. 첫째, 김교수는 행정권에 의한 사전규제-사전제한을 등급심사에만 국한시키자고 하였는데, 그 사전제한에서 검열을 제외시켜야 한다는 것은 명확한 바, 검열과 등급심사를 제외한 나머지의 사전제한은 왜 행정권의 권한에서 배제하고 있는지에 대한 이유가 없으며, 또한 '행정권'에 의한 등급심사는 합헌적인가에 대한 논의 역시 명확하게 제시되어 있지 않다. 전자와 관련하여 행정적 차원에서의 사전제한은 이들 외에도 여러 가지가 있을 수 있다. 예컨대, 저속표현물의 방영시간대에 대한 규제나 케이블방송의 경우 저속표현물을 특정채널에 집중시키거나 교육·지역·공적 방송에 대하여는 일정한 채널을 할당하도록 강제하는 규제 등은 분명 내용을 기준으로 한 행정적 규제방식이기도 하며 미국연방대법원에서는 이들에 대하여 이미 합헌취지의 판단을 내린 바 있기도 하다.32) 후자의 경우에도 김교수가 말하는 바처럼 행정권이 "자체의 기준으로 도덕적 가치판단을 관철시키고자 하는" 의도가 충분히 발현될 수 있다는 점에서, 즉 국가의 일방향적 가치판단에 의하여 개인들의 표현행위가 위축되는 효과를 야기할 수 있다는 점에서 위헌이라고 하여야 할 것이다. 왜냐하면, 이것은 전자

---

32) Turner Broadcating System, Inc. v. FCC, 114 S. Ct. 2445(1994) ; Denver Area Education Tele-communications Consotorium, Inc., v. FCC (1996: http://laws.findlaw.com/us/000/u20031.html) 참조

의 경우에 허용될 수 있는 구조적 통제방식과는 달리 무엇이 음란하며 무엇이 저속한가에 대한 등급분류 그 자체의 실체적 내용을 행정권으로 표현되는 국가가 결정하는 셈이 되기 때문이다.[33]

셋째, **표현의 구조와 국가규제**: 김욱교수의 분석이 가지는 의미는 이상의 측면보다는 오히려 그의 논문 제Ⅴ절에서 말하는 "검열이 아닌 표현의 자유의 제한"이라는 부분이다. 그는 예술의 자유 및 표현의 자유와 관련하여 그 표현내용을 예술표현·일반표현/비위험음란표현·비위험음란 일반표현/위험음란물·비위험음란물로 구분하면서 중간에 존재하고 있는 비위험음란표현·비위험음란일반표현(이하 「저속한 표현」으로 표기하기로 함)에 대하여는 헌법 제21조 제4항의 "공중도덕"이나 "사회윤리"에 의하여 제한되지만 그것은 별도의 헌법적 유보로서 관념화할 것이 아니라, 언제나 제37조 제2항의 일반적 법률유보의 범주내에 포섭하여야 할 것이라고 주장한다. 즉, 그 헌법유보는 "사회질서"의 한 구체화개념으로 이해하여야 하며("기본권제한의 구체적 영역을 위해 우선적으로 표현된 것"), 이에 제37조 제2항의 법리에 따라 필요최소한도로 제한할 수 있을 뿐이며, 그 경우도 반드시 "명백하고 현존하는 위험"의 법리가 적용되어야 한다고 본다.

이러한 분석은 기본적으로는 우리 헌법의 해석에 있어 두말할 나위 없이 타당한 것이다. 하지만, 그럼에도 불구하고 약간의 첨삭을 하자면,

---

33) 김교수는, 이런 이해를 바탕으로 위의 위헌결정에 따라 개정된 영화진흥법에 규정되어 있는 등급분류보류처분(동법 제21조 제4항)제도의 '위헌성'을 지적한다. 즉, 그의 논의는 현재의 영화진흥법의 사전심의제도는 등급분류가 보류된 영화에 대하여는 자진삭제 형식의 수정요구가 전제되어 있으며 그를 거부하는 표현자에 대하여는 어떠한 상영-발표의 기회도 부여하지 않는 만큼 그것은 결국 검열에 다름 아니라는 것이다. 그리고 이런 논지는 헌법재판소에 의해 받아들여져 등급보류제도가 위헌선언을 받기에 이른다. 헌법재판소 2001. 8. 30, 2000헌가9

제21조 제4항에서 들고 있는 타인의 명예나 권리와 더불어 "공중도덕이
나 사회윤리"는 본질적으로 표현의 자유의 한계에 해당하는 것이며, 이
러한 한계를 벗어난 표현은 소위 「헌법의 보호를 받지 못하는 표현
(unprotected expression)」에 해당된다는 점을 강조하고 싶다. 즉, 제21조
제4항과 제37조 제2항의 관계는 기본권제한의 목적에 있어서의 중복 내
지는 구체화의 관계라기보다는 전술하였듯이 오히려 기본권제한의 방법
에 있어서의 상호 보완적 규정이라고 할 것이다.

2) 미국에서의 표현의 자유에 대한 제한의 법리

이러한 검열 혹은 사전억제금지의 원칙은 미국의 법리로부터 보다 명
확한 준거들을 확보할 수 있다. 우리 헌법재판소는 검열과 사전억제금지
의 원칙을 구분하는 한편 헌법 제21조 제2항과 제37조 제2항에 의한 제
한을 구별하는 태도를 취하지만—그리고 그것이 오류임은 상술하였다—,
미국의 경우에는 이러한 구분보다는 내용에 의한 제한과 그렇지 않은 제
한의 구분을 중심으로 전자의 '절대적' 금지, 후자의 상대적 허용이라는
틀 속에서 이해한다. 그리고 바로 이러한 차이가 표현의 자유를 단순한
검열문제로만 환원해버리고 마는 우리 헌법재판소의 소극적 태도와 대부
분의 인권문제를 수정헌법 제1조로부터 도출해내는 미국연방대법원의
적극적 태도의 차이를 야기한다.

실제 표현의 자유에 대한 국가규제의 뿌리는 영국에 있다. 1662년의
출판면허법(Licensing Act of 1662)은 국가(the Crown)가 자신의 이익을
해하지 않는 표현물에 대해서만 출판을 허가하도록 하였다. 물론 이 법
은 1694년 영국 의회가 "꼴 사납고, 극단적이고 우스꽝스럽기조차 하다"
는 이유로 그 개정안을 거부함으로써 폐기되었다. 그리고 그 이후 표현
의 자유는 진정한 자유로서 인정받게 된다.

실제 표현의 자유는 자유 국가의 본성에 있어 가장 핵심적인 것이다: 그러나 그것은 출판되었을 때 형사문제로 책망당하는 것으로부터의 자유가 아니라 출판 이전에 미리 억지당하지 않는다는 사실에 있다. 자유인이라면 누구나 그가 원하는 감정을 무엇이든 대중 앞에 내어 놓을 수 있는 의심할 바 없는 권리를 가진다: 이를 금지하는 것은 출판의 자유를 파괴하는 것이다: 그러나 그가 적절하지 못하거나 잘 못된 것 혹은 불법한 것을 출판한다면 그러한 만용의 결과를 스스로 부담하여야 한다.34)

여기서 이 Blackstone의 언급은 표현의 자유에 대한 두 가지의 제한방식-사전억제와 사후처벌-을 잘 드러낸다. Emerson은 이런 분류를 바탕으로 전자 즉 사전억제를 다시 네 가지로 구분한다 : ①행정적 사전승인(administrative preclearance), ②사법부에 의한 예비적 유지처분(preliminary injunctions), ③입법적 사전억제법률, ④간접적·이차적 사전억제.35) 여기서 간접적·이차적 사전억제는 공무원의 임용과정에서 특정한 이념이나 사상을 가진 자를 배제하는 등의 장치를 말하는 만큼 이 글의 목적에는 부합하지 않는 유형이다. ③의 입법적 사전억제법률은 특정한 표현을 억지하기 위하여 조세를 부과하거나 혹은 그를 금지하는 법률을 제정하는 방식이다. 여기서 조세부과방식은 오늘날 사용되지 않고 있으며 법률을 제정하는 방식은 대부분 그 표현에 대하여 무가치판단을 내리고 그 위반행위에 대하여 사후적인 처벌을 하는 것을 의미한다.

반면 ①행정적 사전승인은 우리 헌법재판소가 말하는 검열의 개념에 가장 근접한 것이 된다. 하지만, 그렇다고 해서 그것이 ②의 사법부의 유지처분에 의한 사전억제와 크게 구분되어야 할 이유는 없다고 보는 것이

---

34) 4 William Blackstone, Commentaries 152: R, Favata, "Filling the Void in First Amendment Jurisprudence: Is There A Solution for Replacing the Impotent System of Prior Restraint?," Fordham Law Review, Oct. 2003, vol.72, p. 173 에서 재인용.

35) R. favata, op.cit., pp.176-8.

미국법제의 일반론이다. "악의적이고 선정적이고 명예훼손적인 신문, 잡지, 정간물 등을 정규적으로 제작·배포하는 행위"를 금지한 미네소타주의 법률에 따라 미네소타 법원이 한 신문에 대해 그 제작·배포를 금지하는 유지처분을 한 것에 대해 이는 헌법이 금지하는 사전억제에 해당한다는 이유로 연방대법원이 미네소타 법원의 유지처분결정에 대해 무효선언을 한 Near v. Minnesota 사건36)은 그 대표적인 예이다.37)

문제는 미국의 연방대법원에 의할 때 사전억제라는 것이 반드시 배포의 시점을 기준으로 그 이전의 시기에 이루어지는 억제만을 의미하는 것은 아니라는 점이다.38) 그것은 표현이 이미 배포가 되어 일반인이 접근할 수 있는 상태에 이르렀는가의 여부와 관계없이, 어떠한 처분을 기점으로 향후 그러한 상태를 방지하고자 하는 목적에서 이루어졌는가 아니면 오로지 그러한 표현행위를 무가치판단하고 그에 대하여 일정한 제재

---

36) 283 U.S. 697(1931)

37) 사법부의 유지처분이 사전억제에 해당하는 가장 큰 이유는 부가적 금지규칙 (collateral bar rule)의 존재 때문이다. 이는, 법원의 명령은 그것이 파기되지 않는 한 반드시 이행하여야 하며, 법원의 명령에 복종하여야 하는 자가 그 명령에 복종하지 않는 경우, 당해 명령이 잘못된 것이라든가 위헌적이라는 이유로 법정모독죄의 면책을 주장할 수 없게 됨을 의미한다. S. H. Shiffrin, and J. H. Choper, *The First Amendment: Cases-Comments- Questions*, 2nd ed.(St. Paul: West Publishing Co. 1996), p.338. 즉, 유지처분을 받은 자가 그 처분에도 불구하고 표현행위로 나아간 때에는 법정모독죄의 죄책을 지게 되며, 이 때 유지처분의 오류 혹은 원처분의 근거가 된 법령이 위헌이라는 이유로 법정모독죄에 대한 면책을 주장할 수 없다는 것이다. 이는 결과적으로 표현의 발행을 금지하는 유지처분이 내려진 경우 그 당사자는 법정모독죄의 죄책을 감수하지 않는 한 혹은 법원의 마음에 들도록 그 내용을 수정하지 않는 한, 더 이상 당해 표현을 할 수 없게 되며, 이는 결국 법원에 의한 검열과 마찬가지가 된다는 것이다. Stone, Seidman, Sunstein, and Tushnet, Constitutional Law(Boston: Little Brown and Co., 1991), pp.1141-2 참조.

38) 이에 대하여는 이미 박경신, "사전검열 법리와 정보통신윤리위원회의 활동: 법과학적 방법으로," 인권과 정의, 2002년 8월호에서 잘 분석, 논증된 바 있다.

(형벌이나 징벌)를 가하는 것을 목적으로 하는가를 중심으로 판단하여야 한다.[39]

예컨대, 이미 서점에 배포되어 있는 책이라 하더라도 법률로써 설립된 청소년선도위원회가 서점주인에 대하여 계속하여 그 책을 판매할 경우 검사가 수사권을 발동할 가능성이 있음을 알려주며 앞으로 그 책을 팔지 못하도록 협박한 경우 이는 사전억제에 해당한다.[40] 반면, 서점주인이 아니라 그 책의 작가 혹은 배포자나 출판자를 대상으로 음란죄로 처벌하고자 하는 경우는 장래의 판매를 막는 것이 아니라 그러한 음란표현을 한 행위 자체가 규율의 대상이 되어 있어 이를 두고 사전억제라 할 수는 없다.

여기서 중요한 것은 시간이나 그 주체가 아니라, 표현의 내용을 중심으로 그것이 장래를 향하여 더 이상 출판·배포되지 못하도록 하는 것은 일단은 사전억제로 위헌성의 추정을 받게 된다는 점이다. 그래서 미국연방대법원의 경우 사법부가 내리는 유지처분이라 하더라도 ①그 청구인이 정의의 집행에 즉각적인(단순한 가능성의 수준이 아니라) 위협이 있음을 명백하고도 확실하게(clear and convincing) 입증하여야 하며 ②예비적 억제나 제출명령이 아닌 다른 대안의 존재에 대하여 법원이 충분히 고려하였어야 하며, ③청구된 억제조치가 그 실체에 있어 예상되는 해악을 효과적으로 예방할 것이라는 입증이 있을 때에만 가능한 것이 된다.[41]

---

39) Near사건은 여기서 사전억제와 사후억제를 명확히 구분한다: 사전억제는 "신문이나 정기간행물의 억제(supression)"를 지향하는 것이며, 사후억제는 형벌(punishment)을 지향하는 것이다.

40) Bantham Books Co. v. Sullivan. 여기서는 일종의 비공식적 검열을 위헌으로 판단하였다.

41) Craig v. Harney, 331 U.S. 367, 376(1947). 동시에 이런 사법적 사전억제의 경우에 절차적인 통제도 가해진다. 우선, 유지처분의 청구인측이 사법절차 개시의 부담을 지며, 표현이 보호되지 않는 것으로 사전억제가 되어야 하는

실제 Near사건에서 미국연방대법원은 군대의 이동 정보, 음란표현, "모든 폭력적 효과"를 야기하는 선동 기타 언술들, 형평법상 인정되는 사적인 권리의 보호 등을 이유로 한 사전 억제는 허용된다고 판단하였다. M. Meyerson[42]은 이런 판시내용을 바탕으로 사전억제가 허용되는 경우와 그렇지 않는 경우 그리고 사전억제의 법리로부터 벗어나 있는 경우를 구분한다.

첫째, **사전억제에 해당되지만 예외적으로 인정되는 경우**: ①전쟁 혹은 준전시, ②음란

둘째, **사전억제의 법리를 구성하지 않는 경우**: ①배심원 등에 대한 법원의 침묵명령, ②정부공무원들이 임용계약에 의하여 지는 침묵의무, ③언론에 대한 일반적인 조세, ④재산 혹은 행위로서의 표현(이에는 다시 저작권보호의 경우와 표현방법(즉 행위)규제, 상업표현의 규제, 명예훼손 등이 있다.)

이 중, 명예훼손의 경우 다시 ㉠논평의 오류(in a false light), ㉡초상권 등 인격적 표상의 상업적 수탈(commercial appropriation), ㉢내밀영역에 대한 침입, ㉣사적인 사항의 공개 등으로 구분되나, ㉡㉢을 제외한 나머지 두 가지는 사전억제의 예외에 해당하지 않는다고 본다. 왜냐하면 ㉠㉣의 경우에는 표현이 가지는 행위로서의 측면만 기반하여 억지하는 것이 아니라 그 표현의 내용적 측면(논평이라는 내용, 공개되는 내용[43] 등)에 의거하여 억지하는 것이기 때문이다.[44]

것임에 대한 입증책임을 져야 한다. 둘째, 사전억제는 특정한 기간동안 현상을 유지하기 위한 목적으로만 부과되어야 한다. 셋째, 신속한 본안판단이 보장되어야 한다. Southeastern Promotions, Ltd. v. Donrad, 420 U.S. 546, 560(1975)

42) M. Meyerson, "Rewriting Near v. Minnesota: Creating a Complete Definition of Prior Restraint," Mercer Law Review, vol.52, 2001, p.1107f.

43) Commonwealth v. Wiseman, 249 N.E. 2d 610(Mass. 1969)

또한 방법규제의 경우에는 미국연방대법원은 표현의 자유를 규제하는 방식으로서의 시간-장소-방법규제가 정당하기 위하여는 세 가지의 요건을 충족시켜야 한다고 본다: ①규제대상의 표현이 가지는 내용에 의거하는 것이어서는 결코 아니되며, ②중요한 정부이익을 실현하기 위하여 그 규제방법이 엄격한 기준에 의하여 잘 다듬어져 있어야 하며(narrowly tailored), ③표현자들이 정보의 소통을 위한 대안적 통로를 충분히 이용할 수 있는 상태에 있어야 한다.45) 이 사건은 피청구인측인 「창조적 비폭력을 위한 공동체(CCNV)」가 무주택자의 애환을 표현하기 위하여 백악관 옆의 국립공원에서 텐트촌을 건립하고 거기에 투숙하고자 하는 것을 금지한 국립공원관리자의 처분(텐트촌 건립은 허가하되, 거기에서 숙박할 수는 없도록 함)은 이 요건에 해당되며 나아가 O'Brien의 기준에서 부합되는 만큼 표현의 자유에 대한 침해가 아니라고 판단하였다.

물론 이 중 대안적 통로 마련의 요건은 나중에 덜 제한적인 대안(less-speech-restrictive alternative)로 바뀌기는 하였지만, 그럼에도 불구하고 여전히 장래를 향하여 표현 자체를 금지하는 처분은 사전억제에 해당하며 따라서 위헌인 것으로 판단하고 있음은 변함이 없다.46)

---

44) 따라서 M. Meyerson에 의하면 명예훼손적 표현이라 하더라도 그 내용을 이유로 한 사법부의 유지처분은 이루어질 수 없으며 단지 사후적으로 형사절차에 의한 처벌만이 가능할 뿐이라고 한다.(물론 그 형사처벌이 확정된 때에는 당해 표현에 대한 처분은 할 수 있다)

45) Clark v. Community for Creative Non-Violence, 468 U.S. 288(1984).

46) 실제 사전억제와 방법규제는 엄밀히 구분하기가 힘들다. R. Whorf, "The Dangerous Intersection at "Prioe Restraint" and "Time, Place, Manner": A Comment on Thomas v. Chicago Park District," Barry Law Review, vol. 3, 2002 참조. 관점중립적인 방법제한이라 하더라도 그것은 보기나름으로 내용제한의 실체를 가지게 되는 경우도 적지 않다. 그래서 미국연방대법원도 이 방법제한을 합헌이라 선언하면서도 "내용중립적인 시간, 장소, 방법 제한이라 할지라도 자유로운 표현을 질식시키는 방식으로 적용될 수 있다"라는 점

요컨대, 미국에서의 사전억제금지의 법리는 단순히 그 주체가 행정부냐 사법부냐, 혹은 그 시기가 배포전이냐 배포후냐를 중심으로 전개되지 않는다. 그것은 표현의 내용을 이유로 장래를 향하여 더 이상 배포할 수 없도록 강제하는가의 문제에 집중되어 있다. 아울러 우리 헌법재판소가 강조하는 사전제출의 의무는 그리 큰 비중을 차지하지 않는다. 물론 사전제출의무의 부과 그 자체는 위헌적 사전억제의 혐의를 충분히 내포하는 것이기는 하지만, 그것이 없다고 해서 사전억제금지의 원칙이 염려하는 자기검열의 가능성까지 없어지는 것은 아니기 때문이다.

아울러 범죄예방의 목적을 위한 사전억제 또한 허용되지 않는다. 범죄예방을 이유로 경찰행정관청이 어떠한 표현을 제재한다면 상대방인 표현행위자는 자신의 표현이 범죄와 무관하다는 입증을 할 기회조차도 갖지 못 한 채 경찰행정관청의 판단에만 의거하여 자신의 표현행위를 거두어들여야 하는 정의롭지 못한 결과가 야기되기 때문이다. 따라서 이 경우는 경찰이 사전억제 혹은 예방적 조치를 할 것이 아니라 그 표현이 배포되는 것을 바탕으로 형사처벌을 하는 방법―그래서 표현자가 배심재판이라는 보호를 받을 수 있도록 하는 것―이 타당하다.[47]

그리고 입법부조차도 이 점으로부터 자유롭지 못하다. 특정한 내용에 대한 일반적 금지는 있을 수 없는 것이다. 뿐만 아니라 입법적 사전금지가 허용된다 하더라도 그 집행의 주체로서의 행정부의 행위는 좁게 규정되고 합리적이고 명료한 기준에 의하여 그 재량에 대한 통제가 가해져야 한다. 만일 그러한 기준이 없는 경우 가장 위험한 검열이 되기 때문이다.[48]

을 인정하고 있기도 하다. Thomas v. Chicago Park District, 122 S.Ct. 775, 780(2002) 그래서 이 법원은 결정권을 행정청의 변덕(whim)에 맡겨서는 아니된다고 한다.

47) Dell Publishing Co. v. Beggans, 204 F.Supp.297(1962)

48) 미국 연방대법원은 이 점에 관하여 만일 그러한 기준이 없다면 행정청의 사전억제는 사후적으로 합리화될 뿐이며, 기준 자체를 자의적이고 불법적으로

3. 2008년 한국: 표현의 자유에 대한 억압

이런 관점에서 본다면 최근 우리 정부가 표현의 자유에 가하고 있는 전면적인 압박은 대부분 위헌의 판단을 면하기 어렵다. 그것은 실질적으로 표현의 내용을 중심으로 억제하고자 하거나(사이버모욕죄, 인터넷 실명제, 게시물삭제명령 등), 행정청에게 지나친 재량을 부여함으로써 시민들의 표현의 자유 자체를 형해화하는 경우(집시법 등)에 해당하기 때문이다. 뿐만 아니라 형사사법권의 남용(2차소비자운동, PD수첩 등에 대한 수사)은 바로 이런 위헌적인 억제수단의 또다른 발현태로 나타난다.

현 정부의 표현의 자유에 대한 억압은 크게 세 가지의 방식을 취한다. 과거 군사정권에서와 마찬가지로 언론기관 자체를 권력의 의지 아래 복속시킴으로써 권·언 유착을 도모하는 것이 그 하나라면, 촛불집회 등에 대한 가혹한 억압에서 보듯 집회·시위에 대한 직접적·본질적 침해가 그 둘이며, 사이버모욕죄 등 사이버공간에서 형성되는 공공영역을 분쇄하고자 기도하는 것이 그 셋째가 된다.

첫째의 방식은 언론기관에 대한 인사권을 활용하는 방식과 함께 언론의 소유구조를 변형시키려는 시도로 이루어진다. KBS나 MBC 등 공영방송의 운영을 책임지는 이사회와 사장을 자신의 사람으로 충당하기 위하여 감사원과 경찰까지 동원하였음은 물론, 이렇게 바뀐 지배구조를 통해 프로그램의 편성을 조정하거나 혹은 그 담당자들을 교체하기조차 하였다. 인사권을 빌미로 언론의 자유에서 가장 본질적인 부분이라 할 편집권까지도 '자신의 사람들'이 장악하도록 한다. 과거의 유산인 권언유착

설정하게 되며 무엇이 허용되는 표현이며 무엇이 금지되는 표현인지를 가릴 수 있는 방법이 없게 된다고 선언하고 있다. City of Lakewood v. Plain Dealer Publishing Co. 486 U.S. 750, 758(1988) 바로 이런 요건 때문에 1970년대 이래 팽창해 왔던 행정적 제재방법이 점차 완화되었다.

이 그대로 재현될 상황을 만들어 놓고 있는 것이다.49)

미디어소유규제정책을 거의 철폐하는 수준으로까지 바꾸겠다고 하는 현정부와 여당의 방침은 또 다른 언론규제의 발판을 마련한다. 대기업의 미디어소유를 규제하기 위한 기준을 자산 규모 3조원에서 10조원으로 대폭 높인지 얼마 되지도 않은 지금, 여당은 자산규모에 따른 제한을 없애겠다는 안을 내어놓고 있다. 자산 규모 10조원 이상의 대기업도 지상파 방송의 주식이나 지분을 20%까지 소유할 수 있도록 하며, 종합편성 및 보도전문 PP에 대해서는 49%까지 소유할 수 있도록 하겠다는 제안을 하고 있는 것이다. 이는 단순히 언론의 지배구조의 문제에 한정되는 것이 아니라 언론으로 상징되는 여론의 형성체계를 자본과 시장의 논리 하에 예속시키겠다는 의지의 발현이라는 점에서 더욱 큰 문제를 야기한다. 언론이 언론 자체의 논리에 따라 작동하지 않고 경제논리에 따라 좌우되도록 함으로써 시민사회 혹은 공공영역의 형성 그 자체를 가로 막아버린다는 것이다.50)

둘째의 방식은 3.1운동의 아우내장터에서부터 촛불집회가 일어나던 서울광장에 이르기까지 면면히 이어온 "운동에 의한 민주주의" 자체를 말살하겠다는 의지의 직접적인 표현에 해당한다. 그동안의 우리의 민주화의 성과 그 실체를 부정하는 셈이 되는 것이다. 촛불집회의 '주최자'에

---

49) 여기서 광우병의 문제를 보도한 MBC PD수첩에 대하여 검찰이 수사권을 행사한 것은 그 자체로도 명백한 언론의 자유에 대한 침해이지만, 동시에 이는 국가의 공권력이 언론의 내용조차도 얼마든지 유효하게 통제할 수 있음을 보여준 시범케이스로서의 의미를 가진다. 환언하자면 그것은 향후의 모든 언론에 대한 사전검열의 경고일 따름이다.

50) 저속·불법 표현의 삭제권 등 사이버공간에 대한 질서통제권을 포털에게 부여하겠다는 발상은 그 자체 사전억제금지의 원칙에 위반될 뿐 아니라, 더 나아가 포털이라는 기업의 경영판단에 사이버공동체의 실질을 예속시키는 것이 된다. 사이버를 통해 형성되는 또 다른 시민사회-공공영역이 마찬가지로 시장에 종속되는 현상을 초래하는 것이다.

대한 구속·수배 등 형사사법권을 행사하는 것은 물론 차벽, 소화기·방패·물대포 등을 사용한 폭력'진압'은 그 한 예에 불과하다. 일부 언론사를 상대로 한 제2차 소비자운동에 대한 탄압은 문명사회에서는 보기 어려운 억지논리로써 시민의 입과 귀를 막고자 하는 반민주적 조처에 해당한다. 하지만 그 최극단의 억압은 단연 집시법이다.

실제 우리나라의 집시법이 가지는 해악과 그 위헌성은 수없이 많이 지적되어 왔다. 따라서 이를 여기서 더 거론할 필요는 없을 것이다. 다만 두 가지점은 지적할 필요가 있다. 첫째 헌법재판소의 소극적 태도이다. 헌법재판소는 야간집회금지규정(집회및시위에관한법률 제10조)에 대하여 그에 대한 집회허가처분이 기속재량인 만큼 그 자체로서 규범적으로는 문제가 없다는 결정을 내리고 있다.[51] 하지만, 이런 헌법재판소의 논의가 타당하기 위하여는 그 허가여부가 기속재량이라는 규범적 증거-훈령이나 매뉴얼 등 최소한의 재량행사통제규범의 존재-가 있어야 한다. 그것이 없는 경우 즉, 허가여부를 통제하는 명백한 기준이 없는 경우 허가권자가 허가를 정당하게 거부하는 것과 그 허가권(혹은 검열권)을 정당하지 않게 남용하는 경우를 구분할 수 없는 현실적 상황을 야기한다. 즉, 그 조항들을 적용하였을 때 위헌적인 결과가 도출될 개연성을 너무도 충분히 안고 있는 것이 된다.[52] 따라서 이는 적용상의 위헌(unconstitutionality as applied)의 법리에 따라 당연 위헌판단을 내려야 했었다.[53]

---

51) 헌법재판소, 1994. 4. 28, 91헌바14
52) Lakewood v. Plain Dealer Publ. Co., 486 U.S. 750 (1988), 이 사건에서 미국 연방대법원은 신문보급대를 공공장소에 설치하는 것이 시장이 필요하고 합리적이라고 인정하는 기간과 조건("terms and conditions deemed necessary and reasonable by the Mayor")하에서 허가될 수 있도록 한 시조례는 시장에 지나친 재량권을 부여한다는 점에서 위헌이라 판단하였다.
53) M. Meyerson이 사전억제금지의 원칙은 기본적으로 권력분립의 체계와 연관되어 있다고 말함은 바로 이 때문이다. 행정권에 광범위한 재량권이 부여되

둘째, 이런 위헌성을 제거하려는 노력은커녕 오히려 집회·시위를 "떼법"으로 호도하며 그에 대한 규제를 더욱 강화하고자 하는 반인권적 사고는 분명 지적되어야 한다. 경찰청의 요구를 그대로 반영한 듯한 여당의 집시법개정안은 집회·시위에서의 복면금지, 각목등 '흉기' 소지금지, 경찰관의 자유로운 출입 등 독소조항들을 아무런 거리낌 없이 삽입하고 있다. 여기에 집단소송법개정안은 경제적·사회적 강자로부터 소비자와 시민을 보호하기 위한 제도인 집단소송제도를 되려 집회와 시위에 참가한 시민에게 덮어씌우려는 음모를 명문화하고 있다. 뿐만 아니라 비영리 민간단체지원법 개정안은 '불법'집회·시위에 관여된 민간단체에 대하여는 정부지원을 차단하도록 함으로써 집회·시위의 자유 뿐 아니라 헌법상의 결사의 자유(제21조)까지도 과감히 통제하고자 시도한다.54)

셋째의 방식은 사이버모욕죄의 도입, 실명제의 도입, 그리고 감청권55)

는 경우 그것은 실질적으로 법판단의 기능을 수행하는 사법권의 침해가 되기 때문이다.

54) 야간집회에 대한 법원의 위헌제청이 있자 검찰과 경찰청이 헌법재판소에 제출한 합헌의견은 이 점에서 하나의 코메디를 이룬다. 전세계에 우리나라의 집시법과 같은 악법이 찾아보기 어렵다는 점 때문에 비교법적 관점에서 합헌의견을 제시하기는 거의 불가능하다고 보여지지만, 그럼에도 불구하고 미국의 아주 작은 마을에서 만든 야간집회금지조례라든가 아니면 사회주의국가였던 중국이나 러시아의 집회규제법률(그것도 심야에서만 규제될 뿐 일몰후, 일출전이라는 포괄적 금지는 아니다) 등을 자신의 논거로 삼고 있음은 그들의 파렴치함을 넘어 그 자체가 하나의 코메디감이다.

55) 우리나라의 감청제도는 강제수사에 대한 영장주의의 원칙을 정면에서 거부한다는 점에서 그 자체 위헌이다. 분명 감청은 강제수사이며 따라서 헌법상의 영장주의가 적용되어야 한다. 즉 그것은 '법관이 발부한' 영장에 의하여 하여야 한다. 환언하자면 법관 즉 재판주재자인 법관이 재판이라는 사법과정을 통해서 감청이 허락되어야 한다. 하지만, 현재의 제도는 법관이 아니라 법원이 감청을 허가하도록 되어 있다. 즉, 법원－법원장 혹은 그의 위임을 받은 수석부장판사－이라고 하는 하나의 행정기관이 처분으로써 감청을 허가하고 있는 것이다. 이는 재판-사법작용에 의하여 형사사법권의 하나인 강

의 확대56)를 주된 요소로 하는 사이버 3대 악법의 형태로 이루어진다. 인터넷실명제라든가 사이버모욕죄의 경우 실제 그 제도의 도입으로써 치유하고자 하는 문제점들—사이버공간의 질서와 윤리—이 무엇이며 그 원인은 어떠하며 이에 대한 대처방안은 어떤 것들이 있는가, 나아가 그 효과는 어떠할 것인가 등에 대한 그 어떠한 조사나 검증도 없이 문자 그대로 '무턱대고' 만들어진 법안들이다. 따라서 바로 이 점만으로도 미국의 사법심사의 법리를 빌리자면 narrowly tailored되지 않았다는 이유로 위헌판단을 면키 어렵게 된다. 표현의 자유 특히 사이버공간에서의 표현의 자유라는 우월적 권리(preferred rights)를 제한하면서도 그에 상응하는 과잉침해 금지의 원칙에 대한 고려가 조금도 이루어져 있지 않다는 점에서 우리의 위헌심사법리에 의해서도 마찬가지의 결론이 나온다. 그래서 참여연대는 이런 법들을 두고 "통과되자마자 헌법재판소로 직행할 법"57)이라고 명명한 바 있다. 아울러 이런 법안들은 하나같이 표현의 내용을 중심으로 하는 통제라는 점에서 표현의 자유의 법리를 정면에서 위반한다. 이점은 사이버모욕죄의 경우에는 명확하므로 더 이상 언급할 필요는 없을 것이나, 실명제의 경우는 표현의 내용 자체에 일정한 사항(자신의 신원에 관한 사항)을 삽입할 것을 강제하는 것이어서 더욱 문제적이다.

제수사권을 통제하고자 하는 우리 헌법상의 영장주의에 정면으로 반하는 위헌의 것이 된다.

56) 감청권의 확대는 국정원의 권력기반을 확장하는데 최적의 공간을 마련한다. 이는 국가안보 혹은 범죄수사의 틀을 넘어 산업기밀에 대한 국정원의 통제권을 확보하는 근거를 제시한다. 안보의 개념이 국가안보에서 시장안보로 이행하는 추세에 발맞추어 국가비밀기관의 권력 또한 정치사찰을 떠나 시장사찰을 빌미로 한 모든 국민에 대한 전방위적 사찰을 가능케 하도록 기획하고 있는 것이다. 이에 관하여는 오길영, "통신비밀보호법 개정안 비판," 이춘석·민주당 정책위원회, 통신비밀보호법 관련 토론회 자료집 수사·정보기관 통신감청 국민은 안전한가?, 2008. 12. 11 참조.

57) 참여연대 사법감시센터, 이슈리포트

즉, 일정한 표현내용을 이유로 통제하는 것을 넘어 일정한 사항을 표현하지 않았다는 점을 근거로 그것을 억제하는 무리수를 두고 있는 것이다.

하지만 사이버모욕죄의 경우 이런 표현의 자유에 대한 법리의 문제를 넘어서는, 더욱 심각한 폐해를 은닉해 두고 있다. 그것은 종래의 친고죄였던 모욕죄를 사이버공간에서만큼은 반의사불벌죄로 바꾸어 놓음으로써 기존의 모욕죄가 가지고 있던 위헌성, 반민주성[58])에 더하여 국가권력 – 형사사법권력 – 의 무한한 확장을 도모할 수 있도록 만드는 암적 요소를 내재하고 있는 것이다. 환언하자면, 수사당국은 사이버모욕죄의 수사라는 명분으로 어떤 토론방이든 혹은 어떤 게시판, 카페든 심지어 포털까지도 어떤 표현이 누군가에게 모욕이 되는 것처럼 보인다는 이유만으로 수색영장을 발부받아 컴퓨터에 저장되어 있는 메일이나 게시물, 로그기록, 대화록, 주소록, 혹은 경우에 따라서는 그에 수반되는 워드프로세스 파일들이나 동영상파일 등등 그 모든 것들을 들추어 볼 수 있게 된다. 사이버모욕죄가 사이버공간에서의 국가보안법 혹은 제2의 긴급조치가 되는 것은 바로 이 때문이다. 마치 지난 날 국가보안법상의 이적표현물소지죄가 누구든지 밉보인 학생의 하숙집까지 수색할 수 있는 근거조항이 되었듯이, 사이버모욕죄 또한 하찮은 표현 하나를 핑계 잡아 밉보인 네

---

58) 특히 영국의 경우에는 성실청이 중심이 되어 이교도들을 탄압하는 가장 강력한 근거로 신성"모독"이라는 모욕죄를 활용하였다. 이에 대하여는 존 B. 베리, 박홍규 역, 사상의 자유의 역사, 바오, 2005, 제7장 참조. 특히 모욕죄는 그 외에도 표현의 자유를 사회 특정계층의 권리로 전속시키는 기능도 한다. 예컨대, "[현 보통법 집행부는] 사상과 토론의 자유라는 최고의 원리를 침해한다. 그들은 교육받지 못한 사람들이 자신들이 아는 유일한 방식으로 말하는 것을 제지하면서, 동일한 내용을 교육받은 사람들이 훨씬 더 효과적으로 훨씬 더 교활하게 말할 때에는 아무런 제제도 가하지 않는다" 베리, 전게서, 270면. 표현의 자유라는 최우선적 가치를 가지는 인권이 이 모욕죄로 인하여 계급적인 특권으로 변용되어 버리는 것이다. 그래서 모욕죄는 폐지되어야 할 필요가 있다.

티즌 누구라도 수사할 수 있는 무한대의 권력을 구성하게 되는 것이다.

요컨대, 집시법이 현실공간에서의 광장을 억압하고 폐제하기 위한 법이라고 한다면 이들은 사이버공간에서의 광장을 억압하고 폐제하기 위한 법이 된다.

> 요컨대, 출범한지 10개월이 채 안 되는 기간 동안 현정부와 집권여당이 한 일은 지난 20년간 우리가 소중히 가꾸어 왔던 공공영역을 파괴하는 것뿐이었다. 소화기와 명박산성과 물대포로 서울광장을 빼앗고, 조중동 광고거부 등 제2차 소비자운동에 대한 형사처벌이나 집회에 대한 집단소송제 도입시도 등을 통해 거리의 정치를 말살시키고자 한다. 사이버공간 또한 예외는 아니어서 사이버 모욕죄등으로 그 정치성을 고사시키려 한다. 지난 날 수많은 공적 담론을 생산해 내며 대통령까지 만들어내었던 사이버공간을 이제 자본의 상업주의와 순간적 쾌락주의만이 판을 치는 곳으로 전락시키고 있는 것이다.[59]

인터넷 실명제의 문제는 같은 맥락에서 사이버상의 토론장에 범죄라는 낙인을 찍는다. 인터넷상의 명예훼손, 혐오발언들을 사이버폭력이라 이름짓고 이를 성폭력, 학교폭력 등과 동렬에서 5대 폭력으로 분류하여 규제하고자 하였던 지난 정권에서의 시도들은 오늘날에도 여전히 유효하다. 의사소통의 과정에서 나타나는 일탈의 문제를 굳이 온라인과 오프라인으로 구분하고, 전자에 대하여 후자와는 다른 별도의 가치판단을 행하면서 그것을 성폭력·학교폭력과 같은 수준의 사회문제로 전이시켜 버리는 것이다. 인터넷 실명제 운운하는 대책들은 이런 허구성을 단적으로 드러낸다. 이런 일탈유형을 치유하기 위하여 정작 선행되어야 할 행위특성의 분석이나 요인분석은 과감히 생략한 채 오로지 익명성이라는 단 하나의 인터넷특성에만 규제의 초점을 맞춘다. 인터넷 실명제는 그래서 음모론의 비난가능성을 안게 된다.[60] 즉 그것은 인터넷에서 의사소통에 참

---

59) 한상희, "잃어버린 20년 ─ 법치와 민주와 인권의 소멸," 천주교 인권위원회

여할 수 있는 자격을 실명자로만 한정함으로써 익명의 네티즌에 대하여 일종의 진입장벽을 설치하는 효과를 거두게 되고, 이를 바탕으로 즉 인터넷상의 의사소통 체계 자체를 국가가 감시하고 통제할 수 있는 길을 열어 두게 하는 것이다.

그리고 이러한 조작을 바탕으로 인터넷 전반에 걸친 감시가 이루어질 수 있게 된다. 사이버모욕과 폭력을 예방·교정하고 익명성의 횡포로부터 사이버 공간을 보호하기 위하여 혹은 저작권을 보호하기 위하여 방송통신심의위원회-혹은 과거의 정보통신윤리위원회-나 사이버수사대와 같이 전방위적으로 인터넷공간을 훑어 나가는 사이버감시체계가 구축되게 되는 것이다. 이들은 인터넷상의 표현들을 스크린하면서 스스로 설정하는 '기준'에 따라 그 표현의 게시를 정지하거나 삭제·폐쇄할 것을 방송통신위원장 등 국가강권력의 소지자에게 권고할 수 있는 권한을 가진다. 실제 이런 통제장치들은 미국연방대법원이 말하는 검열에 해당되어 위헌이 된다.[61] 하지만, 우리의 둔한 인권현실은 오히려 정권의 차원에서 혹은 의원입법의 형식을 빌어 이런 폭력들을 확대하고 강화하는 퇴행성을 보이고 있다.

---

60) 이런 낙인찍기의 통제는 어떠한 표현유형들을 도덕적으로 혹은 사회적으로 악이라고 낙인찍고 그것을 오프라인과 다른 인터넷의 특유한 현상인 양 포장하면서 그 대책이라는 이름으로 표현의 자유영역에 국가가 간섭하는 방식으로 진행된다. 더불어 그것은 낙인행위를 통해 금지명령과 허용명령의 경계를 설정하고 이를 통해 국민들을 훈육하는 일종의 미시권력을 만들어낸다. "청소년보호"를 명분으로 만들어지는 "유해표현"이라는 개념은 각종의 필터링 프로그램들을 통해 그 유해성의 판단기준을 섹스, 폭력, 언어(폭언), 누드의 네 가지로 한정하는 효과를 도모한다. 그것은 아동을 유해표현으로부터 차단하는 효과를 거둠과 동시에 일반 국민에 대하여 이 네 가지의 표현 또는 행위들은 언제나 사회적 악으로 규정될 수 있음-또는 역으로 이네 가지 외의 다른 것들은 "유해"하지 않음-을 훈육하게 된다.

61) Bantham Books Co. v. Sullivan, 372 U.S. 58(1963)

　문제는 이 모든 통제가 오로지 온라인에만 그치고 있는 것은 아니라는 점에 있다. 국가권력이 온라인을 통제하고자 하는 가장 큰 이유는 그것이 오프라인의 질서를 재구성할 수 있는 힘을 가진다는 점에 있다. 사이버 모욕이나 사이버 폭력은 오프라인의 권위에 대한 도전으로 이어질 수 있으며, MP3파일의 공유는 신자유주의적 재산권개념을 흔들어놓는 도발로 이어질 수도 있다. 익명성으로 상징되는 사이버공간의 해방성은 각종의 하위문화, 대항문화들을 형성해 내며 이는 새로운 문화정치의 가능성을 열어두기도 한다. 그래서 국가권력은 인터넷상의 의사소통에 주목하게 되고 '참여'나 '민주' 혹은 '법치'라는 슬로건에도 불구하고 강권력의 물리력까지도 서슴지 않으려 한다. 역으로 민주주의의 발전에 거부감을 느끼는 정치권력의 경우 사이버공간을 악의 공간으로 낙인찍음으로써 온라인공간에서의 시민적 참여 혹은 국민주권의 실현을 저지하고자 한다.

Ⅳ. 결론: '예외상태'의 선언을 향해

　결국 현재의 (인권)상태[62]는 20년전의 권위주의 체제에서의 인권상태와 질적으로 다르지 않은 것이 되어 버리고 만다. 그동안 우리나라의 민주화과정을 "운동에 의한 민주주의"라고 한다면 현재의 (인권)상태, 혹은 현재의 국면은 여전히 운동과 저항을 요구하고 있는 상황이라 할 것이다.

---

62) 실제 표현의 자유가 현 정권에서 침탈되는 예는 그 외도 적지 않다. 국사교과서에 대한 국가의 개입은 그 대표적인 예이다. 이는 교과서 저자들의 표현의 자유뿐 아니라 가치개입이 필연적인 역사해석에 있어 특정한 사관을 학생들에게 강요한다는 점에서 학생들의 양심의 자유를 침해하며 그러한 사관을 교육할 것이 강제된다는 점에서 교사의 교육권과 그에 수반되는 표현의 자유를 침해한다.

　　위에서 촛불집회의 과정에서 국민주권의 침탈과 대의체제의 종말로 인한 '예외상태'가 촉발되었다고 하였지만, 이제 이 '예외상태'는 역사적으로 구체화된다. C. Schmitt가 말하는 정치적 통일체의 형성을 위한 주권적 결단이 필요하게 되는 상태가 이 정권의 과거회귀경향으로 인해 더욱 가속화되었기 때문이다. 혹은 보기나름으로는 과거의 운동과 구별되는, 더욱 강력한 주권적 결단을 위한 정치적 투쟁(C. Schmitt적 의미에서)의 상태가 형성되고 있다고 해도 과언은 아니다. 과거의 운동이 정치적 민주화, 절차적 민주주의를 지향하는 내용·이념중립적이었으며, "운동과 선거경쟁을 중심으로 한 제도권 정치가 분리되면서 운동의 중심세력이 민주주의의 제도화 과정에 참여하지 못하였다는 것"이었음을 감안한다면 이는 더욱 그러하다. 왜냐하면 현 정부의 정책기조가 전술한 바와 같이 친기업적·친자본적인 것으로 경도됨으로써 현재의 운동-저항은 정치적 민주화, 절차적 민주주의를 지향하는 내용·이념중립적인 수준을 넘어설 것이 요구되고 있기 때문이다. 오히려 현재의 수준에서는 이러한 절차적 민주주의를 넘어서는, 실질적 민주주의 혹은 사회정의의 실현 등의 문제가 더욱 중요한 아젠다로 구성되고 있다 할 것이다. 그리고 바로 이런 투쟁의 과정에서 대한민국은 민주공화국이다라는 헌법 제1조의 문언은 그 실체를 획득하게 된다.

　　근대국가의 구조원리인 입헌주의는 단순히 「헌법의 지배」만을 의미하지는 않는다. 그것은 그 정치공동체의 토대가 되는 역사와 전통과 이념과 가치의 복합체로서의 고차법, 근본법의 지배를 의미한다. 국민이 주권자가 되는 근대국가에 있어서는 입헌주의는 그 주권자의 주권적 의지―그것이 헌법의 명문규정으로 표현되어 있든, 역사와 전통 속에 내재되어 있든 아니면 인류보편의 이성으로 자연법적 지위를 가지고 있든 관계없이―의 발현태로서의 인권보장과 권력분립, 민주주의 등을 현실공간에 구현함을 목적으로 한다. 그리고 바로 그러한 시대정신을 현실에서 실천

할 수 있는 방식으로 재가공하여야 할 의무를 지는 것, 그것이 바로 정부와 국회다.

하지만, 현 정부는 이런 입헌주의의 이념을 거부한다. 오히려 "잃어버린 10년"을 외치며 철저히 반입헌주의, 반민주주의, 반인권·반법치의 과거로 퇴행하고자 한다. 신자유주의를 핑계로 새로운 정경유착을 꿈꾸며, 효율과 생산성을 내세우며 자본, 관료, 전문가의 편협한 조합주의를 도모한다. 이 과정에서 노동과 인권과 민주주의는 하찮은 희생양에 불과한 것으로 치부된다. 수많은 피와 땀으로써 세계 문명사회가 쌓아 왔던 그 인권항목들을 이제 "좌파" 혹은 불순세력의 투정 정도로만 인식될 뿐이며 지난 20년간 우리 사회가 이루어왔던 민주화의 성과조차도 자본의 욕구 앞에서 여지없이 파괴되고 만다. 언론을 통제하며 시민들의 광장을 봉쇄하며 시민의 입과 귀를 막고 눈을 가린다. 아울러 실명제, 감청제 등으로 국민감시의 전방위체제를 구축하며 언제라도 개개인의 동정을 꿰뚫어 보는 야경국가를 도모한다. 그들이 말하던 "잃어버린 10년"이 이제 우리들에게는 "빼앗겨버린 20년"이 되어 우리들의 전생활을 압박해 오고 있는 것이다.

그래서 이제는 '예외상태'를 선언하여야 한다. 과거 민주화와 산업화의 성과조차도 새로운 권위주의에 흘려버려야 했던 남미 제국의 전철을 우리가 새삼 되밟아나가는 우를 범하지 않으려면 "대한민국은 민주공화국"을 외치며 국가적 폭력에 단호히 대처하는 시민의 권력을 과시할 수 있어야 한다. 민주화의 길목에서 주춤거리는 최장집교수는 "총체적 인간은 민주주의하에서 자율적인 자기정체성을 형성하기가 쉽지 않다"[63]고 말하지만, 그러한 총체적 자기정체성을 회의하고 있는 사이에 현 정권과 그 배후의 자본세력의 권력의지는 우리의 일상을 전방위적이고 총체적으로 침탈해 오고 있다. 그래서 이정은교수의 말처럼 우리는 "황혼녘에야

---

63) 전게서, 230면.

날아가는 [미네르바의] 올빼미가 아니라, 늘 깨어있어도 감당하기 어려운 시대"에 살고 있는지도 모른다. 그리고 "국민 대다수가 정치적 운명을 새롭게 결정하고자 하는 의지"로서의 주권적 결단은 이런 상황에서 새삼 그 의미를 가지게 된다.

촛불시위를 둘러싼 각종 표현과 규제…에 관한 성찰

한 인 섭*

Ⅰ. 글머리에

-2008년 상반기 한국사회는 '촛불'에 의해 압축된다. 촛불을 든 시민의 행렬은 2002년 하반기에 처음 나타났지만, 2008년 상반기 서울중심가에서의 촛불은 여러모로 새로운 문화현상으로 주목받았다. 촛불은 미국 쇠고기수입반대라는 구호 하나에 집약될 수 있는 성질의 것이 아니었다. 정부의 여러 시책에 대한 다양한 '안티'의 표출이기도 했지만, 촛불을 들고 이루어진 각종 퍼포먼스, 구호, 표현, 커뮤니케이션은 '뉴' 패러다임의 출현이었다. 이 글은 '안티'가 겨냥한 정부시책의 타당성을 따지고자 하지 않는다. 대신 '촛불'을 매개로 하여 이루어진 다양한 새로운 표현들에 주목한다.

---

* 서울대 법대 교수

-이 표현들의 발랄함에 대하여는 여러 전공자들의 언급이 있었다. ‘집단지성’이라 부르기도 했고, 그리스의 ‘아고라’의 초현대적 재현으로 부르기도 했고, 정보의 생산자와 소비자 사이의 벽이 허물어지는 Web 2.0으로 이야기되기도 했다. 행동하는 시민이 자기모습을 바로 인터넷 화면으로 볼 수 있다는 신기함도 대단했다. 비장하고 엄숙한 집시(앞으로 집회시위를 일괄하여 그냥 ‘집시’로 표현하겠다)의 전형을 일거에 낡은 것으로 만들어버리는 각계각층의 표현력의 다양함과 무한함에는, 종래의 집시 전문가들은 내심 당황했을 것이다. 소위 진보가 가장 낡은 엄숙주의의 늪 속에서 헤매고 있었음을 매일같이 느끼게 해주었던 것이다. 선진이 후진이 되고, 나중된 자가 먼저 되는 것은 여중생들로부터 시작된 다채로운 상상력의 표현들을 통해 촛불집회의 첫 장면부터 현출되기 시작했던 것이다.

-형사법과 형사정책을 전공하는 사람으로서, 나는 왜 이러한 표현들이 종래의 공안정국의 틀로 치안형사적 현상으로 재규정되게 되었는가에 대해 안타까움을 갖고 있다. 수백만의 참여시민들은 ‘범죄’하려고 모인 게 아니라, 무언가를 ‘표현’하고 ‘주장’하고 싶어 모인 것이다. 그런데 산업화와 민주화를 동시에 이루었다는 이 나라의 한복판에서, 이렇게 거대한 표현의 물결을 몇몇 사람들의 ‘범죄사건’으로 격하시키고, 그들의 ‘범죄화’를 통해 몇 백만의 시민들의 진정성을 폄훼하는 것은 국민을 모독하는 것이다. 시민 누구도 ‘불온한 배후조종세력’에 협박당하고 속아넘어가 지하철타고 버스타고 시청앞에 도달하는 수고를 한 게 아니다. 이젠 한국의 경찰이 인권경찰로 발돋움하고, 검찰은 정치적 중립성의 진전을 상당부분 이루어냈다고 쓰고 싶은 학자에게 이같은 공안적 사고의 출현은 불안하고 불쾌하다.

-그러나 불안하고 불쾌하다고, 기분 나쁘다고 말하고 끝낼 일이 아니다. 법학자는 그렇게 말하고 끝낼 수 없기 때문이다. 법학자에게는, 이현령비현령일지라도 일단 형법 조문을 갖다 붙인 그 행위들을 범죄가 아니라, 헌법적 권리행사라고 (재)정의해야 할 책무를 갖고 있는 것이다. 그 수백만의 행위와 표현들에 정당한 헌법적, 혹은 자연법적 근거를 도출해 내지 못하면, 수백만의 시민들을 형사법적 그물망의 자의적인 '포로'로 넘겨주어야 하기 때문이다. 적어도 이론적으로는 말이다. 그래서 2008년이 가기 전에 무언가 그 근거에 대한 모색의 작업을 최소한도라도 수행할 의무를 느낀다. 아울러 이토록 다양한 표현들을 형사화 함으로써 시민들의 입을 막고 손을 묶고자 하는 시도가 형사사법기관의 신뢰성과 정당성을 훼손하여 결국 정법적 법질서마저 도전받는 사태의 악화를 예방할 필요가 있다. 적어도 이론적으로라도.

-이 글은 필자의 관심을 자극한 그 촛불현상에 대하여, 상당부분 관찰자, 그리고 참여관찰자의 시각으로 쓴 것이다. 이렇게 살아움직이는 현상에 대해 냉정한 거리를 유지하기는 힘들다. 여기서는 일부러 냉정한 거리를 유지하려는 어투로 구태여 포장하지 않으련다. '거리감'보다 어떤 '공감'과 이건 아닌데 하는 '의문'을 그대로 담고 싶다. '성찰'이라고 제목을 붙였지만, 세월의 더께가 더해져야 할 그 용어는 현 시점에서 어떨까 하는 주저함도 없지 않음을 말해둔다.

Ⅱ. 촛불이 등장하는 집회,
시위에 대한 현상적 고찰

1. 촛불집시의 특징

-촛불은 아름답다. 촛불이 등장하는 어떤 사진을 찍어보라. 한결같이 아름답다. 촛불시위를 촬영한 수백만장의 디카와 셀카들은 말할 것이다. 아름답지 않는 사진이 없다. 하나도 아름답고, 여러 촛불이 모여도 나름대로 아름답다. 촛불은 기쁨을 표할 때 자주 등장한다. 생일잔치에는 케이크와 함께 촛불이 등장하지 않는가. 또한 촛불은 경건하다. 성당과 불당에서 기원을 할 때 우리는 촛불을 사용한다. 같은 불인데 전기불과 촛불은 사람의 마음을 움직이는 힘이 다르다. 수십만의 촛불이 모인 장면은 아름다운 정도가 아니라 놀랍고 숭고스럽기도 하다.

-촛불이 등장하는 시위는 평화스럽다. 이 점이 매우 중요하다. 촛불을 들고 동시에 돌맹이를 들 수 없다. 한 손에 촛불을, 다른 손에 화염병을 들 수도 없다. 촛불은 격렬한 움직임과 맞지 않는다. 촛불은 조심스럽게 다루어야 하므로, 촛불든 사람들은 조심스럽다. 촛불을 든 사람들은 뛰지 않고 서 있거나 걷는다. 촛불은 조그마한 바람에도 꺼지고, 거친 움직임엔 촛농이 떨어질 수 있다. 한 손에 촛불을 들었다면, 다른 손엔 종이 정도를 들 수 있을 뿐이다.

-사람들이 많이 모였더라도 모두 촛불을 들고 있다면, 그 모임은 과격하거나 폭력적이기 어렵다. 신체공학상 말이다. 단지 노래하고 구호를 외칠 수 있을 뿐이다. 촛불의 시위대는 기본적으로 평화적이다. 지난 5월과

6월에 그토록 많은 집회와 시위가 이루어졌는데, 적어도 촛불을 든 시민들은 어떤 폭력(소극적이든 적극적이든, 공격적이든 방어적이든)을 행사하지 않았다. 대신 그들은 촛불을 안 든 일부 시민들이 각목이나 쇠파이프를 들고 있음을 보았을 때 "비폭력"이라고 연호했을 뿐이다. 그들은 "뛰자"고 하지 않았고, 걷거나 "앉자" "눕자"고 했다.

  -촛불의 시위는 사람을 불러모으는 효과가 있는 것 같다. 그것은 촛불이 풍겨주는 따뜻함과 경건함, 그리고 준비된 결의를 느끼게 해주기 때문이다. 그 이유 뿐만 아니다. 촛불시위는 평화적이기에, 남녀노소가 쉽게 어우러질 수 있다. 폭력적이거나, 격렬한 시위라면 남성/청년이 대오의 중심을 차지하게 되며, 여성, 노인, 아동은 중심으로부터 밀려난다. 그러나 촛불을 든 시위의 형태에는 비폭력스럽게, 그리고 느린 흐름으로 이어지므로, 여성, 노인, 아동들도 대열 속에 들어와 나름대로 역할을 자연스럽게 할 수 있다. 5월과 6월의 시청광장은 바로 이러한 촛불의 시위로 인해, 각계각층이 자연스럽게 참여하게 된 것이다.

2. 평화와 폭력

  -그럼 5월과 6월의 시위에는 폭력이 전혀 없었는가. 분명히 폭력이 있었다. 경찰과 시위대가 직접 싸우는 모습도 나왔고, 경찰이 "눕자 시위대"를 밟는 모습도 있었고, 무언가 물건을 집어던지는 모습도 있었다. 이토록 대규모의 시민들과 경찰이 부딪쳤을 때, 어느 정도의 폭력과 불상사는 불가피한 측면도 있었을 것이다. 그러나 종합적으로 볼 때, 전체 시위는 비폭력적이었고, 경찰도 놀랍도록 자제한 측면이 있다. 화가 났을 법한 시민들의 주류는 쇠파이프, 죽창, 화염병, 돌맹이의 유혹을 이겨냈다. 경찰도 중간에 물대포 두어차례, 소화기 등을 등장시켰지만, 대부분의 시위대책에

서는 그러한 수단을 동원하지 않았다. 양측 모두 '관용의 한계'(limits of tolerance)를 크게 벗어나지 않았다고 평가할 수 있을 것이다.

-20년전 화염병과 최루탄의 공방전이 있었다. 무석무탄이냐 무탄무석이냐의 닭－달걀논쟁도 오갔다. 그러나 무석－무탄의 시대가 현실화되기 위해서는, 여러 단계의 역사적 업그레이드가 필요했다. 정권의 합법성과 정당성이 높아질수록 폭력적 시위진압의 필요성이 줄어들었고, 합법적 의사표현무대가 넓어지면서 시위의 과격화도 감소했다. 시위의 건수는 별로 줄어들지 않았지만, 폭력의 사용은 점감했다. 1998년 최루탄 불사용 원년을 맞았고, 곧이어 시위의 평화성이 훨씬 높아졌다. 시위의 비폭력화가 촉진되었고, 경찰의 평화적 대응이 일상화되어갔다. 지난 5월과 6월의 시위규모라면 군부독재하에서는 계엄령이나 위수령을 불렀을 것이다. 권위주의적 민간독재 하에서라면 시위대의 대규모연행과 공안정국을 초래했을지 모른다. 그러나 시위대는 이제껏 축적된 비폭력평화의 문화를 깨기에 부담이 너무 컸고, 경찰도 최루탄 사용 운운하긴 했지만 끝내 최루탄시대로 감히 되돌아갈 수 없었다. 어느 한쪽의 폭력화는 다른 한쪽의 폭력화의 빌미가 되기도 하기에 상호 자제한 점도 있고, 폭력화의 낙인을 선점한 쪽은 여론의 싸늘한 반응이 쏠릴 것이기에 자제한 점도 있을 것이다. 수백만이 부딪치는 상황에서 그래도 임계점(critical point)을 넘지 않았다는 점은 그동안 한국사회의 민주화-평화화의 누적효과로 말미암은 탓으로 볼 수 있을 것이다.

-그럼에도 폭력은 불거졌다. 경찰의 폭력행태에 대해서는 국가인권위원회의 결정이 세세하게 정리하고 있으므로 더 추가할 것이 없다. 시위대 중 일부의 폭력에 대해서는 경찰의 체포와 수사가 있었고, 사법절차가 진행중이다. 그러나 어느 쪽도 고의적-지속적으로 폭력을 행사한 것이

아니다. 촛불을 들지 않은 시위대 중의 일부가, 다수의 "비폭력" 외침에
도 불구하고 버스를 부수고, 때로는 경찰에게 폭력을 휘두르기도 했다.
체포된 폭력시민들은, "언어적 표현" "문화적 표현"보다는, 행동에 보다
익숙한 사회적 주변인들로 밝혀졌다. 그들은 사회적 분노를 "표현"할 능
력보다, 행동적 폭발을 택한 것이었다. 이들이 다종다양한 시위형태의 한
부분을 구성한 것은 사실이지만, 그들을 통해 촛불시위의 전반적 성격을
폭력이라고 규정짓기에는, 그들의 행동은 매우 제한적이었고 일탈적이었
다. 어쨌든 양측의 '물리적 폭력' 중 불가피했다거나 정당한 방어수단이
었다고 볼 만한 것은 많지 않다. 때문에 폭력 그 자체의 분출에 대해 일
정한 형사책임을 물어야 하는 것은 이의가 없다. 그것이 시위대의 일부
이든, 경찰의 일부이든 마찬가지다.

-어느 쪽이 더 폭력적이었던가, 혹은 물리력 지향적이었던가도 평가
할 필요가 있다. 시위참여시민들이 절정에 달했던 6.10에 시민들은 이순
신 장군 동상 앞에 거대한 축조물을 목격했다. 누군가 재빨리 이를 '명박
산성'으로 이름붙였다. 시민들과 소통을 거부한 거대 장벽에 대해 최고조
의 폭력을 구사할 잠재력을 가졌던 시민들은 밤샘토론을 거치면서 스티
로폼을 쌓아, 산성 위에 올라가 깃발을 휘둘렀다. 그것으로 끝이었다. 시
민들이 기본적으로 폭력친화적이 아님을 가장 뚜렷히 웅변한 예다. 폭력
대신 패러디로, 물대포엔 물총으로 맞서는 놀이적 대응을 통해 권력의
물리성을 극명하게 대조시켰다. 권력이 마냥 폭력적이었다고 지탄해서도
안된다. 개별적 사건에 폭력성이 분출된 경우가 있었고, 그에 대해서는
처벌이 따라야 한다. 전체적으로 봐서, 권력은 '폭력'적이었다고 말하긴
어렵지만, '물리'적 장애물의 구사에 너무 친숙했다고 할 수 있다.

3. 주동자, 배후조종자, 그리고 허수아비 군중?

-집단시위가 생겨나면 그것을 못마땅하게 여기는 쪽은 '주동자' 내지 '배후조종자'를 본능적으로 찾고, 모든 문제를 그들 소수의 탓으로 돌리며, 처벌하라는 목소리를 높이게 된다. 마치 다양하고 거대한 '안티'와 '뉴'의 물결이 그들 '소수'의 '주동자'와 '배후조종자'의 강압이나 속임수에 기인한 양으로 돌리는 것이다. 독재시대에 무수히 보아왔던 정치공학이다. 6·3사태에 대해 1차인혁당사건을 만들고, 민청학련에 대해 2차인혁당을 조작하며, 광주사태를 불순분자와 폭도의 탓으로 돌려왔던 독재 공안정책의 상투적 수법을 우리는 진저리나도록 겪어왔다.

-대체로 '배후조종자' 만들기는 △참여자들의 진정성을 효과적으로 부인하고, △시민의 주체성을 폄하하며, △따라서 그들이 내세우는 주장의 의미를 깎아내리는 데 효과적이다. 때문에 집회시위가 정권에 곤란한 이슈를 제기할수록, 집회시위를 배후조종자의 탓으로 돌리고 싶어하는 것은 권력의 본성에 속한다. 이번의 집회시위에 대해서도, 온라인에서, 오프라인에서 무언가 미국산 소고기에 대한 정보를 의도적으로 왜곡하고, 경찰진압에 대한 풍문을 확대하는 세력을 찾아내느라 분주했다. 주요 일간지들은 그러한 경향을 더욱 부채질했다.

-NGO 활동가 중 일부가 대책회의를 구성하고, 상황실을 운영했다. 대표 없이 다채롭고 자유롭게 확산되고 있던 참여시민들에게 확성기와 마이크를 제공하고, 발언무대를 만들었다. 때로는 선동성 구호를 선창하기도 했다. 그러나 대책회의 멤버들에게 시위대학생들에 대한 한총련 지도부와 같은, 혹은 조직노조원에 대한 노조지도부와 같은 실질적 지도역할을 딱지찍는 것은 실상에 전혀 부합하지 않는다. 여중생들이 '미친소, 미

친 교육'을 들고 나올 때, 여중생들의 관심과 표현방식은 NGO 활동가들도 짐작못한 파격과 열기를 띠었던 것이고, 모두가 일사불란하게 상황실 쪽의 발언을 따랐던 것도 아니었다.

상황실장의 타이틀을 달았던 박원석 씨에게 물어본 적 있다. "당신이 6·10 시위의 주동자냐"고. 그는 답했다. "내가 주동자라고 말할 수 있으면 얼마나 좋겠냐"고. 십만 명인지 백만 명인지 모르지만, 적어도 몇십만의 시민들, 그것도 열정어린 시민들의 지도자일 수 있다면 그처럼 대단한 일이 다시 있겠는가. 그러나 촛불시위에 참여한 다종다양한 시민들에게 그들을 이리 가라, 말라 할 지도부가 존재했다는 것은 공안권력의 "과대포장"에 지나지 않는다. 경찰과 검찰은 NGO 활동가들을 비난하려는 시도가 되려 그들을 "위대한 영웅"으로 격상시키는 효과를 낳았다. 이들을 "배후조종자"로 낙인찍는 공안기관들은, 시위참여 시민들이 "가자"고 하면 가고, "스피커 꺼라"면 꺼야 했던 그 NGO 활동가들을 몇십 만명을 쥐락펴락 하는 영도자로 격상시킨 셈이다. 아마도 어느 누구도 다른 한 사람을 그 의지에 반하여 시청으로 끌고 오기는 어렵다. (유모차에 탄 유아들을 제외하곤 말이다.) 결국 시민 각자의 주체성을 인정하고, NGO 활동가들에게도 그들에게 합당한 몫을 돌려줄 일이다.

Ⅲ. 형사처벌을 위한 두 개의 조문, 그 적용상의 문제점

대책회의 참여자에 대하여 검사는 주로 두가지 혐의로 공소를 제기했다. 첫째, 야간에 미신고 일몰후 옥외집회를 주최하였다. 이는 집회및시위에관한법률 제10조(옥외집회와 시위의 금지시간) 위반이라는 것이다.

야간집시의 금지조항에 대하여는 안진걸 피고사건에서 지금 법관에 의한 위헌심판제청이 되어 헌법재판소에 계류되어 있다. 둘째, 가두시위를 하는 방법으로 서울시내 중심가 도로를 점거하였으므로, 종로 등의 교통소통을 방해하였다. 이는 형법 제185조의 일반교통방해죄에 해당한다는 것이다. 박원석(광우병국민대책회의 공동상황실장), 한용진, 김동규, 백성균, 권혜진 등 5인이 이 두가지 혐의로 피고인이 되어, 서울중앙지방법원에 계류 중이다. 박원석 등은 안진걸과 마찬가지로 집시법 위반의 혐의로 기소되어 있기도 하다. 야간집시의 허용가능성과 일반교통방해죄에 대하여 살펴보기로 한다.[1]

1. 집시법: 야간집회 금지는 위헌이 아닌가

-집시법 제10조는 "누구든지 해가 뜨기 전이나 해가 진 후에는 옥외집회 또는 시위를 하여서는 아니 된다. 다만, 집회의 성격상 부득이하여 주최자가 질서유지인을 두고 미리 신고한 경우에는 관할경찰관서장은 질서 유지를 위한 조건을 붙여 해가 뜨기 전이나 해가 진 후에도 옥외집회를 허용할 수 있다."고 규정한다. 즉 야간에 ①옥외시위는 완전금지한다. ②옥외집회의 경우에는 원칙적으로 금지되지만, 경찰서장이 일정한 조건을 붙여 제한적으로 허용할 수 있을 뿐이다. 옥외집시의 (원칙적) 금지조항의 헌법적 쟁점에 대해서는 다른 교수(오동석 교수)의 글에서 상세히

---

1) 형법 제185조의 일반교통방해죄는 죄형법정주의 위반으로 위헌가능성이 충분히 제기될 수 있으며, 특히 현재의 판례처럼 거리시위대에 대해 그 조항의 적용을 광범위하게 할 경우엔 위헌가능성이 훨씬 증대된다. 이 조항의 법적 문제점에 대하여는 필자는 별도의 논문(제목: 일반교통방해죄와 가두시위에의 그 적용을 둘러싼 문제)을 완성해놓고 저널 게재를 신청 중이다. 따라서 여기서는 촛불시위에 대한 참여관찰자로서의 집시법 및 일반교통방해죄의 현실적 문제점에 대해 단평을 한다.

다룰 것이므로, 여기서는 단상만 제기하기로 한다.

-5월과 6월은 주간이 길고 날이 따뜻하다. 일몰 후에도 보행하는 데 불편이 없다. 비오지 않는 5월과 6월은 거리를 쏘다니기 좋은 계절이다. 내 어릴 적 전기없는 시골에서는 해지면 빨리 집으로 귀가해야 했다. 그러나 선진국 대열에 들어가는 나라에서, 밤시간은 활동불능의 시간대가 아니다. 야간은 어둡고, 따라서 밤손님 빼고는 돌아다닐 일이 없다는 생각은 그야말로 옛날 이야기가 되었다. 서울 한복판은 말할 나위가 없다. 야간 역시 우리의 일상생활이 활발히 일어나는 시간대로 바뀐 것이다. 야간시간대가 주는 모종의 불안감과 공포감, 어둠을 이용한 불순한 음모 등은 장소에 따라 다르게 느껴지겠지만, 적어도 서울 한복판에는 해당되지 않는 이야기다. 더욱이 수천수만의 경찰이 대기하고 있는 상황에서 말이다. 더욱이 어둠을 이용하려는 집단이 아니라, 어둠을 촛불로 밝히고자 하는 집단에게는 어둠의 악성을 이유로 금지주의를 들이대는 것은 사물의 본성에 부합하지 않는다.

-야간 집시의 일률적 금지는 불평등한 효과를 가져온다. 야간 집시를 금지하면, 결국 주간에 집시를 하라는 이야기인데, 일반 직장인과 학생들에게 집시의 권리를 실질적으로 박탈해버리게 된다. 야간집회였기에 이들의 참여가 비로소 가능했던 것이다. 야간집시의 금지는 곧 평등권 위반으로, 그것도 우리 사회의 건강성을 지탱하는 핵심집단(직장인, 학생)들에게 집시의 자유를 누릴 실질적 기회를 박탈한다. 소중한 집시의 자유권을 행사하기 위해 직장을 파업하든지, 수업을 박차고 나와야 하는 상황을 만들어내는 것은 반헌법적이다.

-집시법의 규정과 운용에 있어 '자유'가 원칙인지 '제한'이 원칙인지

불분명하다. 과거엔 분명히 집시법은 표현의 자유를 제약하기 위해 쓰여졌다. 국가보안법, 집시법, 긴급조치 등은 그 때 그 때 정치적 필요에 따라 대체가능한 공안무기로써 악용되었다. 집시법의 여러 조항들이 위헌의 심판대에 서서 개정을 강요당한 역사를 갖고 있다. 그래도 최근 몇 년 동안은 집시법이 규제법으로서의 성격을 어느 정도 탈각한 것 같이 보인다. 집시의 통계를 보면, 집시 자체는 연간 1만여건 내외를 여전히 기록한 반면, 불법/폭력시위는 2% 이내의 수치로 급감하고 있기 때문이다. 이는 시위자들이 합법/비폭력시위로 이행해간 탓도 있지만, 경찰도 집시의 합법화의 방향으로 유도했기 때문이기도 하다. 그런데, 거의 녹슨 것 같았던 규제적 집시법의 기능이 다시 부활하는 조짐이 보여진다. 그러나 집시법은 헌법적 권리를 직접 다루고 있는 것인만큼, 규제위주가 아니라 기본권 보장의 자유 위주로 운용되어야 한다. 집시의 영역에 다시 공안적 사고가 대두됨은 바람직하지 않다. 시위를 위해 지방에서 상경하려는 것까지 가로막은 경찰의 처사에 대하여 법원이 경찰과잉으로 판정한 것은 이러한 면에서 집시법의 확대/남용가능성을 경계해서일 것이다.

-야간집시를 불법시하게 되면, 검경은 피할 수 없는 딜레마에 부딪친다. 촛불시위는 수십일 동안 지속되었고, 대부분의 집회가 법률상 불허되는 성질의 것이었다. 그러면 야간에 집회한 시민, 야간에 시위한 시민들, 모두 합쳐 수십만, 아니 수백만에 달하는 시민들은 명백히 실정법을 위반했다. 그들을 다 집시법 위반으로 처벌해야 하지 않는가. 대책회의 지도부의 인사들이 시민들을 야간에 오도록 교사한 것이 아니며, 모모한 정치집회나 종교집회처럼 수백대의 버스로 실어나른 것도 아니다. 시민들은 모두 제 발로 왔다. 그것도 야간에. 그러면 법앞의 평등, 공정한 법집행을 요구해온 법치의 입장에서는, 시민 모두를 처벌해야 한다. 그럴 수 있는가. 시민들은 불안을 조성하기 위해, 야간의 어둠을 이용한 무언

가 나쁜 의도를 갖고 야간에 모인 것이 아니다. 아이를 데리고 온 부모도 있다. 분명히 실정법위반을 자유의지로 선택한 수십만, 수백만의 시민들에게 이 나라의 수사기관들은 증거만 있으면 다 처벌할 용의가 있는가. 왜 하필 대책회의 지도부니 상황실 인사만 집시법 위반의 처벌대상으로 삼는가. 처벌하기로 마음먹으면, 야간시위를 가장 조직적으로 기획했고, 일사불란하게 지시를 내렸고, 시민들이 그 지시에 고분고분 따르도록 만든 종교계 지도자들이야말로 집시법 위반으로 최우선의 처벌대상으로 해야 하지 않는가. 증거가 뚜렷하고 범죄혐의가 명백한 종교지도자들을 처벌하지 않는 것은, 이 나라가 '종교의 자유' 하나는 확실히 보장한다는 것을 알리고 싶어서인가.

-이제 통행금지의 시대를 지났고, 일몰은 암흑인 시대도 아닌데, 집시법의 관련 규정은 여전히 낡은 그대로 있다. 사람들의 생활관습에 한창 뒤떨어진 규정은, 몸에 맞지 않는 작고 낡은 옷마냥 불편하다. 불편한 법은 생활감각에 맞는 편리한 법으로 바뀌어져야 한다. 그것이 다원적 민주주의 시대의 '사회상규'의 합리적 해석론이다. 더욱이 헌법상의 표현의 자유를 옥죄는 불편한 법은 위헌의 평가와 함께 다시 수정되어야 할 것이다.

2. 일반교통방해죄에 해당될 수 있는가

서울시내 중심가를 점거하고 집회하고 시위한 것은 일반교통방해죄에 해당한다는 것이 검찰의 공소장 내용이다. 형법 제185조는 다음과 같이 규정되어 있다.

제185조 (일반교통방해) 육로, 수로 또는 교량을 손괴 또는 불통하게 하

거나 기타 방법으로 교통을 방해한 자는 10년 이하의 징역 또는 1천500만원 이하의 벌금에 처한다.

교과서적 설명을 가져와 본다.
①손괴: 교통시설물에 직접 유형력을 행사하여 물리적으로 훼손하는
    행위
②불통: 장애물 등을 설치하여 통행을 방해하는 행위
③기타 방법: 예컨대 도로 가운데 차를 자동차를 세워놓아 소통을 방
    해한 경우, 운전자를 폭행하여 통행을 차단하는 경우, 교통표지판을
    제거하는 행위, 고속도로에 철구조물을 던져놓는 행위 등. '기타 방
    법'의 범위에 대해서는 ㉠손괴·불통에 준하는 행위여야 한다는 견
    해2) ㉡교통방해가 초래될 수 있는 방법이면 무엇이든지 족하다는
    견해3)가 대립된다. 양 견해 모두 특별한 설명없이 자기 학설이 타
    당하다고만 한다.

-죄형법정주의, 명확성의 원칙을 으뜸으로 내세우는 형법의 구성요건
에서 '기타'라는 말은 참으로 주저되는 말이다. '기타'라는 게 ㉡처럼 해
석된다면 목적이 수단을 압도해버린다. 손괴와 불통은 직접적 유형력 혹
은 장애물이 수단으로 등장하므로, 객관화되어 있다. 그런데 '기타'란 말
을 통해 구성요건의 대폭 확장을 가져오는 해석은 경계되어야 한다. '기

---

2) 박보무, "교통방해의 죄," 이회창 집필대표, 보정판 주석 형법각칙(I), 한국사
   법행정학회, 1992, 528쪽; 유기천, 형법학(각론강의 하), 1985, 54쪽; 백형구,
   형법각론(개정판), 2003, 471쪽.
3) 김성천/김형준, 형법각론(제2판), 2006; 742쪽, 박상기, 형법각론(제7판), 2008,
   490쪽; 배종대, 형법각론(제6판), 2006, 650쪽; 서일교, 형법각론, 1982, 304
   쪽; 오영근, 형법각론, 2005, 645쪽; 이재상, 형법각론(제5판 보정신판), 2008,
   529쪽; 이정원, 형법각론(제3판), 2003, 558쪽; 임웅, 형법각론(개정판), 2005,
   582쪽; 정성근/박광민, 형법각론(제3판), 2008, 600쪽.

타'라는 애매한 말을 쓸 수 밖에 없었던 입법자의 무능을 법해석자는 쉽게 용인해서는 안된다. '기타'라는 말은 가중-엄격해석의 대상이 되어야 하며, 당연히 손괴/불통과 동등한 수준(혹은 더 강화된 수준)으로 해석됨을 전제로 할 때 비로소 죄형법정주의의 관문을 통과할 뿐이다. 만일 반대로 '무슨 방법이든지' 교통방해의 결과를 불러일으키기만 하면...이라는 결과지상주의식으로 해석하면, 입법자의 무능은 사법관의 지나친 유능에 의해 더욱 악화된 결과를 가져온다.

  - 손괴와 불통은 '물리적 훼손' 혹은 '물리적 장애물' 등으로 나타난다. 그런데 시위에 일반교통방해죄를 적용하게 되면, 물건이 아닌 사람이 '장애물'로 간주된다. 사람의 집단을 일러 교통의 방해물로 단죄한다면, 사람이 아니라 도로가 주인인 전도된 상황이 연출된다. 만일 빨간 불에 사람이 건너가면, 그 때문에 차량의 흐름이 끊어지거나 혼란이 생긴다면, 그 사람은 형법 제185조에 의해 처벌받아야 한다. 왜? 기타 방법으로 교통을 방해했으니까 말이다. 집시의 권리가 아무리 헌법상의 권리라 해도, 그것은 오직 인도나 비도로에서만 주창될 수 있는 것이며, 차도에서는 보장받을 수 없는 권리가 되어 버린다.

  -독재시대에 거리시위에 대하여 가끔은 도로교통법으로 처벌했다. 도로의 통행을 방해했다는 것이다. 긴급조치나 집시법으로 처벌하면 정치범이 되지만, 도로교통법으로 처벌함으로써 정치적 색채를 중화·탈락시켜 단순한 도로사범으로 포장해버리는 효과를 갖고 있었다. 학생시위를 폭력행위등처벌에관한법률로 처리하여 한낱 폭력배와 다름없는 것처럼 포장하는 것도 마찬가지다.

  -이 조항의 보호법익에 대한 약간의 논쟁이 있다. ㉮공중의 교통안전

이라는 견해,4) ㉯공중의 교통안전과 공중의 생명·신체·재산의 안전을 아울러 포함한다는 견해5)가 그것이다. 양 견해 사이에 어떤 차이가 있는가. 교통의 안전만 포함하는 ㉮의 견해는 형법 제185조의 적용범위를 확장시키는 효과를 가져온다. '교통'에 주안점을 두므로, 다종다양한 교통흐름 방해행위를 처벌할 수 있다. 그에 반해 ㉯의 견해는 적어도 범죄적 속성을 띤 행위만을 '범죄'로 취급하려는 것이다. ㉮의 경우에는 질서위반의 과태료로 족할 것이고, ㉯의 차원에 이를 때 형법이 개입하는 것이 최후수단으로서의 형법의 본성에 합당하다고 본다. 거리시위대는 교통안전에 나쁜 영향을 미치지만, 그들이 공중의 생명·신체·재산을 위태롭게 할 가능성은 없다.

-기본적으로 <인간의 신체>가 일반교통방해죄의 수단으로 해석될 수 있을 것인가. 그렇게 해석하는 견해는 <교통의 안전>을 <인간>보다 더 우위에 둘 수 있다는 교통지상주의적 사고이다. 설령 교통방해 그 자체를 목적으로 도로로 뛰어들어간 자에게도 185조를 적용함은 무리이다. 그의 생명이 위협에 처해질 수는 있을지언정, 그의 행위로 차량운전자, 차량탑승자의 생명, 신체를 위태롭게 할 가능성은 없기 때문이다. 더구나 갑작스레 뛰어든 것도 아니고, 대형의 시위대를 편성해서 갈 때, 차량들은 잠시 서행하거나 멈추거나 하는 것이 당연한 것이다. 교통경찰은 이

---

4) 김성천/김형준, 형법각론(제2판), 2006, 740쪽; 이형국, 형법각론, 2007, 550쪽; 정영석, 형법각론(제5전정판), 1983, 138쪽; 정영일, 형법각론(개정판), 2008, 516쪽; 황산덕, 형법각론(제6판), 1989, 117쪽.

5) 박보무, 위의 글(주석). 김일수/서보학, 형법각론(제7판), 2007, 600쪽; 박상기, 형법각론(제7판), 2008, 489쪽; 배종대, 형법각론(제6판), 2006, 647쪽, 백형구, 형법각론(개정판), 2003, 469쪽; 유기천, 형법학(각론강의 하), 1985, 49쪽; 이재상, 형법각론(제5판 보정신판), 2008, 526쪽; 이정원, 형법각론(제3판), 2003, 555쪽; 임웅, 형법각론(개정판), 2005, 580쪽; 정성근/박광민, 형법각론(제3판), 2008, 597쪽; 진계호, 형법각론(제5판), 2003, 687쪽.

들 시위대를 그냥 185조 위반으로 잡아들일 게 아니라, 차량의 흐름을 통제하고, 교통방송을 활용하는 등의 방법으로 교통의 원활한 흐름을 조성하기 위해 애쓰면 된다. 2002년 월드컵의 거리관람 때 시민들의 숫자가 늘어나자 경찰은 차선의 폭을 점점 좁히다가, 사람이 더 늘어나자 태평로 거리를 차단하고 차의 흐름을 우회시켰다. 경찰이 <인간>을 존중한다면, 인간의 흐름이 늘어나서 인도를 넘어 차도를 자연스레 진출할 정도에 달하면, 차량의 흐름을 탄력성있게 조절하면 되는 일이다. 인간의 모여 걷는 것을 교통방해죄로 단죄하려는 사고는 참으로 비인간적이다.

-시민적 저항권의 행사는 거의 대부분 집시와 함께 이루어진다. 시민 불복종적 행태에 대해 그 주장의 정당성 여부에 대해 다투지 않고, 그 과정에서 수반한 폭력에 대해 다투지도 못하고, 마지막 수단으로 교통방해로 다루겠다는 나라는 과연 민주국가일까.

Ⅳ. 시민이 모이면...

1. 집회시위는 시민 개인에게, 다수 시민에게 무엇인가.

-힘있는 자는 집시를 하지도 않고, 좋아하지도 않는다. 제도와 실권을 장악한 자들은 공식적이고 합법적인 사무처리 과정에서 자신의 뜻을 실현한다. 그들은 사무실 책상에서, 마이크 있는 회의실에서, 광범하게 유통되는 매체에서, 자신의 의사를 표현한다. '안'에서는 별 존중받지 못하는 사람들은 바깥에서라도 존중받기를 바란다. 안에서 조용하게 뜻을 관철할 수 없는 사람들은 밖에서 시끄럽게라도 떠들어야 한다. 혼자서 뜻

을 말할 수 없는 사람들은, 여럿이서 목소리를 모아야 한다. 이 때문에 집시는 상대적으로 박탈된 이들, 제도적 공간에서 힘을 부여받지 못한 이들이 택하는 수단이다. 다수의 연대를 통해 목소리를 높이고, 힘을 합치며, 자신의 주장에 대해 공인을 받고자 한다. 헌법에서는 이러한 집시의 권리가 기본권 중의 기본권임을 선언하고 있다.

2. 집시와 국민주권의 관계

-집시가 없었다면 한국의 민주주의는 이만큼 올 수 없었다. 대한민국 헌법의 전문에 기록된 단 두 사건(3·1운동, 4·19)은 한국 최대의 집시사건이었다. 그와 함께 한국현대사는 6·3, 5·18, 6·10으로 이어지는데, 이 모두가 집시였다. 3·1⇒4·19⇒5·18⇒6·10은 모두 당시에 '범죄'로 다루어져 체포·구금·처벌의 형사절차를 경유했다. 그러한 집시가 없었다면 이 정도의 민주헌정국가의 수준에 이르지 못했을 것은 너무도 자명하다. 집시는 폭정에 대해 국민의 뜻을 분명히 드러내고, 국민주권의 실현을 위한 결정적 수단이었다. 집시에 대해 뭔가 불온한 생각부터 떠오르는 사람들이 있다면, 그는 적어도 대한민국의 민주헌정국가의 형성의 흐름과 의미를 제대로 이해하지 못하고고 있다고 말할 수 밖에 없다.

-그런데 이번 촛불시위는 헌법사적으로 기념할만한 에피소드들이 속출했다. "대한민국은 민주공화국이다... 대한민국의 주권은 국민에게 있다"는 <대한민국 헌법 제1조>의 노래가 등장했다. 그 노래는 촛불시위에서 가장 많이 불렀던, 명실공히 로고송이었다. <헌법 제1조>는 시청 앞에서 길거리특강의 주제로 떠올랐다. "대한민국의 주권은 국민에게 있다"는 헌법 제1조 2항에 대한 국민적 자각이 형성되었다. 헌법 제1조 2항은 민주주의의 최핵심조항인데도, 우리 헌정사에서 그 조문에 국민적

관심이 쏠렸던 적이 없었다.

-그동안은 실제로 "대한민국의 주권은 국민에게 있다. 그동안 국민은 그 대표자나 국민투표를 통해 주권을 행사한다"는 유신헌법 조문대로, 주권은 대통령이나 국회가 가진 그 무엇이고, 투표할 때만 주권자임을 확인하는 정도였다. 1988년 헌법재판소의 탄생 이래 20여년간의 적극적 활동을 통해, 헌법은 명목규범, 장식규범의 수준으로부터 재판규범으로 확실히 진화했다. 그러나 헌법은 아직도 국민과는 거리가 있는 뭔가 고답적이고 난해한 문서였다. 그런데, 이번에 시민들이 직접 스스로 주권자임을 거리 곳곳에서 노래불렀던 것이다. 1조만 살아난 것이 아니었다. 누군가는 헌법 조문을 뒤져, 제7조(공무원은 국민전체에 대한 봉사자이며, 국민에 대하여 책임을 진다)를 새긴 옷을 입고 돌아다녔다. 헌법의 각 조문들이 시민들의 호소를 집약하는 표현으로 여기저기 활용된 것이다. 국민들이 자기 필요에 따라 헌법을 활용하기 시작했다. 헌법이 법관의 수중에 있는 재판규범으로부터 이제 생활규범, 일상규범으로 자리잡아가는 도입부의 흥미로운 사례들이다. 이는 규제되어야 할 것이 아니라 권장되어야 할 일이다.

3. 시민불복종, 저항권, 그리고 그 효과

촛불시위의 확산에 대하여 정권초기의 이명박 정부는 무척이나 당혹했다. 여러차례의 압박과 정치적 의사표현에도 시위가 더욱 확산일로를 걷자, 대통령의 기자회견이 나왔다. 새삼스럽게 일부를 인용해본다.

존경하는 국민 여러분,
저는 지난 6월 10일, 광화문 일대가 촛불로 밝혀졌던 그 밤에, 저는 청와대 뒷산에 올라가 끝없이 이어진 촛불을 바라보았습니다. 시위대의 함성과 함께, 제가 오래전부터 즐겨 부르던 <아침이슬>이라는 노래 소리도 들려왔습니다.

캄캄한 산중턱에 홀로 앉아서 시가지를 가득 메운 촛불의 행렬을 보면서, 국민들을 편안하게 모시지 못한 제 자신을 자책했습니다. 늦은 밤까지 생각하고 또 생각했습니다. 수없이 제 자신을 돌이켜보았습니다. … 제가 오늘 이 자리에 선 것은 … 국민들께 저간의 사정을 솔직히 말씀드리고 이해를 구하고 또 사과를 드리고자 하는 것입니다. … 그러다 보니 식탁안전에 대한 국민의 요구를 꼼꼼히 헤아리지 못했습니다. 자신보다 자녀의 건강을 더 걱정하는 어머니의 마음을 세심하게 살피지 못했습니다. … 저와 정부는 이 점에 대하여 뼈저린 반성을 하고 있습니다. … 때문에 국민의 건강권을 지키면서 경제에 악영향을 미치지 않을 방법으로 정부는 추가협상을 선택한 것입니다. 국민 여러분께서 이런 사정을 깊이 이해해주셨으면 합니다.(2008. 6.19. 오후 2시 대통령 기자회견)

5월에 시작하여 6월 10일 절정에 이른 촛불시위에 대한 대통령의 반응이다. 대통령은 시위를 대하며 '자책'하고 '생각'했다. '꼼꼼히' 헤아리지 못하였고, '세심하게' 살피지 못한 점에 대해 '뼈저린 반성'을 하고 있다. 시위시민들과의 공감을 갖기 위해 '오래 전부터 즐겨부르던 아침이슬'을 들으면서 말이다.

이러한 자책과 반성은 시위대의 다양한 요구들이 청와대 뒷산에까지 당도했기 때문이다. 대통령을 향한 정치적 압박의 공세가 그토록 컸기 때문이다. 그 압박은 '명박 OUT'에 압축되는데, 그 때 OUT은 탄핵과 하야를 의미하는 수준까지는 결코 아니었다. 한번의 '하야'와 한번의 '탄핵소추' 사태를 겪은 국민적 경험은 그러한 최후카드는 정권초기의 정책적 실패에 대해 들이댈 수 있는 것은 아님을 잘 알고 있었다. 소위 비례의 원칙과 과잉금지의 원칙은 정치적 압박의 수위에도 영향을 미친 것이다.

그럼 OUT의 내용은 무엇인가. 실로 다양한 시민들이 자신들이 싫어하는 정책 패키지의 강행에 대해 불만을 분출한 것이다. '미친 소'는 그

한 부분이었던 것 같다. 여중생들은 '미친 교육'에 더 방점을 찍었던 것 같고, '구조조정'에 더 관심을 가졌던 집단도 있었다. 유모차 부대는 확실히 '자녀들의 먹거리'에 걱정을 더 했다. 스님들은 특이하게도 '소'에 대한 문구가 아니라(스님들은 육식을 주된 구호로 내세울 필요가 없는 분들이다) '대운하 반대'와 '종교차별'에 대해 더 민감했다. 그 때문에 촛불시위는 통일된 구호로 반정부시위를 강경하게 몰아붙이는 쪽이 아니었다. 그래서 OUT이란 단어로 뭉뚱그려 신정권의 정책방향에 대해 경고를 발하고, 또한 합리적 과정(due process)를 생략하고 밀어붙이는 정책수행 방식에 대해 경고를 발하는 것이었다. 때문에 시위의 방식도 목숨을 건 결사항전이 아니라 축제의 마당이었다. 분명히 '저항권'의 요소를 갖고 있되, 종래의 '저항권' 개념에서 느껴지는 결연한 분위기는 아니었다. 4·19와 6·10을 경험한 시민들은 이제 저항권의 행사에서도 여유와 해학, 풍자로 채울 수 있었다.

그런데 대통령의 '자책'과 '반성'은 하나의 정치적 수사로 그쳤을 뿐, 정책방향의 수정으로 귀결되지 못했다는 점은 크게 아쉬운 부분이다. 오히려 기자회견과 재협상을 통해 약간의 시간을 벌고, 그 이후에는 집요한 정치공세를 통해 정치적 반전을 꾀하고 있다. 그리고 그 반전의 수단으로서 공안정책으로의 복귀를 선택하고, 각종 표현의 자유에 대한 규제와 수사의 확대를 꾀하고 있다. 구속과 연행, 그리고 주동자 색출, On-line 탄압, PD수첩에 대한 공세 등을 이어가고 있다.

여기서 국민의 지위는 다시 초라하게 역전되었다. 6.19기자회견에 이르기까지 국민의 의사는 대통령의 신정책노선에 대하여 '자책'과 '반성'을 촉구하는 동력이었다. 보통 대통령이나 대통령후보가 '하야'나 '선언'을 할 때 그 후속조치가 따른다. 자신을 일깨워준 시위가담시민들에 대한 관용으로 말이다. 1987년 6·29선언을 수용한 대통령은 6.10~6.26의 시위 모두에 대해 관용적 접근을 하면서 구속자 모두를 석방했다. 시위의 행태 중 이러저러한 일탈적 요소가 있어도 그것은 결국 대통령의 정책에 대한 불신과 소통의 장벽에 기인한 부분이 크다는 자기반성이 작용하게 되면, 국민의 반발 중 지나친 부분에 대해서도 일종의 참작적 감경이 이루어질 수 있는 것이다. 그러한 후속조치가 뒤따를 때 대통령의 '자책'과 '반성'은 정치적 수사가 아니라 진정성의 신뢰를 얻게 되는 것이다.

그러나 이번에는 그러지 않았다. 대통령의 '자책'과 '반성'과 무관하게 각종 표현에 대한 규제적 시책들이 전방위로 쏟아지고 있다. On/Off상의 각종 표현에 관여한 행위자들을 '소환'하고 '구속'하고 '비난'하고 있다. 경찰과 검찰은 이러한 공세의 첨병으로 나서고 있어, 스스로 공안정책으로의 회귀를 꾀하고 있다. 대통령의 '자책'과 '반성'에도 불구하고 경찰과 검찰이 탄압으로 나서고 있는 것은 경-검의 정치적 중립성의 증거로 반색해야 할까. 아니면 대통령의 숨은 의도를 오히려 더 잘 독해한 새로운 충성심으로 해석해야 할까. 유감스럽게도 후자 쪽의 냄새가 더 난다. 인사권을 쥔 자에 대한 충성심의 경쟁에 각종 국가기관들이 뛰어든 것이다.

그 과정에서 장기적인 손실도 만만찮다. 독재의 하수인, 인권침해의 대명사로 낙인찍힌 경찰은 그 낙인을 제거하기 위해 지난 일이십년간 노력해왔다. 특히 집시의 통제에 있어 민간의 의견을 적극적으로 청취하고, 인권친화적인 모습으로 쇄신을 꾀하기 위해 경찰내에 인권위원회와 집시위원회를 둔 것도 그 한 예이다. 그러나 촛불시위의 강경진압에 항의하여 경찰내의 인권위원들이 사퇴하고, 집시위원들이 사퇴했을 때 경찰은 이를 말리지도 않았다. 경찰은 대통령의 신임은 확실히 얻었지만, 시민적 신뢰로부터는 멀어졌다. 경찰의 숙원인 수사권독립의 과제를 위해서는 정권의 신임 뿐 아니라 각계각층의 폭넓은 신뢰와 존경을 모아가야 할 것이다. 그런데 이제 경찰이 수사권독립의 기치를 내걸 때 그를 성원하고 지지할 시민사회의 후원군이 나올 수 있을까. 20여년의 쇄신노력을 통해 얻은 점수를 다 까먹은 셈이다.

검찰은 어떤가. 그동안 '정권의 주구'의 비난, '공안검찰'의 낙인에 시
달렸던 검찰은 지난 5년간 이미지 쇄신의 기회를 가졌다. 지난 정권 때
검찰은 그런 대로 청와대와 불화하고 긴장했다. 그 과정에서 '국민검사'
의 영예도 생기고, 검찰청에 격려의 떡을 보내는 시민들도 생겨났다. 검
찰은 청와대로부터 멀어짐으로써, 국민적 신뢰를 쌓아가는 중이었다. 그
런데 작금의 현실은 다시 표현영역에 대해 공안적 규제의 길을 택함으로
써, 점차 먼지가 쌓여져가던 과거의 '낙인'들을 되살려내고 있는 중이다.
그런 상황에 대해 우려하는 내부의 목소리도 표출되지 않고, 외려 검찰
권이 강화되는 분위기를 호기처럼 즐기는 듯도 하다.

대통령 자리를 얻고, 의회의 다수를 얻는다고 전부를 얻은 것은 아니
다. 지금은 촛불도 꺼지고 모든 것이 정권의 의도대로 진행될 수 있는 듯
이 여기기도 한다. 그러나 지난 5월과 6월은 정권이 도저히 어쩔 수도 없
는 사태의 진행이 너무나 쉽게 일어날 수 있음을 예증했다. 바람보다 먼
저 눕지만, 바람보다 먼저 일어나는 풀! 권력자는 그 민초의 저항의 물결
을 청와대 뒷산에서 보고 듣고 뼈저리게 반성하고도 곧 잊는다. 현재의
권력은 늘 이권을 챙기고자 하는 측근으로부터 '아부'와 '지당'의 달콤한
소리로 둘러싸이게 하고, 그로 인해 자아도취에 빠지게 되기 때문이다.

권력자는 국민의 발현형태에 대해 스스로 선택할 수 있다. 국민은 백
성일수도 있고, 양민일수도 있고, 호민(豪民)일수도 있고, 폭민일 수도 있
다. 국민이 폭민에 이르게 되면, 그것은 국민이 무슨 선동에 놀아나거나
거짓에 속아 넘어가서가 아니라, 권력자의 폭정과 전제 때문이다. 변함없
는 진리다. 촛불을 들고 서울 중심가에 나타나는 시민들이 늘어난다면,
권력자는 '자책'과 '반성'을 하는 것은 당연하다. 더 중요한 것은 그러한
자책과 반성을 말로 하는 것이 아니다. 정권의 자책과 반성은 말이 아니
라, 정책으로 나타나고, 정책수행방법의 변화로 나타나는 것이다. 그 변

화가 형사사법수단에의 의존 강화라면, 이것은 국민에게 굴복이냐 저항이냐의 택일을 강요하는 것이다. 왜 그런 시대로 돌아가려고 하는가. 우리도 선진 민주주의라고 당당하게 내세울 수 있는 나라였으면 좋겠다.

소비자들의 2차불매운동의 합법성
-외국의 공정거래법 및 노사관계법의
유비적 비교법적 의미-

박 경 신*

최근 소비자불매운동의 한계로서 "2차불매운동" 금지법리가 논의되고 있다.[1] 이 글에서는 소비자불매운동을 '특정 업체들에 대해 불매를 하고 다른 사람들에게도 불매를 촉구하는 것'이라고 정의할 것이다. 그렇다면 '2차불매운동'이란 특정 업체에 압력을 행사하기 위해 그 업체의 고객회사, 투자회사, 납품회사 등에 대해 불매를 촉구하거나 불매를 위협하는 행위를 말한다.

2008년 7월 1일은 방송통신심의위원회는 보통의 소비자불매운동은 표현의 자유의 한 부분으로 그리고 우리나라 헌법의 소비자권리의 하나로서 보호되지만[2] 2차불매운동의 형태로 진행될 경우 보호받을 수 없다

---

* 고려대학교

1) 2008년 7월 1일 제9차 방송통신심의위원회 정기회의 결정 및 회의록. 2008년8월19일 검찰이 법원에 제출한 일간신문광고중단운동이 진행된 Daum카페의 개설자 및 운영자 등에 대한 구속영장신청서.

는 논리로, 인터넷에 게시된 특정 게시물이 건의한 소비자불매운동을 2
차불매운동으로 정의한 후 그 게시물에 대해 삭제권고를 하였다.

그리고 8월19일 검찰은 위 게시물들을 올린 사람들에 대해 구속영장
을 신청하였다.[3] 구속영장신청서에서 확인해보건대 검찰은 이 논거로서

---

2) 헌법은 국가가 "건전한 소비행위를 계도하고 생산품의 품질향상을 촉구하기
   위한 소비자보호운동을 법률이 정하는 바에 의하여 보장한다."(헌법 제124
   조)고 규정하고 있다. 헌법재판소는 "소비자 보호의 권리"가 헌법상 기본권
   임을 명시적으로 밝혔습니다. (헌법재판소 2007.5.31 선고 2006헌마1141 전
   원재판부) 헌법에 따라 소비자기본법은 "소비자의 기본적 권리"로서 "물품
   등을 사용함에 있어서 거래상대방·구입장소·가격 및 거래조건 등을 자유로
   이 선택할 권리"(소비자기본법 제4조 제3호)를 규정하고, 동조에서 다시 "소
   비생활에 영향을 주는 국가 및 지방자치단체의 정책과 사업자의 사업활동
   등에 대하여 의견을 반영시킬 권리"(제4호)와 "소비자 스스로의 권익을 증
   진하기 위하여 단체를 조직하고 이를 통하여 활동할 수 있는 권리"(제7호)
   를 규정하고 있다.
   특히 김종서와 박지현은 다음과 같이 소비자상담전화의 법적 권장을 소비자
   불매운동을 승인하는 근거로 해석하고 있다. "한편 법률이 좀더 구체적으로
   제시하고 있는 바, '의견을 반영시킬 권리'(위 제4호)는 의견을 반영시키기
   위한 논리적 전제로 의견의 전달 행위를 보호할 것을 포함한다고 보아야 하
   며 이는 동법이 "소비자의 의견이나 불만을 접수하고 처리할 소비자상담기
   구의 설치, 운영"을 사업자에게 권장하며 "불만의 상담을 위한 전담 상담 직
   원을 고용, 배치"하도록(소비자기본법 제53조) 권장함을 통해 알 수 있습니
   다. 즉, 의견의 반영을 위하여 '사업자에게 물품에 대한 의견이나 불만을 직
   접 표현하는 것'을 적법한 수단으로 인정하고 있습니다. 또한 이 의견 표명
   의 방법으로서 소비자기본법 제4조 제7호는 이를 집단적으로 행하는 것을
   적법한 수단으로 보장하고 있습니다(김종서 박지현이 일간신문광고중단운
   동에 대한 형사재판에 2008년 11월에 제출된 의견서)."
3) 검찰은 위반된 조항으로 '업무방해'를 들고 있다. 업무방해는 "허위의 사실
   을 유포하거나 기타 위계로써 (형법 제313조 (신용훼손))" 또는 "위력으로써
   사람의 업무를 방해한(형법 제314조)" 경우이다. 우선 시민들이 광고주들에
   게 허위의 사실을 유포하거나 위계를 사용했다는 증거는 없으므로 반드시
   적용해야 한다면 '위력'에 의한 업무방해가 가능성이 있다.

(1) 미국과 호주의 노사관계법 및 (2) 미국, 독일 및 프랑스 등의 판례들 그리고 (3) 국제법을 들고 있다. 한 가지 주의할 것은 검찰 스스로도 미국과 호주의 노사관계법이나 국제법이 소비자운동에는 직접적으로 적용되지 않음을 숙지하고 있다. 미국에서는 노사관계법인 소위 태프트-하틀리법의 8(b)(4)(ii)(B)조와 공정거래법인 서먼법이 노조들과 기업들의 2차 불매운동을 각각 규제하는데 전자는 노동조합에만 적용된다고 명시하고 있고 후자 역시 판례를 통해 기업들에만 적용될 뿐 소비자들에게는 적용되지 않는다. 호주의 2차불매운동 금지 규정인 상거래행위법 (Trade Practices Act) 45조는 기업들과 노동조합들에만 적용되고 소비자들의 2차불매운동에 대해서는 명시적인 예외를 포함하고 있다. 즉 위의 법들은 소비자들의 불매운동을 처벌할 근거가 되지 못한다. 그러나 검찰은 '신문사에 압력을 행사하기 위해 죄없는 광고주 회사들에 대해 피해를 가하는 것은 규제되어야 한다', '특별한 지위를 가지고 있는 노조에도 인정되지 않는 것은 당연히 그렇지 못한 소비자들에게 인정될 수 없는 것'이라는 입장을 고수하고 있다.4) 즉 (1) **직접적인 비교법적 논증**과 (2) **유비적인 비교법적 논증**을 구분하여 전자를 '국내의 상황이 외국에서 발생하였다면 적용되었을 제정법 및 판례는 그 법의 보편적인 입법취지 상 국내의 상황에도 적용될 수 있다'라고 하고 후자를 '국내의 상황이 외국에서 발생하였다면 적용되지는 않았겠으나 해당국과 우리나라 사이의 사회적 문화적 차이와 관련 규범이 보호하고자 하는 가치와 원칙을 고려할 때 우리나라에서는 적용해봄직하다'고 정의한다면 검찰의 논증은 유비적인 비교법적 논증에 해당하는 것이다.

---

4) 실제로 지난 8월19일 언론브리핑에서 한겨레신문기자가 검찰이 언급하였던 미국과 호주의 제정법들이 노조에만 적용된다는 점을 지적하자 서울중앙지검 김수남 3차장은 '노조와 같이 특별지위를 갖는 집단을 제약하는 법을 그런 지위가 없는 집단인 일반소비자들에게 적용되는 것은 당연한 것 아니냐'라고 말했다고 한다.

물론 이와 같은 논의를 우리나라에서 업무방해죄 조항과 같은 형법조항을 해석하는 것에 이용하는 것은 죄형법정주의의 위반이 될 것이며 여기서는 입법론적 의미만을 새기고자 하는 것이다.

여기서는 외국법의 입법취지를 분석하여 과연 위와 같은 유비적인 논증이 논리적으로 가능한지에 대하여 살펴보고자 한다.

Ⅰ. 위법성의 주장의 전개

우선 필자는 이 글에서 소비자들에 의한 2차불매운동이 위법이라는 주장을 비판하고자 하나 이 주장은 논문의 형태로 전개되어 간행된 적이 없는 것으로 보인다. 공정한 비판을 위해서는 그 주장의 실체를 되도록 이 글의 몸통에서 그대로 인용해보고자 한다. 물론 '마이클 잭슨 공연' 대법원 판결과 같이 간행된 문헌의 경우는 싣지 않았다. 또 검찰이 영장신청서에서 언급한 판례들의 경우 그 내용이 도리어 신문기사에서 비교적 소상히 소개되어 있어 신문기사의 내용을 통해 소개하고자 한다.

1. 방송통신심의위원회 위원들의 의견
- 회의록 발췌

A 위원: 특성신분인 조/중/동 논조에 대한 정신적 논쟁에 의하여 여론형성에 미치는 문제제기라면 공통의 이해에 관련된 사항으로 언론의 자유에 해당된다고 생각합니다. 그런데 이를 뛰어넘어 광고주에 대한 압박, 광고 불매 운동을 통해 광고주의 기업권을 위협하고 경제적 압력을 가하는 위협이나 통지 같은 경우는 그 목적이나 수단이 정당화되기는 어

렵다고 생각합니다. 우리사회의 기본적인 사회규범이나 질서를 뛰어넘어 경제적 압력을 행사하는 것은 위법성이 있다고 봅니다. 광고는 미디어 기업의 주 재정원이기도 하지만 거시적으로 자본주의 사회에서 소비자와 생산자 간의 유통체계를 연결하는 매개체입니다. 이러한 광고행위를 인위적으로 봉쇄하는 것은 위법행위를 조장해 법질서를 해치고 영업자유와 기업권 등 타인의 권리를 침해하는 행위입니다. 따라서 특정신문의 논조에 대한 문제제기는 '1차 보이콧' 행위로 언론의 자유에 해당된다고 볼 수 있지만, 광고주에게 압박을 가하는 2차 보이콧 행위는 위법성이 있다고 봅니다.

B 위원: 'B' 유형의 경우 광고기업명과 광고중단기업 등을 공개하고 있는데 이는 그 기업의 제품이나 서비스를 불매하자고 하는 것이 아니라, 해당 언론에 광고를 중단해달라고 요청했음에도 불구하고 계속해서 광고를 하고 있는 기업명을 단순히 게재한 것입니다. 따라서 '제2차 보이콧' 행위에 해당되지 않는다고 생각합니다. (위의 발언은 다른 F 위원의 다음 발언에 대한 대응으로 이루어졌음: "단순히 공연기획사와의 계약을 불이행하도록 설득하는 것을 넘어서, 그 티켓 판매대행 은행의 전 상품에 대해서 불매운동을 하겠다고 압박을 가해야 '제2차 보이콧' 행위라고 볼 수 있습니다.")

C 위원: 소비자의 권리도 물론 중요하지만, 그에 못지않게 정상적으로 마케팅할 수 있는 광고매체를 선택하는 기업의 권리도 중요한 것입니다. 그런 점에서 특정 업체에 대해 광고를 내지 않도록 압박하는 것은 소비자의 권리를 넘어서 기업의 권리를 침해하는 행위라고 할 수 있습니다.

D 위원: 미국의 경우, 폭스뉴스에서 부시 대통령의 이라크 전쟁 수행

을 지지했다고 해서 많은 반대 운동이 벌어졌고, 폭스뉴스에 광고를 하는 기업들에 대해 광고를 하지 말 것을 조직적으로 광고주와 불특정 다수의 소비자들에게 홍보를 하는 운동도 벌어졌지만, 아직까지도 폭스뉴스에 대한 업무방해를 이유로 재판을 받았다는 이야기는 들어보지 못했습니다.

E 부위원장: 언론에서 특정 조직이나 단체에 대해서 비판을 하면 언론사가 공격을 받는 경우가 빈번하기 때문에 비판적 보도나 문제제기를 하기가 대단히 어렵습니다. 따라서 이러한 사회 제세력에 의한 압박들 역시 언론의 자유나 표현의 자유를 심각하게 제약하는 요소가 되어 왔음에도 불구하고 그동안 사실상 방치되어 왔다는 생각이 듭니다... 마이클 잭슨 공연 관련 사건에 대한 대법원의 판례를 보면 시민단체가 위법행위에 대해 책임이 있다는 점을 인정했습니다... 실제 불매운동의 대상이 되는 특정기업에 대해 직접적인 위력을 행사하지 않고, 그 기업과 거래관계에 있는 소비자나 거래처에 대해 간접적인 방식으로 불매 운동을 하는 경우는 민사상 불법행위에 해당된다고 볼 수 있습니다.

F 위원: 우리가 다루는 본 심의건의 행위만을 본다면 이 행위에 정확하게 해당되는 판례는 현재 없는 상황이고 이를 업무방해죄에 해당한다고 우리 위원회가 단정하는 것도 어렵다고 생각합니다. 따라서 본 심의대상이 정보통신망법 제44조의7제1항제9호의 정보에 해당된다고 보기는 어렵다고 생각합니다... 이러한 '제2차 보이콧' 행위는 민법상 불법행위로 인정되고 있고 대법원 판례에서도 불법성을 인정하고 있으며, 미국에서도 90여년 동안 이를 불법행위로 인정하고 있습니다... 정보통신윤리심의규정 제7조제4호 "기타 범죄 및 법령에 위반되는 위법행위를 조장하여 건전한 법질서를 현저히 해할 우려가 있는 정보"에 해당된다고 생각합니다.

G 위원: 저는 단순히 제2차 보이콧이기 때문에 안 된다는 것이 아니라 행위와 직결될 수 있는 상황이고 기업을 운영하는 입장이라면 특수한 상황에서 인터넷에 회사나 친척, 가족의 정보가 노출되었을 때 상당히 심리적 위협을 느낄 수 있다는 측면도 고려해야 한다는 것입니다. 그래서 민주주의는 기본권이 현저히 침해되는 상태에 이르기 전에는 저항권도 허용하지 않도록 엄격히 적용하는 것입니다. 집회나 시위가 반복적으로 진행될 경우에는 주변의 생업을 위협하고 동기가 좋았다 하더라도 지나칠 경우 민주적인 건전한 법질서를 해할 우려가 높아지기 때문에 적절한 자제의 힘을 발휘하는 것이 민주사회 시민의 당연한 의무라고 생각합니다.

2. 검찰의 주장 - 영장청구서 내용 발췌

"피의자 등은 이러한 '2차적 보이콧'은 미국 등에서도 인정되고 있는 소비자운동의 일환으로서 정당한 행위라고 주장합니다. 그러나 미국, 독일, 프랑스의 입법례와 판례를 살펴보면 보이콧의 위법성 여부는 '합법적 목적'과 동원된 '수단의 합법성'에 있는 것입니다. 특히 미국과 독일 판례는 현존하는 계약의 파기를 가져오는 보이콧은 엄격하게 금지하고 있습니다.

"우선, 미국 커먼로의 전통은 2차적 보이콧을 금지하는 입장입니다. 노조의 2차적 보이콧의 경우에는 1935년의 Taft-Hartley법, 1959년의 Landrum-Griffin법에 의해 원칙적으로 규제하고 있는데, 그 이유는 '무고한(innocent)' 제3자가 영업방해 등의 피해를 봐서는 안되기 때문입니다. 판례는 보이콧은 주제와 관계없이 동일한 범위로 보호받아야 한다고 판시하고 있어, 소비자 운동의 경우에도 노조활동과 동일한 범위로 인정된다고 해석하고 있습니다.(강조-편집자)

"미국 판례는 '합법적 목적'과 관련하여 '2차적 고용자와의 거래 중단'을 위해 의도된 고용자의 장소에서의 피케팅은 불법이라고 하고 있고 (1964년, 연방대법원, Tree Fruits 판결), 피케팅이 소비자로 하여금 중립적 고용자를 보호하지 못하게 하여 고용자에게 실질적인 손해 또는 파산을 위협하게 한다면 오로지 문제된 물건에만 대한 피케팅도 금지된다고 하고 있습니다(1980년, 연방대법원, Safeco판결). <노조에 적용된 판례 생략>. 방송의 보도방식에 불만을 품고 방송국의 광고주에게 인종차별적 관행을 중단할 때까지 광고를 철회할 것을 요구한 행위를 불법이라고 판단하였습니다(1994년, 연방대법원, WVUE-TV사건).

미국 판례는 <노조에 적용된 판례들 생략> 방송국의 광고주들에게 피케팅과 팩스를 보내는 행위에 대해 금지명령(1999년, 캔저스주 법원, Drake판결)을 하고 있습니다. <노조에 적용된 판례들 생략>

Ⅱ. 미국의 노사관계법 상의 2차불매운동 금지조항은 그 입법정책적 이유가 공정거래법적인 것으로서 소비자운동에 대한 규제의 타당성의 근거가 되지 못한다.

1. 2차불매행위금지 법리의 유래: 공정거래법

미국의 2차불매운동 금지제도의 기반은 우리나라의 공정거래법에 대응되어 기업활동을 규제하는 셔먼법(Sherman Act, 15 U.S.C. §§ 1-7 (1988); Federal Trade Commission Act, 15 U.S.C. §§ 41-58 (1988))으로서 1890년에 제정되었다. 미국의 공정거래법은 보통 셔먼법이 통과되었던 시점에서 대부분의 독점기업들이 '신탁(trust)'이라는 이름을 사용하였던 연혁적인 이유로 anti-trust법이라고 불리며 우리나라에서는 보통 '반독점법'으로 번역되어 왔다.

서먼법은 크게 여러 업체의 담합행위를 규제하는 제1조와 하나의 업체의 독점적 행위를 규제하는 제2조가 그 주요 조항이다. 서먼법을 해석해온 미연방대법원은 재판매가격통제를 비롯한 몇 가지 행위에 대해서는 '그 스스로 무효(per se illegal)"의 원칙을 적용하여 각 행위 별로 그 요소들을 정하고 각 요소가 충족되면 그 행위가 실제로 시장의 경쟁을 증진시키는지 저하시키는지에 대해서는 고려하지 않고 곧바로 무효를 선언하였고 이 행위들에 해당되지 않는 반경쟁적 행위들에 대해서는 합리성의 규칙(rule of reason)을 적용하여 시장경쟁에 미치는 효과를 고려하여 위법성을 판단하여 왔다.

서먼법에 따르면 여러 기업체들이 담합하여 공정한 경쟁을 피하기 위해 다른 업체의 제품이나 서비스를 구매하지 않는 것은 위법이다. 현재는 보이콧이라는 말이 불매운동이라는 말과 등치되고 있지만 원래 보이콧은 단순한 거래거절을 말하는 것으로 여러 업체들이 담합하여 특정업체들을 대상으로 거래거절을 하는 것을 미국법 상으로는 집단불매(group boycott) 라는 말로 개념화하여 왔다. 이때 집단불매 금지법리는 경쟁사들 사이의 담합에만 적용되는 것이 아니라 한 경쟁사가 다른 경쟁사에 타격을 주기 위해 제품생산 및 유통의 다른 단계에 있는 업체에 압력을 행사하여 그 경쟁사와 거래를 하지 못하도록 하는 경우에도 적용되었다. Fashion Originators' Guild of America, Inc. v. FTC, 312 U.S. 457 (1941)에서 의류제조업체들이 군소제조업체들을 경쟁에서 도태시키기 위해 군소업체들의 제품을 취급하는 의류유통업체들에게는 제품을 납품하지 않기로 합의한 것에 대해서 미연방대법원은 서먼법의 위반이라고 판시하였다.

그런데 시장지배적인 사업자는 담합을 하지 않아도 자신의 경쟁자에게 타격을 가할 수 있는데 바로 자신의 제품을 취급하기를 원하는 거래처들 중에서 자신의 경쟁자의 제품을 같이 취급하는 거래처들에게는 납품을 하지 않는 것이다. 그렇다면 거래처들은 시장에서 인기 있는 시장지배자의 제품을 취급하기 위해 경쟁자의 제품을 취급하지 않을 것이다. Klor's, Inc. v. Broadway-Hale Stores, Inc., 359 U.S. 207 (1959)에서는 Broadway-Hale이라는 대형 유통업체가 Klor's라는 군소유통업체를 경쟁에서 도태시키기 위해 자신에게 납품하는 제조업체가 Klor's에는 납품하지 못하도록 압력을 행사하였고 이에 대해 미연방대법원은 셔먼법의 위반이라고 판시하였다. 여기서는 Broadway-Hale이라는 유통업체가 시장지배적사업자로서 자신의 유통서비스를 원하는 납품업체들을 이용하여 경쟁유통사에 타격을 가하려는 행위가 규제된 것이다.

그리고 1966년에는 United States v. General Motors Corp., 384 U.S. 127에서 GM자동차를 판매하는 딜러들이 소매가격을 낮추기 위해서 자동차할인매장에 자동차를 공급하지 않기로 GM자동차회사와 담합한 것에 대해서 미연방대법원은 셔먼법 제1조의 담합금지조항의 위반이라고 판시하였다. 이 판결에서는 특히 미연방대법원은 이와 같은 불매운동 또는 여러 사업자들이 집단적으로 하는 집단불매(group boycott)에 당연무효(per se illegal)의 규칙이 적용된다고 하였다.

위에서 보다시피 시장지배적 사업자가 단독으로 또는 여러 업체가 담합하여 제품생산 및 유통의 상위단계 또는 하위단계에 있는 사업체에 압력을 가하거나 불매를 위협하여 자신의 경쟁자와 거래를 거절하도록 하는 것을 볼 수 있는데 바로 이것이 "2차불매(secondary boycott)"이고 미국에서는 이와 같은 행위를 셔먼법 상의 당연무효(per se illegal)로 보아왔던 것이다.

여기서 2차불매행위는 사업자 스스로 불매하는 행위 뿐만 아니라 다른 사업자들에게 불매를 하도록 제안하거나 독려하는 행위를 모두 포함한다.

2. 2차불매금지법리의 노동조합에의 적용

2차불매운동 금지법리는 미국의 연방노사관계법 중의 하나인 태프트-하틀리법5)를 통해 노동조합들의 행위에도 적용이 되었는데 그 이유는 노조파업의 경제적인 측면 때문이었다.

1) 노동조합과 공정거래법

노동조합 발생 초기에 '노동조합의 파업도 자신의 사용자에게 노동력과 돈을 주고받는 거래를 하지 않겠다는 일종의 담합이고 공정거래법이 적용되어야 하지 않겠는가'의 논란이 있었다. 서먼법이 'corporation' 뿐만 아니라 'association'에도 적용이 된다. Assoc'd Gen. Contractors v. Cal. State Council of Carpenters, 459 U.S. 519, 539 (1983)에서 미연방대법원은 "판례법 상 그리고 연방반독점법 시행 초기에는 노동조합들의 단체행동도 경쟁제한적 담합의 한 형태로 간주되었다(At common law--as well as in the early days of administration of the federal antitrust laws--the collective activities of labor unions were regarded as a form of conspiracy in restraint of trade.)"라고 판시하였었다. Apex Hosiery Co. v. Leader, 310 U.S. 469, 493 (1940)에서 미연방대법원은 전국노동관계법(National Labor Relations Act, 29 U.S.C. §§ 151-69 (2000)이 보호하는 노동자들의 조합은 "필연적으로 그들의 노동을 사용자에게 판매함에 있어 노동자들 사이의 경쟁을 제약한다."라고 하였다.

물론 그렇다고 하여 실제로 노동조합의 파업에 공정거래법이 적용된 것은 아니다. 노동자는 소비자와 같은 약자이며 단결권이 보호되어야 한다는 논거 하에 일률적으로 공정거래법이 적용되지 않게 되었다. 즉 미

---

5) Taft-Hartley Act, 29 U.S.C. section 158(b)(4)(ii)(B) (1962))의 8(b)(4)(ii)(B)조.

국의 연방노사관계법의 하나인 클레이튼법(Clayton Act, 15 U.S.C. § 17 (2000))이 1914년에 제정되어 다음과 같이 명시하고 있다. "인간의 노동은 상품이나 상품의 종류가 아니다. 반독점법의 어떤 부분도 상조적인 노동단체의 존재나 운영을 금지하는 것으로 해석되거나 그런 단체의 구성원들이 그와 같은 합법적인 목적을 수행하지 못하도록 금지하거나 제약하는 것으로 해석되어서는 아니된다. 그와 같은 단체나 그와 같은 단체의 구성원들은 반독점법상 경쟁제한적인 불법조합이나 담합으로 간주되어서는 아니된다(That the labor of a human being is not a commodity or article of commerce. Nothing contained in the anti-trust laws shall be construed to forbid the existence and operation of labor . . . instituted for the purposes of mutual help . . . or to forbid or restrain individual members of such organizations from lawfully carrying out the legitimate objects thereof; nor shall such organizations, or the members thereof, be held or construed to be illegal combinations or conspiracies in restraint of trade, under the anti-trust laws.)라고 명시하였다.

이와 같이 공정거래법과 노사관계법의 관계는 노동조합에 대해서는 공정거래법이 예외를 인정하는 식으로 결론이 나게 된 것은 전세계적인 추세이다. 참고로 유럽재판소도 다음 3개의 판결을 통해 노동조합의 활동은 경쟁법 상의 담합으로 인정되지 않음을 확정하였다. Albany International BV v Stichting Bedrijfspensioenfonds Textielindustrie (C-67/96) [1999] E.C.R. I-5751 (ECJ); Brentjens Handelsonderneming BV v Stichting Bedrijfspensioenfonds voor de Handel in Bouwmaterialen (C-115/97) [1999] E.C.R. I-6025 (ECJ); Maatschappij Drijvende Bokken BV v Stichting Pensioenfonds voor de Verdoer- en Havenbedrijven (C-219/97) [1999] E.C.R. I-6121 (ECJ).

2) 노동조합의 2차파업행위에 대한 공정거래법적 규제의 필요성

노동조합의 존재 자체나 노동조합의 기본적인 단체행동에 공정거래법이 적용되지 않는다는 법리가 확고해진 이후에도 노조의 행위 중에서는 클레이튼법이 정한 예외를 벗어나는 행위가 있음이 판례를 통해 일찍이 확인되었다. Duplex Printing Press Co. v. Deering, 254 U.S. 443, 468-69 (1921)에서 미연방대법원은 노조의 '2차불매시위는 정당한 목적이나 정당한 방법의 범위에 들지 않는다'과 판시하였다. 이 판결은 2차불매를 제외한 노조의 다른 활동들을 허용하지 않았기 때문에 번복되었지만 2차불매시위를 금지한 판시는 계속 유효하게 남아 20여년이 지난 뒤 사용자가 아닌 사용자의 투자자나 거래처에 대해 파업을 선동하거나 불매운동을 벌이는 것은 사용자에 대한 파업(1차 파업)과는 달리 규제가 필요하다고 생각되어 위와 같은 태프트-하틀리법의 8(4)(ii)(B)가 다음과 같이 만들어진 것이다.

> 노동단체가 업무 중의 타인에게 위협을 가하거나 그를 압박하거나 제약하는 것은 그 목표가 타인이 다른 타인과 거래하지 않도록 강제하거나 요구하기 위한 것이라면 부당노동행위이다. 단, 피케팅이 아닌 방식으로 대중들에게 진실을 조언해주기 위해 이루어지는 홍보활동을 금지하는 것으로 해석되어서는 아니된다(It shall be an unfair labor practice for a labor organization ... (4) ... (ii) to threaten, coerce, or restrain any person engaged in commerce ... where ... an object thereof is ... (B) forcing or requiring any person to ... cease doing business with any other person ... Provided further, That for the purposes of this paragraph (4) only, nothing contained in such paragraph shall be construed to prohibit publicity, other than picketing, for the purpose of truthfully advising the public ...)

미국연방대법원은 오히려 노동조합의 2차 보이콧만을 명시적으로 금지한 연방노사관계법(태프트-하틀리법)에 대해서도 노동조합의 표현의 자유를 보호하기 위해 한정적으로 해석하고 있다. [National Labor Relations Board v. Fruit Packers, 84 S.Ct. 1063 (1964); 소위 "Tree Fruits" 사건]에서 미연방대법원은 노조가 특정 생산자의 제품 구매를 막기 위해 그 제품의 유통업체 앞에서 시위를 하는 것까지 금지하는 것으로 해석하는 것은 위헌이라고 판단하였다. 즉 그 유통업체가 특정 생산자의 제품을 구매한다는 이유로 시위를 하는 것이 아니라 그 생산자의 제품 자체에 대해 불매운동을 하기위해 유통업체에 앞에서 시위를 하는 것은 허용되어야 한다고 한 것이다. 다만 최근에 미연방대법원은 National Labor Relations Board v. Retail Store Employees Union, 100 S.Ct. 2372, (1980) (이른바 "Safeco" 사건, "세이프코"라고 읽음)에서 위와 같이 시위를 당하는 유통업체 매출의 90%이상이 불매시위의 궁극적 대상인 생산자의 제품판매를 통해 이루어질 경우에는 태프트-하틀리법이 이를 금지하는 것으로 해석할 수 있다고 결정하였다.

놀라운 것은 Tree Fruits사건과 Safeco사건은 영장신청서에 위법성의 근거로 제시되고 있으나 위와 같은 이유로 역시 위법성의 근거가 되지 못한다. 특히 위의 Safeco사건은 미연방대법원이 '2차 보이콧은 불법'이라고 판시한 것으로 해석될 수 없다. 이미 태프트-하틀리법은 노동조합의 2차보이콧은 명시적으로 위법이라고 하고 있기 때문에 미연방대법원은 그러한 판시를 별도로 할 이유가 없었으며 단지 그 법의 적용범위를 정한 것 뿐이었기 때문이다.

현재 미국에서는 오히려 소비자의 2차불매운동이 건강한 시장경제의 한 부분으로 확고히 자리를 잡았고 법원들과 학자들이 이로부터 영감을 받아 노조들에게도 2차불매운동을 할 권리를 보장할 수 있는 방향을 모색 중이다.[6]

---

6) Kate L. Rakoczy, "On Mock Funerals, Banners, and Giant Rat Ballons: Why Current Interpretation of Section 8(B)(4)(II)(B) of the National Labor

3. 소비자운동에의 유비적 적용의 불가능성

1) 미국노사관계법의 적용가능성 및 입법론적 유비로서의 의미

위에서 소비자불매운동을 "특정 업체들에 대해 불매를 하고 다른 사람들에게도 불매를 촉구하는 것"이라고 정의하였다.

위에서 살펴보았듯 미국에서는 노사관계법인 소위 태프트-하틀리법의 8(b)(4)(ii)(B)은 노동조합에만 적용된다고 명시하고 있어 소비자운동에는 적용되지 않음이 명백하다.

그렇다면 여기서 위의 노동조합에 대한 2차불매운동금지조항이 미국에서는 소비자운동에 적용되지는 않더라도 우리나라에서는 이를 소비자운동에 적용해야할 요청을 제시하는 유비(喩比)의 대상이 될 수 있는지를 살펴보자. 즉 2차불매운동금지의 법리가 보호하고자 하는 가치를 추적하여 그 가치를 보호함에 있어 미국에서는 미국의 특수한 연혁적인 이유로 소비자운동에 적용하지 않았는데 우리나라는 미국과 달리 그러한 연혁적인 이유가 존재하지 않는다면 소비자운동에 적용하는 것이 타당할 수도 있는데 바로 이 가설의 타당성을 평가해보자는 것이다.

하지만 태프트-하틀리법의 2차불매금지 조항은 그와 같은 유비가 될 수 없음이 명백하다. 2차불매금지법리의 원천은 공정거래법의 일종인 서먼법이었으며 노동단체에 대해 2차불매금지법리가 적용된 것은 노동단체가 "용역의 제공에 있어 경쟁제한적 담합을 구성하기 때문"이었고 이에 대한 공정거래법상의 규제를 목적으로 한 것이었다.

Relations Act Unconstitutionally Burdens Union Speech", 56 Am. U. L. Rev. 1621 (2007) 그리고 Barbara J. Anderson, "Secondary Boycotts and the First Amendment", 51 Univ. Chicago Law Review 811를 보라.

2) 공정거래법의 적용가능성 및 유비로서의 의미

그렇다면 2차불매금지법리의 원천인 공정거래법인 셔먼법은 입법론적 유비가 될 수 있을까? 우선 기업들의 2차불매운동을 규제하는데 소비자운동에는 적용될 수 없다. 셔먼법은 corporation 및 association에만 적용된다. 우리나라의 공정거래법도 "사업자"와 "사업자단체"로 정의하고 있다. 이렇게 '사업자'와 '사업자단체' 또는 'corporation'과 'association'으로만 한정하는 이유는 입법취지에서 도출된다.

Missouri v. NOW, 620 F.2d 1301 (8th Cir. 1980)에서 전국여성연합 (National Organization for Women)이라는 전국규모의 강력한 정치단체가 성차별을 명시적으로 금지하는 헌법개정안을 추진하였으나 몇몇 주들이 이를 비준하지 않아 헌법개정에 실패하자 이들 주들에 대한 보복으로 이들 주에 대규모 대회가 유치되지 않도록 하기 위한 불매운동을 벌였고 이에 따라 관광수입에서 발생하는 세수입을 잃게 된 미주리 주정부가 NOW를 셔먼법 위반으로 손해배상을 청구하였다. 제8순회지구 연방항소법원은 이에 대해 셔먼법이 통과되던 연방의회 회기의 의사록을 자세히 검토하고 셔먼법의 입법목적에는 소비자운동에 대한 규제는 포함되어 있지 않다고 하며 미주리주의 청구를 기각한다.

그리고 바로 2년 뒤인 1982년에 NAACP대 Claiborne사건에서 NAACP (유색인종옹호연합)이라는 단체가 특정 시의 인종차별적 정책을 바꾸기 위해 그 시의 백인상점들에 대한 불매운동을 한 것에 대하여 미연방대법원은 정치적 불매운동과 경제적 불매운동을 구분하여 정치적 불매운동에 소비자운동은 헌법적으로 보호되어야하며 소비자운동으로서의 2차불매운동에 의해 피해를 입은 업주들의 민사손해배상청구를 기각하게 되는 것이다. [NAACP v. Claiborne 458 U.S. 886 (1982).[7]

---

7) 동아일보 8월23일 기사의 앞 부분에서 "언론사 광고주에 대한 불매운동이 표현의 자유 측면에서 폭넓게 인정되고 [있지 않다] 라고 하며 그 근거로

특히 이 결정은 태프트-하틀리법이 시행 중이던 기간에 내려졌는데 소비자들의 보이콧에 대해서 내려졌던 것이다. 이 결정의 영향력은 상당하여 이 미연방대법원의 결정에 영향을 받아 여러 차례 소비자들의 2차보이콧이 주법원에서 합법 판정을 받았다.

- Environmental Planning and Information Council of Western El Dorado County, Inc., v. The Superior Court of El Dorado County, 36 Cal. 3d 188 (June 7, 1984) (한 비영리단체는 한 언론사의 환경문제에 관한 논조를 비난하며 원고의 신문에 광고를 내지 말 것을 광고주들에게 요구한 것에 대한 캘리포니아주 대법원판결. 해당신문을 "쓰레기"라고 부른 전단 등을 광고주에게 보냄. "경쟁업자가 자신의 경제적 이익을 추구하기 위하여 다른 사람의 계약이행을 의도적으로 방해하는 것은 정당화되지 않는다... 그러나 피고의 목표는 환경과 연관된 공론에 대한 풋힐타임스의 논조를 바꾸어보려는 것이었고, 이 목표 자체는 명백히 합법적이었고, 사용된 방법도 평화로운 2차불매운동으로서 이 주의 판례법 상 합법적인 것이었다"라고 판시함.)

- Searle v. Johnson, 709 P.2d 328 (Utah 1985)(유타주에서 한 동물애호가 협회는 특정 지역의 개 수용소의 주거환경을 개선하기 위하여 그 지역의 관광 자체를 거부하고 주변사람들에게도 그 지역을 관광하지 말 것을 요청하였고, 하급심은 그 지역관광업체들의 손배소송을 인정하였으나 유타 주대법원은 NAACP판결을 언급하며 파기함.);

- Near East Side Community Organization v. Hair, 555 N.E.2d 1324

"미국의 연방대법원도 여러 차례 판례를 통해 2차 보이콧이 불법이라는 점을 명확히 했[다]"라고 명시하여 마치 미국의 연방대법원이 소비자에 의한 2차보이콧이 불법이라고 여러 차례 명확히 한 것처럼 주장하고 있으나 이는 명백히 허위이다. 미연방대법원은 NAACP대Claiborne에서 소비자운동으로서의 2차보이콧은 합법이라는 결정을 내린 외에 소비자운동으로서의 2차보이콧에 대해서는 아무런 결정을 내린 바가 없다.

(Indiana C.A. 1990) (인디애나주 고등항소법원은 주거환경개선운동을 하는 시민단체들이 그 지역의 소위 "악덕임대인"의 세입자들을 접촉하여 민원을 제기할 것을 부추긴 것에 대하여 역시 업무방해(interference with trade)에 의거하여 임대인이 시민단체에 제기한 민사소송을 각하하였음.)

1차불매이든 2차불매이든 소비자운동에 대해서는 셔먼법이 적용되지 않는다는 것은 학설로도 계속해서 확인되고 있다. (최신의 논의에 대해서는 Lee Goldman, "The Politically Correct Corporation and the Antitrust Laws: The Proper Treatment of Noneconomic or Social Welfare Justifications under Section 1 of the Sherman Act", 13 Yale L. & Pol'y Rev. 137 (1995)를 보라.) 이에 따라 담합행위의 하나를 규제하고자 하는 목적을 가지고 있는 2차불매금지법리도 적용되지 않는 것이다.

그러나 위에서 밝혔듯이 미국은 그렇다고 치더라도 상황이 조금이라도 다른 한국에서 위의 법리가 입법론적 유비로서 기능할 수 있을까? 혹자는 적어도 미국의 2차불매금지법리의 입법취지를 "불매운동을 하더라도 죄없는 3자에게 해를 끼쳐서는 안된다"라는 최소한의 원칙으로 환원시킨다면 우리나라와 같이 체계가 다른 곳에서는 소비자불매운동에도 적용할 수 있지 않을까 질문을 가질 수 있다.8) 그러나 위에서 밝혔듯이 셔먼법이 2차불매행위를 금지하였던 이유는 불매행위를 직접 당하거나 위협당하는 기업에 피해를 주어서가 아니라 그 기업이 불매행위자의 요구를 수락하였을 때 2차불매행위자가 불매행위자와의 경쟁이 제약당하기 때문이었다. 즉 시장에서의 경쟁이 감소되기 때문이었던 것이지 불매행위를 직접 당하는 기업의 피해가 부당하다고 생각해서 그랬던 것은 아니다. 기업들의 2차불매행위에 대해 미연방대법원은 당연무효(per se illegal)를 선언한 것

---

8) 사실 이렇게까지 법리를 단순화하여 새로운 사실관계에 적용한다면 그 법리가 새로운 법리인지 또는 그 법리의 타당성을 주장하기 위해 외국실정법을 언급하는 것이 의미가 있는지에 대해서 법이론적인 고찰이 필요하다.

은 그 피해나 효과에 관계없이 기업들이 담합하여 또는 하나의 기업의 자신의 시장지배력을 이용하는 것 자체가 위법하다고 보았기 때문이다.

소비자불매운동의 경우 소비자는 불매대상업체들과 경쟁관계에 있지 않다. 도리어 자유롭게 소비자들의 존재는 미시경제학의 전제조건이라고 할 수 있다. 어떤 제품에도 충성심을 가지고 있지 않은 소비자들의 존재는 업체들이 그 소비자들을 위해 경쟁을 하도록 만드는 동인이다.

이러한 구상 하에서는 소비자불매운동의 경우 '2차불매행위'라는 정의 자체가 불가능해진다. 2차불매라는 공정거래법적 개념은 그 불매행위자의 담합이나 시장지배력 행사를 통해 경쟁자들을 도태시키는 것을 막기 위한 개념인데 그 불매행위자가 소비자인 경우에는 2차불매의 대상이 소비자들의 경쟁자도 아니기 때문이다.

필자는 여기서 한발 더 나아가 소비자불매운동의 경우 모든 2차불매운동은 1차불매운동의 성격을 띤다고 감히 주장하고자 한다. 소비자가 회사에 제품의 질을 높이도록 촉구하거나 이를 조건으로 구매 혹은 불매하는 것은 헌법 상 보호되는 표현의 자유로 보호되는 소비자의 고유한 권리이며 구매여부의 조건에는 제품이나 용역의 질 자체 뿐만 아니라 그 기업의 투자행위, 고용행위, 환경정책 등이 모두 포함될 수 있음은 더 말할 것도 없고 광고처도 당연히 포함될 수 있다. 소비자가 이와 같이 절대적 권리를 누리는 이유는 어떤 기업체도 특정 소비자와 거래할 '권리'는 없기 때문이다.

실제로 90년대에 전세계를 풍미했던 '아동노동으로 만들어진 나이키신발'에 대한 불매운동의 경우 공격대상은 나이키가 아니라 아동노동을 고용한 하청생산업체였다. 하지만 불매운동가들은 이들 하청생산업체에 대해 불매운동을 전개하지 않았고 이들 하청생산업체를 고용한 나이키 매장 전체를 대상으로 불매운동을 전개하였다. 하지만 전세계의 누구도 이에 대해 '2차불매' 운운한 적이 없다.

소비자의 권리에 대한 이러한 이해 하에서 2001년 마이클 잭슨 대법원 판례도 다시 평가해볼 수 있다. 대법원은 2001년 7월 13일 1996년 마이클 잭슨 내한공연에 대해 반대하기 위하여 그 공연의 흥행사의 주거래은행에 해당 흥행사와의 거래를 중단해 줄 것을 요청하며 요청이 받아들여지지 않을 경우 해당 은행에 대한 불매운동을 벌이겠다는 내용의 편지를 보낸 시민단체들을 상대로 흥행사가 손해배상을 청구한 것에 대하여 '경제적 압박수단을 고지하여 불매운동 대상자가 불매운동으로 인한 경제적 손실을 우려하여 부득이 본의 아니게 원고와 체결한 계약을 파기하였다'며 손해배상이 가능하다고 판시하였다.

이 판결은 '자신의 행동은 자신이 책임진다'는 자유민주주의헌법 법질서의 가장 근본적인 원칙을 위반하고 있다. 멀리가지 않더라도 해당 사건에 대해 기각결정을 내렸던 원심판결이 명쾌하다.

> '인과관계가 없으며 … 그들[은행들] 스스로 위 계약을 이행함으로써 얻을 수 있는 이익과 [시민단체]가 공언한 불매운동 등에 의해 발생하게 될지도 모르는 영업손실을 비교 교량하여 독자적인 영업판단에 따라 선택한 결과'에 따라 발생한 것으로 규정지었다. (1998.9.1. 선고, 98 나 18225)

즉 위에서 필자가 설파한 대로, 시민단체의 언사를 수인한 은행직원들이 그 언사에 대해 생각하고 반응할 기회를 가진 순간부터 시민단체들은 더 이상 그 언사에 대한 책임이 없어진다고 보아야 한다.

대법원의 판결을 새겨보면, 시민단체들이 주거래은행에게 '마이클잭슨공연을 지원한다면 우리는 당신 은행과 거래를 하지 않고, 내 친구나 내 가족들도 거래를 하지 않을 것이오'라고 말한 것을 '경제적 압박'으로 규정하고 있다. 고용주가 임금을 주지 않으면서 '노조를 탈퇴하지 않는 이상 임금을 주지 않겠다'고 말한다면 노동자가 당연히 받아야할 임금을 주지 않으며 다른 행동을 요구하는 것은 경제적 압박이라고 볼 수 있다.

그러나 소비자들이 어느 은행에 가서 당신 은행과는 거래하지 않겠다고 말하는 것이 '압박'이라면 그 은행은 소비자들이 거래를 자신과 하도록 강제할 '특권'이라도 있다는 말이지 궁금하다. 기업들의 경제적 결정은 환경 및 노동에 끼치는 영향에 관계없이 자유롭게 보장해주어야 하는 소위 시장경제 아래서 소비자들이 특정 업체를 애용하지 않겠다고 해서 이를 '강압'으로 모는 것은 시장경제의 기반을 뒤흔드는 결정이다.

시장경제에서 '경제적 압박'은 한가지 밖에 없다. 바로 공정거래법 위반이다. 한 업체가 독점적인 지위를 이용하여 또는 여러 업체가 담합하여, 소비자들에게 특정 가격이나 특정 제품을 파는 행위를 말한다. 그러나 소비자들의 '담합'은 어떤 이유에서도 공정거래법 위반이 될 수 없다.

4. 소결

미국의 2차불매운동 금지제도의 기반은 노조에 대한 규제도 소비자운동에 대한 규제는 더더욱 아니며 기업활동을 규제하는 공정거래법이다. 기업체들이 담합하여 다른 업체의 제품이나 서비스를 구매하지 않는 것은 당연히 위법이다. 그런데 시장지배적인 사업자는 담합을 하지 않아도 자신의 경쟁자에게 타격을 가할 수 있는데 바로 자신의 제품을 취급하기를 원하는 거래처들 중에서 자신의 경쟁자의 제품을 같이 취급하는 거래처들에게는 납품을 하지 않는 것이다. 그렇다면 거래처들은 시장에서 인기 있는 시장지배자의 제품을 취급하기 위해 경쟁자의 제품을 취급하지 않을 것이다. 이 시장지배적 사업자의 행위가 바로 경쟁자에 대한 "2차불매(secondary boycott)"이고 미국은 이를 공정거래법의 명백한 위반으로 보는 것이다.

그리고 이 법은 소위 일종의 노사관계법인 태프트-하틀리법의 8(b)(4)(ii)(B)을 통해 노동조합에도 적용이 되었는데 그 이유는 노조파업의 경제적인 측면 때문이다. 즉 노동조합 발생 초기에 '노동조합의 파업도 자신의 사용자에게 노동력과 돈을 주고받는 거래를 하지 않겠다는 일종의 담합이고 공정거래법이 적용되어야 하지 않겠는가'의 논란이 있었다. 물론 결론은 노동자는 소비자와 같은 약자이며 단결권이 보호되어야 한다는 논거 하에 일률적으로 공정거래법이 적용되지 않게 되었고 현재 세계 어느 나라도 단순한 파업에 공정거래법을 적용하지 않는다. 그러나 노조의 파업행위 중에서 사용자가 아닌 사용자의 투자자나 거래처에 대해 파업을 선동하거나 불매운동을 벌이는 것은 사용자에 대한 파업(1차파업)과는 달리 규제가 필요하다고 생각되어 위의 법이 만들어진 것이다. 똑같은 이유로 호주의 상거래행위법 (Trade Practices Act) 45조가 소비자의 행위는 규제하지 않으면서 기업들과 노동조합들의 2차불매행위를 공히 금지하고 있는 것이다.

그러므로 검찰의 말과는 반대로 '노조가 특수한 지위를 가지고 있기 때문에 일반소비자에게 허용되는 행위가 노조에게만 금지되는 것'일 뿐 2차불매운동 금지 법리는 어떤 방식으로도 일반소비자에게 적용될 수 없다. 도리어 미국에서는 소비자의 2차불매운동이 건강한 시장경제의 한 부분으로 확고히 자리를 잡았고 법원들과 학자들이 이로부터 영감을 받아 노조들에게도 2차불매운동을 할 권리를 보장할 수 있는 방향을 모색 중이다.

Ⅲ. 세계 어디에도 소비자운동이 2차불매라고 하여 위법판단 받은 사례는 없다

검찰은 미국과 호주의 노사관계법이 소비자들에게 적용되지 않는다는 것을 시민단체 측에서 지적하자 '외국에서 소비자들의 2차불매운동이 위법으로 판단된 경우가 있었다'고 하였지만 그 사례들을 일반에게 공개하지 않아왔으나 그 사례들을 조선일보와 동아일보 기사들을 통해 공개한 것으로 보인다. 아래 소개되는 사례들은 모두 검찰의 구속영장신청서에 언급되어 있다. 각 판례들에 대한 설명이 검찰의 구속영장신청서에서는 매우 간략하고 허술하게 이루어진 반면 각 신문들이 더욱 자세히 설명하고 있어 신문기사 내용을 영장신청서 대신 인용한다.

1. 미국

조선일보 8월 20일자 아침신문에 "광고주 협박, 미국에서도 불법"이라는 제하에 장상진 기자가 다음과 같은 기사를 실었다.

(1) 1999년 미국 캔자스주(州) 고등법원은 한 방송사의 광고주들에게 광고 중단을 요구하는 전화를 걸고, "이 광고회사는 여성을 착취하는 방송사를 지원합니다"라는 내용이 적힌 피켓을 들고 시위를 벌인 이 방송사 전직 근로자에게 이 같은 행위를 금지하도록 판결했다.

위의 (1)의 내용은 왜곡보도의 전형이다. 캔자스주 고등법원의 판결(Drake 대 Benedek 방송국, 983 P.2d 274(1999))은 이 전직근로자가 방송사에 재취직을 시켜달라는 경제적인 이유로 그 방송사의 광고주에게 시위를 했다고 하여 위법성을 인정한 것이다. '고용'이라는 경제적 이득을 얻기 위해 제3자를 괴롭히는 행위는 필자가 이미 위법하다고 인정한 공정거래법 상의 2차불매행위와 비슷하다고 보았기 때문이다.

(2) 1996년에는 한 기독교 단체가 "WVUE-TV 방송국의 모든 광고주들을 상대로 한 광고 철회 운동을 허용해 달라"며 낸 청원을 연방대법원이 기각했다. 법원은 "법은 범죄적 행위까지 보호하지는 않는다"고 판결했다는 기사를 실었다.

또 위의 (2)의 기사가 말하는 연방대법원의 판결은 애초에 존재하지 않는다. 해당 기독교 단체가 광고철회운동을 허용해달라는 청원을 낸 적이 없고 연방대법원이 관련 사안을 심의한 적도 없다. 다만 그 기독교단체가 광고철회운동을 벌인 것에 대해 루이지아나주 항소법원에서 금지명령을 내린 바 있고 기독교단체가 연방대법원에 상고를 하였으며 연방대법원이 이에 대해 심의를 하지 않겠다는 심리불속행결정을 내린 바가 있을 뿐이다. 이에 따라 이 결정은 "심리신청을 받아들이지 않는다"는 단 한 문장으로 이루어져 있다(Williams v. Burnham Broadcasting, 513 U.S. 814 (1994)). 그러므로 '법은 범죄적 행위까지 보호하지는 않는다'라는 말을 연방대법원은 한 적이 없다. 이 말은 연방대법원이 심의를 포기한 루이지아나주항소법원의 판결에서 나오는데 이 판결에서 위법판단이 난 이유는 위의 캔사스주 법원 판결의 그것과 같다. 위의 기독교단체가 공정보도 요구를 빌미로 자신들을 방송에 출연시켜달라는 요구를 방송국 측에 지속적으로 하였고 이와 같은 행위는 금품을 요구하는 공갈(extortion)행위였기 때문에 금지명령을 내렸었던 것이다(Burnham Broadcasting Co. v. Williams, 629 So. 1335 (La. App. 1993)).

특히 동아일보는 위 기사에서 미연방대법원에 대해 다음과 같이 보도하고 있다.

> 미국의 연방대법원도 여러 차례 판례를 통해 2차 보이콧이 불법이라는 점을 명확히 했고 …

미국 연방대법원은 한번도 어떤 이유로도 소비자들의 2차 보이콧이 불법이라고 판단한 일이 없다. 미국연방대법원은 오히려 노동조합의 2차 보이콧만을 명시적으로 금지한 연방노사관계법(태프트-하틀리법)에 대해 노조가 특정 생산자의 제품 구매를 막기 위해 그 제품의 유통업체 앞에서 시위를 하는 것까지 금지하는 것으로 해석하는 것은 위헌이라고 판단한 바 있고[National Labor Relations Board v. Fruit Packers, 84 S.Ct. 1063 (1964); 소위 "Tree Fruits" 사건], 다만 그 유통업체 매출의 90%이상이 불매시위의 궁극적 목표인 생산자의 제품판매를 통해 이루어질 경우에는 위 법이 이를 금지하는 것으로 해석하는 것은 합헌이라는 결정이 있었을 뿐이다[National Labor Relations Board v. Retail Store Employees Union, 100 S.Ct. 2372, (1980); 이른바 "Safeco" 사건]. 참고로 Tree Fruits 사건과 Safeco사건(검찰이 영장신청서에서 '사페코'라고 읽고 있으나 '세이프코'가 맞는 발음임)은 영장신청서에 위법성의 근거로 제시되고 있으나 위와 같은 이유로 역시 위법성의 근거가 되지 못한다. 특히 위의 Safeco사건은 미연방대법원이 '2차 보이콧은 불법'이라고 판시한 것으로 해석될 수 없다. 이미 태프트-하틀리법은 노동조합의 2차보이콧은 명시적으로 위법이라고 하고 있기 때문에 미연방대법원은 그러한 판시를 별도로 할 이유가 없었으며 단지 그 법의 적용범위를 정한 것 뿐이었기 때문이다.

2. 독일

이와 함께 동아일보의 8월23일 정원수 기자의 보도 역시 왜곡되어 있다. 동아일보는 위의 조선일보 기사가 소개하는 미국판례들을 똑같이 소개한 후 다음과 같이 독일 사례를 소개하였다.

(3) "1969년 독일 남부 한 대도시의 극장 소유자들이 자신들의 극장에서 상영하는 영화에 대한 비판적인 보도를 차단하기 위해 그 지역의 신문에 광고를 내지 않기로 결정했는데, 독일 법원은 "극장 소유주들의 결의는 법에 위배돼 금지될 수 있다.

하지만 2차불매운동' 금지 법리가 공정거래법에서 시작되었기 때문에 극장들과 같은 기업들에 적용된다는 것은 이미 모두가 알고 있던 것이다. 중요한 것은 소비자들에게 똑같이 적용되는가인데 위의 사례는 이 질문에 대한 답이 되지 못한다. 그럼에도 불구하고 동아일보는 「일부 언론은 "외국은 언론사 광고주에 대한 불매운동이 표현의 자유 측면에서 폭넓게 인정되고 있다"고 주장해왔지만 이는 외국 사례를 잘못 해석한 결과라는 것이 검찰의 지적이다.」라는 기사의 근거로 위 판례를 제시하여 소비자들의 광고중단운동이 독일에서 위법하다는 오해를 불러일으키고 있다.

이와 같은 비슷한 내용이 검찰의 영장청구서에도 나타나고 있다. 검찰은 "계약관계 단절의 요구와 결합된 불매운동은 … 기본권에 의하여 보호되는 방법이 아니다"라는 주장을 내세우고 있다. 그러나 검찰이 "그 대표적인 사례" 라고 하면서 소개하는 판례는 주택임대업자와 임차인들 간의 갈등과 분쟁으로 말미암아 임차인들이 차임을 지불동결구좌로 송금한 불매운동 사례를 다루고 있다.

검찰들의 소개 자체에서도 명백히 드러나듯이, 이 판례는 "정치적 보이코트"와는 전혀 무관한, 오로지 경제적 이해관계가 걸린 불매운동에 불과하므로, 이 사건과는 관련성이 없다.

임대인과 임차인 간에 임대차 조건의 향상이나 임대정책을 놓고 발생하는 분쟁은 결국 경제적 이해관계를 두고 계약 당사자 간에 생겨나는 갈등에 불과하므로, 노사 간의 근로계약조건을 두고 발생하는 쟁의와 별 차이가 없다. 이런 유형의 불매운동은 위에서 정의한 소비자운동에 포함되지 않는다.

3. 프랑스9)

또 위의 동아일보 기사는 프랑스의 사례를 다음과 같이 소개하고 있다.

(4) ˮ1981년 아모코 디아즈라는 유조선이 프랑스의 브르타뉴 해안에 좌초되자 소비자단체는 유조선 회사가 아닌 화물 소유자인 석유회사 '셸'을 상대로 추가적인 배상을 요구하며 불매운동을 벌였다. 그러나 프랑스 법원은 "충분한 식견이 없는 여론 재판으로 셸의 제품에 대한 불매운동을 벌이는 것은 명백한 불법행위에 해당한다"

이 사건(Renseignement concernant Shell v. Amis de la Terre)은 첫째 항소법원에서 실질적 효력이 없어져 거의 유명무실화된 사건이다. 둘째 셸사를 상대로 한 시위는 다른 회사에 압력을 넣기 위해 그 회사의 거래처인 셸사를 선택하여 항의한 2차 시위가 아니고 셸사에 대해 직접적인 책임을 묻기 위해 시위였고, 프랑스 법원이 그 시위 자체에 대해 위법판단을 한 것이었기 때문에 그 시위가 2차불매운동이라서 위법하다고 판시한 적이 없다. 셋째 셸사 사건은 평화적 불매운동이 아니라, 셸사의 프랑스 지사 사무실에 대한 무력 점거, 폭력행사, 기물 손괴까지를 수반한 불매운동에 대하여 "명백한 소란행위"로서 위법하다고 판단한 것이다. 그리고 유조선 이름도 '아모코 디아즈'가 아니라 '아모코 카디즈'이고 회사 이름도 '셸'이 아니라 '쉘'이 맞다.

하급심은 소비자 단체의 배상책임을 인정하였으며 파리 항소법원은 이를 확정하면서, 소비자 단체가 "폭력행위, 쉘 본사에 대한 재물 손괴, 쉘 제품에 대한 불매운동 (violences et des depredations causees aux installations de la societe SHELL Francaise et une mevente de se produits)"

---

9) 프랑스 판례에 대한 해설은 고려대학교 김기창 교수로부터 전달받은 것임.

을 감행한 것은 "명백히 불법적인 소란행위(troubles manifestement illicite)"라고 판시하였다. 이 판시 자체에서도 드러나듯이, 항소법원의 판단은 불매운동만을 이유로 한 것이 아니라, 폭력행위, 기물손괴가 수반되었기 때문이었으며, "격렬하고 경솔한 불매운동"이라는 파리 항소법원의 판결도 바로 이점을 지적하는 것이었다.[10] 항소법원은 특히 이에 대한 벌금은 전부 삭감하였다.[11]

조선일보와 동아일보 측은 광고중단운동 참여자들이 Daum을 상대로 제기한 삭제취소 가처분 소송에서는 보조참가인으로 참여하며 프랑스의 소비자 단체가 1985년에 펼친 송아지고기 불매운동이 위법한 것으로 판결되었다는 결론만을 언급하면서, 그 판결이 마치 자신들의 주장을 뒷받침하는 것처럼 암시하려 노력하고 있으나, 그 판결의 이유는 보조참가인들이 암시하는 것과는 전혀 다르다.

그 사건에서 소비자 단체는, "송아지 고기에 호르몬이 들어있다"고 막연히 주장하며 송아지고기 불매운동을 벌였고("Boycott, le veau aux hormones est revenu, n'en mangez plus"), 항소법원은 소비자 단체가 과연 어떤 호르몬이 들어있는지, 그것이 적법한 물질에서 잔류한 것인지 여부 등을 전혀 가리지 않은 채, 포괄적인 주장만을 앞세워 무조건적인 불매운동을 펼친 것이므로, 이것은 "사려깊고 정확한 정보에 기하여"부과되는 한계를 넘어선 것이므로 송아지생산자들에 대한 위법한 침해 행위를 구성하는 것이라 판단한 것이다. 그 사건은 부정확한 정보에 기하여 명예를 훼손함으로써 송아지 생산자에게 피해를 입힌 경우이므로, 조선일보 광고주에 대한 이 사건 불매운동과는 그 유사성이 없는 것이다.[12]

---

10) Paris (1er Ch. A), 13 juin 1978, Union Federale des consommateurs c. S.A. SHELL Francaise, Gaz. Pal. 1979, Som. 65.

11) Gunnar Trumbull (공)저, Consumer Capitalism: Politics, Product Markets, and Firm Strategy in France and Germany, Cornell University Press(2006), 186쪽의 68쪽을 보라.

Ⅳ. 국제법 상 2차 보이콧의 금지는 GATT/ GATS상의 내국민대우규범 및 최혜국대우규범에서 도출되는 것이므로 소비자운동에 적용될 수 없다.

위의 동아일보 기사와 검찰의 영장청구서는 다음과 같은 내용을 담고 있다.

> (5) 국가 간의 불매운동과 관련해서도 국제기구와 국제협약은 2차 보이 콧을 금지하고 있다. 유엔총회 결의와 협의회 보고서, 북미자유무역협정 (NAFTA), 관세 및 무역에 관한 일반협정(GATT), 미주기구(OSA) 등은 '2차 보이콧을 통한 경제 제재는 국제법 위반'이라고 명시하고 있다.

국가간의 2차보이콧이란 한 국가(예를 들어 아랍국가)가 다른 국가(예를 들어 이스라엘)에 타격을 주기 위해 그 목표국가와 거래를 하는 기업들(예를 들어 미국기업들)이 자국 내에서 거래를 하지 못하도록 하는 것인데, 이것이 국제법상 위법인 이유는 GATT상 모든 WTO회원국들을 동등하게 대우하도록 되어 있는 최혜국대우(Most Favored Nations)의무에 반하기 때문이다. 물론 공식적으로 적대적인 국가에 대해서는 GATT 21조 상의 '국가안보' 예외를 적용하거나 여러 아랍국가들이 WTO에 가입하면서 이스라엘에 대해 하였듯이 GATT35조 상의 '상호 불적용 조항'을 적용하여 직접적으로 차별대우를 할 수는 있지만, 그렇다고 하여도 차별대상국가와 거래하는 국가까지 차별할 수는 없다는 것이 최혜국대우의무 조항인 것이다.

---

12) [Cour de Cassation, Ch. Civ. 1, 14 Feb. 1989, No. 8613438]

　이런 국가간의 2차 보이콧 금지법리는 국가들간에 존재하는 최혜국대우의무에서 도출된 것이지 그와 같은 합의가 없는 소비자들의 불매운동에 적용할 수 있는 것이 아니다. 그럼에도 전혀 차원이 다른 국제법상 국가간 2차 보이콧에 관한 법리를 소비자들의 불매운동에 적용할 수 있음을 전제로 광고중단운동이 위법하다는 외국사례의 예로 소개한 것은 국가간 2차 보이콧 금지 법리를 왜곡한 것이다.

　2차 보이콧의 개념은 국가간의 2차 보이콧에도 적용될 수 있다. 국가간의 2차보이콧이란 한 국가(예를 들어 아랍국가)가 다른 국가(예를 들어 이스라엘)에 타격을 주기 위해 그 목표국가와 거래를 하는 기업들(예를 들어 미국기업들)이 자국 내에서 거래를 하지 못하도록 하는 것이다. 그 예로는 1970년대 아랍국가들이 이스라엘의 무역대상국에 대하여 취하였던 Arab League Boycott을 들 수 있고 1996년에 미국의 보수적 정치인 제시헴스(Jesse Helms)의 주도 하에 쿠바를 견제하기 위해 통과시킨 헴스버튼법(Helms-Burton Act)이 있다. 헴스버튼법은 설탕 등을 쿠바에서 수입하는 나라들로부터는 그 재료들을 수입하지 못하도록 하는 규정이 포함되어 있었다. 아이러니하게도 2차보이콧을 시행하는 헴스버튼법의 주체인 미국의회는 아랍의 대 이스라엘 보이콧에 저항하기 위해 1979년에 수출행정법(Export Administration Act)를 제정하였다. 이 법은 미국에 우호적인 국가에 대한 보이콧을 지지하거나 그 보이콧을 준수하는 것을 금지하였다. 즉 미국기업이 아랍국가들의 요구에 따라 이스라엘과의 거래를 중단하는 행위를 금지하였던 것이다. 또 헴스버튼법에 대해서는 1996년에 EU가 실제로 WTO에 GATT위반을 이유로 제소를 한 바 있으나 미국이 곧바로 2차 보이콧 조항은 적용을 하지 않기로 합의를 하여 결정이 이루어지지 않았다.

　국가 간의 2차 보이콧은 다음과 같은 이유로 GATT상의 위법이 될 수 있다. 상품과 서비스의 국가간 거래를 규제하는 포괄적인 국제법 시스템은 GATT, GATS 및 TRIPS를 들을 수 있다. GATT는 1947년에 체결되어 모든 무역에 적용되는 것으로 여겨져왔고 1994년 GATS가 체결되면서 GATT는 상품을 그리고 GATS는 용역을 다루는 것으로 여겨져왔다. TRIPS는 지적재산권의 전세계적인 통일적인 보호를 위해 체결된 것으로서 각국 시장 내에서 유통의 자유를 허용하는 GATT와 GATS와는 일정한 목표상의 차이가 있으므로 여기서는 다루지 아니한다. 위의 협정들의 당사국들로 이루어진 세계무역기구(WTO)의 궁극적인 이념은 국경없는 자유로운 무역이다(Bhagirath Lal Das, An Introduction to the WTO Agreements, Zed Books, 7쪽). 이를 관철하기 위하여 두 가지 규범이 필수적인 규범으로 논의가 되어 GATT와 GATS에 포함되어 있는데 바로 최혜국대우(most favored nation treatment)와 내국민대우(national treatment)이다. 최혜국대우 규범은 한 체약국이 다른 체약국들을 대할 때 모든 체약국들을 동등하게 대할 것을 요구한 것이다. 내국민대우 규범은 한 체약국이 타 체약국의 상품이나 서비스를 자국의 상품과 서비스와 동등하게 대할 것을 요청하고 있다. 특히 GATT의 내국민대우규범은 GATT의 13조(양적제한의 불차별적 시행: "Non-Discriminatory Administration of Quantitative Restrictions")와 같이 특정국가의 상품의 수입을 제한하는 결과를 초래하는 제한을 시행하지 못하도록 하고 있다.

그렇다면 2차보이콧은 특정 국가의 상품이나 서비스를 차별한다는 의미에서 위와 같은 규범들의 구체적인 위반이 될 수 있다.

물론 한 국가가 다른 모든 국가들을 동등하게 대우할 수는 없다. 위에서 살펴보았듯이 미국은 쿠바를 상대로 또 북한이나 다른 적성국가들을 상대로 그리고 아랍국가들은 이스라엘을 상대로 수입금지조치를 시행하고 있고 이와 같은 수입금지조치의 합법성은 국제법상 외교정책의 일환이나 국가안보를 보호하기 위한 조치의 일환으로 공고히 수립되어 있다. 즉 공식적으로 적대적인 국가에 대해서는 GATT 21조 상의 '국가안보'

예외를 적용할 수 있다. 그리고 여러 아랍국가들이 WTO에 가입하면서 이스라엘에 대해 하였듯이 GATT35조 상의 '상호 불적용 조항'을 적용하여 직접적으로 차별대우를 할 수는 있는 것이다. 그러나 2차보이콧과 같이 차별대상국가와 거래하는 국가를 차별하는 것은 GATT21조의 '국가안보'나 다른 무엇으로도 정당화될 수 없기 때문에 최혜국대우의무 위반이 될 수가 있다.

실제로 GATT분쟁해결패널은 1994년에 미국의 한 연방법원이 자국의 해양포유류보호법(Marine Mammal Protection Act)에 어긋나는 방식으로 포획된 참치의 수입금지를 명령하면서 그렇게 튜나를 처리하는 국가와 참치무역을 하는 모든 국가로부터의 참치 수입금지까지 명령한 것에 대해 GATT규범의 위반이라고 판단한 적이 있다. (GATT Dispute Settlement Panel Report on U.S. Restrictions on Imports of Tuna, 33 I.L.M. 839, 876-86 (June 16, 1994)). 사실 이 결정은 튜나를 처리하는 국가 자체로부터의 수입금지도 GATT규범의 위반이라고 했기 때문에 2차적 보이콧이 아예 문제가 되지 않는다.

검찰의 영장신청서는 "국가간에도 2차적 보이콧이 문제되는 경우가 있습니다. 유엔총회결의(United Nations General Assembly Resolution)와 협의회 보고서(Commission Reports)는 2차적 보이콧에 대한 금지를 기술하고 있고 NAFTA, GATT, OSA[sic](Organization of American States)는 이러한 경제적 제재를 금지하고 있다"고 주장하고 있다. 또 2008년 8월 23일 동아일보는 "국가 간의 불매운동과 관련해서도 국제기구와 국제협약은 2차 보이콧을 금지하고 있다. 유엔총회 결의와 협의회 보고서, 북미자유무역협정(NAFTA), 관세 및 무역에 관한 일반협정(GATT), 미주기구(OSA) 등은 '2차 보이콧을 통한 경제 제재는 국제법 위반'이라고 명시하고 있다."라고 주장하고 있다.

우선 NAFTA와 GATT의 최혜국대우 규범의 위반이 될 수 있음은 이미 살펴보았고 또 이에 대한 반대의견에 대해서도 살펴보았다. 그러나 검찰의 영장신청서와 8월23일 동아일보의 기사가 언급한 다른 문서들은 2차 보이콧에 대한 내용을 담고 있지 않다.

첫째 유엔총회결의인 우호적관계에대한선언(Declaration on Friendly States, 이하 "선언")과 국가의경제적권리및의무에관한헌장(Charter of Economic Rights and Duties of States, 이하"헌장")은 각각 경제적 압박("economic coercion")을 통해 다른 국가의 정치적 독립이나 영토를 침해하지 않도록 하고 있다. 하지만 위의 조항들이 2차보이콧을 금지한다는 유권해석은 어떠한 국제기구도 내린 바 없다.

둘째 검찰과 동아일보가 "협의회 보고서"라고 잘못 번역하고 있는 것은 원문이 commission reports임으로 유추해볼 때 International Law Commission 의 1992년 보고서를 말하는 것으로 보이며 이 보고서의 제3장의 제11조 와 14조는 각각 한 국가가 다른 국가에 대해 보복조치를 취할 때의 원칙 에 대해서 다루고 있다. 여기에서도 2차 보이콧은 명시되어 있지도 않고 어떠한 국제기구도 ILC의 위 보고서가 2차 보이콧을 금지하는 것으로 해석된다는 견해를 밝힌 바 없다.

위의 유엔총회결의와 ILC 보고서가 2차보이콧을 금지한다는 주장은 Joseph Walker라는 Baker&McKenzie라는 로펌의 변호사가 위와 같은 가능 성을 언급한 바 있으나 그 스스로도 유엔총회결의가 국제법적으로 구속력이 없다며 회의적인 평가를 하고 있다. Joseph V. Walker, "The Legality of the Secondary Boycotts Contained in the Helms-Burton Act under International Law", 2 DePaul Dig. Int'l L.1 (1997)를 보라. 아마도 유엔총회결의, ILC보 고서, OSA헌장, NAFTA, GATT를 다룬 것으로 보아 검찰이 위법성의 근 거로 제시하고 있는 자료가 바로 이 변호사의 논문이 아닌지 의심스럽다.

셋째 검찰이 "OSA"라고 잘못 쓴 OAS(Organization of American States)는 국제법적인 문서가 아니라 국제기구이므로 논리적으로 말이 되지 않는다. OAS는 1951년에 UN의 지역분과기구로서 승인된 기구로서 북미대륙과 남미대륙의 국가들이 회원국으로 소속되어 있다. Joseph Walker의 논문이 검찰의 법원이라면 아마도 검찰은 OAS의 헌장 제16조를 의미한 것으로 보이는데 이 조항 역시 한 국가가 다른 국가의 주권적 의지를 제압하여 이익을 얻기 위해 경제적 압박(economic coercion)을 사용하지 않을 것만을 명시하고 있다. 여기서 "경제적 압박"에는 논리적으로 2차 보이콧도 포함할 가능성도 있지만 단순히 하나의 국가로부터 특정 상품의 수입을 금지하는 1차 보이콧도 포함될 수 있다. 하지만 이와 같은 1차 보이콧은 미국이 오랫동안 쿠바에 대해 시행해왔던 수입금지조치에서 볼 수 있듯이 외교정책의 일환으로 당연시되어 받아들여져 왔다. 이에 따라 2차 보이콧도 미국이 OAS의 제재를 전혀 받지 않고 헴스-버튼법을 제정한 것에서 보여지듯이 외교정책의 하나로서 당연시되어 받아들여질 수 있다. 즉 OAS의 헌장 제16조는 1차보이콧을 포함한 모든 형태의 경제적 압박의 부당한 사용을 금지한다는 일반론을 선언한 것일 뿐 특별히 2차보이콧이 외교정책의 일환으로 정당화되기 어렵다거나 하는 내용을 가질 수는 없는 것이다. 그리고 위의 Walker라는 변호사외에 그렇게 생각하고 있는 국제기구도 저명한 법학자도 없다.

OAS헌장, UN총회결의, ILC보고서등이 2차 보이콧을 금지하는 것으로 이해될 수 없다는 주장에 대해서는 Peter L. Fitzgerald, "Pierre Goes Online: Blacklisting and Secondary Boycotts in U.S. Trade Policy, 31 Vanderbilt J. of Trans. Law. 1 (1998)을 보라.

결론적으로 검찰이 영장신청서에서 언급하고 있는 모든 문서들 중에서 2차 보이콧에 관한 것으로 인정될 수 있는 문서는 GATT와 NAFTA뿐이다. 위에서 말했듯이 GATT와 NAFTA는 모든 WTO회원국이 다른 모든 WTO회원국들을 동등하게 대우하도록 되어 있는 최혜국대우(Most Favored Nations)의무 조항을 담고 있기 때문이다.

이런 국가간의 2차 보이콧 금지법리는 국가들간에 존재하는 최혜국대우의무나 내국민대우의무에서 도출된 것이지 그와 같은 합의가 없는 소비자들의 불매운동에 적용할 수 있는 것이 아니다. 그럼에도 전혀 차원이 다른 국제법상 국가간 2차 보이콧에 관한 법리를 소비자들의 불매운동에 적용할 수 있음을 전제로 광고중단운동이 위법하다는 외국사례의 예로 소개한 것은 국가간 2차 보이콧 금지 법리를 왜곡한 것이다.

국제법 법리에 대해서도 혹시 입법론적 유비가 될 수 있는지 살펴보자. 국가간의 2차보이콧 금지법리는 소비자들이나 기업들이 2차 보이콧을 행사할 수 없다는 것이 아니다. 국가가 소비자들이나 기업들이 2차 보이콧을 하도록 법으로 강제할 수 없다는 것이다. 즉 소비자들이나 기업들이 자유롭게 경제활동 및 경제관련 결정이 자유롭게 이루어지도록 국가의 개입으로부터 보호하기 위해 존재하는 국제법상의 법리인 것이다.

‘국가경쟁력강화위원회’의 “집회·시위 선진화방안”과 제18대 국회에 제출된 집회·시위 규제법안 비판

조 국*

Ⅰ. 들어가는 말 – “지워버려야 할 ‘떼법’” 인가, “다원적인 ‘열린 사회’에 대한 헌법적 결단”인가?

정부·여당과 보수언론은 집회와 시위에 대하여 부정적 시각을 노골적으로 드러내왔다. 이 대통령은 2008년 신년사에서 “‘떼법’이라는 말을 우리 사전에서 지워버리자”라고 역설한 바 있다.[1] 그리고 2008년 9월 25일 이명박 대통령 주재로 민간·정부위원이 참석한 가운데 개최된 ‘국가경쟁력강화위원회’ 제7차 회의는 ‘법질서 확립과 국가 브랜드 가치향상을 위

---

* 서울대 법대 교수

1) 전문은 http://news.naver.com/main/read.nhn?mode=LSD&mid=sec&sid1=100&oid=003&aid=0000707823 참조.

한 집회·시위 선진화 방안'을 논의하였다. 동 회의는 우리 사회는 선진국에 비해 집회·시위 건수가 지나치게 많으며, 불법폭력시위는 국민생활 불편은 물론 국가 이미지 실추로 인한 투자 저해 등 직간접적으로 국민 경제에 큰 부담으로 작용하고 있다고 평가하였다. 동 회의는 그 근거로 2007년 100만 명당 집회시위 건수가 서울 736, 워싱턴 207, 파리 186, 도쿄 59 이라는 통계, '촛불시위'(5. 2~8. 15)로 인한 국가적 손실은 3.7조 원으로 추정된다는 한국경제연구원(2008. 9) 보고, 그리고 "정치적 불안정이 한국에 대한 투자심리를 위축"시킨다는 영국 <파이낸셜타임스>(2008.7. 4) 보도를 제시하였다.[2) 이 회의에서 제시된 '집회시위 선진화 방안' 방안의 골자는 다음과 같다.

첫째, 지방자치단체와 협조하여 자유발언대 등이 설치된 평화시위구역을 선정·운영하고, 도심집회를 최소화하여 교통체증·소음피해 등 사회적비용이 절감되도록 추진한다.

둘째, 확성기 사용 등 집회시위 소음으로 인한 피해를 최소화하기 위해 소음기준을 현행보다 강화하고, 도심지의 심각한 교통 불편을 야기하는 도로 무단점거는 발생 즉시 해산·검거하고, 인도상 천막설치·장기농성 등 영업방해 등은 관계기관과 협조해 행정대집행 등으로 신속 조치하며 복면·마스크 착용행위를 금지하고, 집회시위에 사용할 목적으로 쇠파이프 등을 제조·운반하는 행위 등 불법폭력시위 준비행위를 사전차단 할 수 있도록 당·정 협의를 통해 관계법령 개정을 추진한다.

셋째, 불법행위 근절을 위한 사법·행정직 제재를 강화한다. 정밀한 채증·판독을 통해 현장미검자는 추적·검거하고, 주동자·경찰관 폭행자는 구속수사하며 경미한 위반행위자에 대해서는 즉결심판에 회부 사법조치하며, 경찰관 부상·기물손괴 등 불법시위에 따른 피해에 대해서는 적극

---

2) 국가경쟁력강화위원회 제7차 회의 보도자료 (2008.9.25)(http://www.pcnc.go.
kr/nccusr/m01/NewsView.aspx?seq=15)

적으로 손해배상을 청구하는 한편, 불법폭력시위를 주최하거나 폭력행사에 가담한 민간단체에 대한 정부보조금 지급제한을 행정안전부 등 관계부처와 협의한다.

넷째, 선진 집회시위문화 장착을 위한 사회적 공감대를 확산시킨다. 사회갈등을 관리하고 사전 조정 및 해결을 지원하기 위한 범정부적 갈등관리시스템을 보완하고, 자치단체·경찰·시민단체 등으로 구성된 지역치안협의회(237개)를 중심으로 지역사회 갈등조정·중재기능을 강화하며, 집회신고 주최측과 준법집회 양해각서(MOU) 체결을 지속적으로 확대하여 평화적 집회시위 문화의 확산을 도모하고, 준법집회시위 분위기 조성을 위해 주요 언론기관과 협조 공동 캠페인을 전개하고 인터넷을 통한 홍보활동도 강화한다.

이후 이러한 방안을 실현하기 위한 행정조치가 내려지고, 제18대 국회에는 여러 개의 집회 및 시위에 관한 법률(이하 '집시법') 개정안과 '불법집단행위에 관한 집단소송법안'이 제출되었다. 이를 비판적으로 검토하기 이전에 간략이나마 '국가경쟁력강화위원회'가 제시한 몇 가지 근거를 짚고 넘어 갈 필요가 있다.

첫째, 2007년 100만 명당 집회시위 건수비교는 왜 한국 사회에서 더 많은 집회와 시위가 일어나는가에 대한 구조분석이 결여된 평면적 비교이라는 점을 지적해야 한다. 비교대상인 미국, 프랑스, 일본의 합법적인 정치적 표현의 자유 보장의 범위와 수준, 이들 나라에서 사회·경제적 약자에 대한 인권보장 수준 등에 대한 분석 없는 집회시위 건수 비교는 사회과학적 의미를 갖지 못한다. 집회와 시위가 이루어지는 원인을 찾아 해결하지는 않고 정치적 기본권의 행사를 '떼'를 지어 '떼'를 쓰는 반사회적 행위로만 파악한다면 올바른 대책이 나올 리 없다.

둘째, '촛불시위'로 인한 국가적 손실에 대한 한국경제연구원의 보고서도 문제가 있다. 이 연구원이 전국경제인연합회의 산하 기관이라는 점은 차치하더라도, 동 보고서는 '사회 불안정'에 따른 '거시경제적 비용'(1조 8천 억원)을 추정하면서 노사분규가 국내총생산(GDP)에 끼치는 피해액 산출 공식을 그대로 적용 했다. 노사분규와 촛불집회를 동일시하는 것이 이 보고서의 비용산출의 전제인데, 이 전제의 적실성이 의심스럽다.'라는 시각으로 피해액을 계산한 것이다. 또한 '직접 피해비용'에서 가장 큰 비중을 차지하는 '영업손실' 수치는 2005년 종로 일대 상인 300명을 대상으로 "최근 3년 동안 시위로 피해를 입은 적이 있느냐"는 설문조사를 통해 얻은 평균 피해액에다 서울 소공동·을지로·종로 지역 전체 상거래 업체 수를 곱한 뒤 다시 촛불집회가 열린 날을 곱해 나온 것인데, 이 때 촛불집회가 열린 지역이나 시위대 규모 등은 고려되지 않았다. 그리고 시위진압 전·의경의 인건비를 시간당 1만 273원으로 계산해 815억 원을 피해액으로 추가했지만, 전·의경의 한 달 평균 월급은 10만 원 가량이므로 시간당 400원 정도이다.[3]

셋째, 영국 <파이낸셜타임스> 내용은 기자의 서술이 아니라 한승수 국무총리의 코멘트를 기자가 인용한 것에 불과하므로,[4] 정부가 한 말을 정부가 인용하여 주장을 펴는 잘못을 범하고 있다.

생각건대, '국가경쟁력강화위원회'의 '집회·시위 선진화 방안'에서 다음과 같은 2003년 헌법재판소 설시의 문제의식을 찾아보기는 힘들다.

---

3) 한겨레, <'촛불집회 사회적 비용이 3조 7천억?' 정부의 이상한 계산>, 2008. 9. 27(http://newslink.media.daum.net/news/20080927111104393)

4) <Stalled in Seoul>이라는 제목의 Financial Times 2008년 7월 4일자 기사는 다음과 같이 한승수 국무총리의 말을 인용하고 있다.
"The daily protests are making foreign investors avoid direct investment in Korea and also discouraging investment by domestic businesses," Han Seung-soo, the prime minister, warned this week. "The credibility of South Korea's economy is worsening rapidly."
기사 URL: http://www.ft.com/cms/s/0/1e0360ea-4961-11dd-9a5f-000077b07658.html?nclick_check=1

　　"집회의 자유는 표현의 자유와 더불어 민주적 공동체가 기능하기 위하여 불가결한 근본요소에 속한다. 집회의 자유는 집단적 의견표명의 자유로서 민주국가에서 정치의사형성에 참여할 수 있는 기회를 제공한다. 직접민주주의를 배제하고 대의민주제를 선택한 우리 헌법에서, 일반 국민은 선거권의 행사, 정당이나 사회단체에 참여하여 활동하는 것 외에는 단지 집회의 자유를 행사하여 시위의 형태로써 공동으로 정치의사형성에 영향력을 행사하는 가능성 밖에 없다.

　　또한, 집회의 자유는 사회·정치현상에 대한 불만과 비판을 공개적으로 표출케 함으로써 정치적 불만이 있는 자를 사회에 통합하고 정치적 안정에 기여하는 기능을 한다. 특히 집회의 자유는 집권세력에 대한 정치적 반대의사를 공동으로 표명하는 효과적인 수단으로서 현대사회에서 언론매체에 접근할 수 없는 소수집단에게 그들의 권익과 주장을 옹호하기 위한 적절한 수단을 제공한다는 점에서, **소수의견을 국정에 반영하는 창구**로서 그 중요성을 더해 가고 있다. 이러한 의미에서 집회의 자유는 소수의 보호를 위한 중요한 기본권인 것이다. 소수가 공동체의 정치적 의사형성과정에 영향을 미칠 수 있는 가능성이 보장될 때, 다수결에 의한 공동체의 의사결정은 보다 정당성을 가지며 다수에 의하여 압도당한 소수에 의하여 수용될 수 있는 것이다. 헌법이 집회의 자유를 보장한 것은 **관용과 다양한 견해가 공존하는 다원적인 '열린 사회'에 대한 헌법적 결단**인 것이다."[5]

Ⅱ. '평화시위구역' 지정

　　이후 경찰은 '평화시위구역' 시범 지역으로 서울에는 대학로 마로니에 공원과 여의도 문화마당 등을 지정하였고, 지방은 6개 광역시별로 부산 온천천 시민공원, 대구 국채보상공원, 인천 중앙공원, 울산 태화강 둔치, 광주 광주공원 아랫 광장, 대전 서대전 시민공원 등을 시범지역으로

---

5) 헌법재판소 2003.10.30. 2000헌바67,83(병합) 전원재판부 【집회및시위에관한법률제11조제1호중국내주재외국의외교기관부분위헌소원·집회및시위에관한법률제11조위헌소원】, 3 (나) (2)(강조는 인용자).

지정하였다. 경찰은 이 지역의 자치단체와 양해각서(MOU)를 체결하고, 준법집회를 약속하는 집회 주최 측에는 집회를 보호하면서 자유발언대와 간이화장실, 플래카드 거치대 등 집회에 필요한 시설물과 주차 관리 혜택도 제공하기로 하였다.6)

이 발상은 싱가포르의 'Speakers' Corner'(演說者角落)를 수입한 것으로 보인다.7) 싱가포르의 경우 야당 정치인이나 정부 비판자의 발언에 대하여 명예훼손으로 소추하고 파산까지 시킬 수 있는 법률이 있을 정도로 정치적 표현의 자유가 억압되어 있다.8) 이에 대한 국내외적 비난이 계속되자 싱가포르 정부는 2000년 9월 1일 이 제도를 도입하였는데, 시 외곽에 이 장소를 설정한 후 여기서는 정치적 표현을 할 수 있도록 하였다. 그러나 이 장소는 통상 비어 있으며, 상가포르의 통제된 표현의 자유를 상징하는 장소로 전락하고 말았다. 또는 최근 중국이 올림픽 기간 중 시위전용구역을 세군데 지정했던 점에서 시사를 받았을 수도 있다.9)

'평화시위구역' 설치는 여러 점에서 문제점을 가지고 있다. 먼저 시위구역을 지정해주는 것 자체가 집회·시위의 자유의 본연의 의미를 해친

---

6) http://newslink.media.daum.net/news/20081028121509452

7) 실제 이명박 대통령은 서울시장 시절부터 "싱가포르의 팬"을 자처하며 싱가포르의 이중언어 정책을 배워야 한다고 강조하였는데[<주간 조선>(2008.11.15)], 이러한 그의 생각은 대통령 당선된 후 바로 "오렌지" 파동으로 상징되는 '영어 몰입교육' 소동으로 발현한 바 있다.

8) Michael Hor & Collin Seah, "Selected Issues in the Freedom of Speech and Expression in Singapore", 12 Sing. L. Rev. 296, 311 (1991); Scott L Goodroad, "The Challenge of Free Speech: Asian Values v. Unfettered Free Speech, An Analysis of Singapore and Malaysia on the New Global Era", 9 *Ind. Int'l & Comp.* L. Rev. 259(1998); Tsun Hang Tey, "Singapore's Jurisprudence of Political Defamation and Its Triple-Whammy Impact on Political Speech, *Public Law* 2008.

9) http://news.naver.com/main/read.nhn?mode=LSD&mid=sec&sid1=104&oid=003&aid=0002205015; http://www.cbs.co.kr/Nocut/Show.asp?IDX=910510.

다. 언론과 출판의 자유과 비교할 때 집회와 시위의 자유는 약자나 소수자들의 표현의 자유이다. 자신의 의사를 TV, 신문, 책 등을 통하여 표현할 능력이나 기회가 없는 사람들은 집회와 시위를 통하여 자신들의 목소리를 타인과 사회에 알려야 한다. 따라서 그 장소는 사람이 많이 모이는 도심이 될 수밖에 없다. 소음이나 교통혼잡 등의 문제가 야기되는 것은 분명하지만 이는 헌법상 보장된 집회 및 시위의 자유 보다 우위에 설 수 없는 가치임은 명백하다. 그리고 현행 집회 및 시위에 관한 법률[이하 '집시법'으로 약칭]은 이미 집회·시위의 장소·시간·방법 등에 대하여 과도한 제한을 설정하고 있다는 비판이 많다.[10] 그런데 '평화시위구역'의 설정은 여기에다 또 하나의 제약을 부가하는 것이다. 즉, 이제 집시법의 요청을 따르는 집회·시위의 경우에도 그것이 도심에서 이루이게 되면 왜 '평화시위구역' 놔두고 도심에서 시끄럽게 하느냐는 사회적 비난을 받을 것이고, 이는 집회·시위의 자유 전체의 위축을 낳을 것이다.

그리고 '평화시위구역' 제도는 이 구역에서 이루어지는 집회·시위에 대하여 각종의 혜택을 주고 있다. 그런데 이 혜택은 이 구역 바깥에서 이루어지는 합법적 집회·시위에 대해서는 제공되지 않는다. 그리고 '평화시위구역' 제도의 혜택은 7대 도시에만 부여된다. 이러한 차별적 혜택이 헌법상 허용되는 차별인지 의문스럽다. 김종철 교수의 지적처럼, '평화시위구역'의 실시는 결국 "집회의 장소를 선택할 자유를 제한하는 수단"이며, "다른 일반지역에서의 통제를 강화하는 명분"으로 기능하게 될 것이다.[11]

생각건대, 경찰청은 2003년 헌법재판소는 다음과 같은 설시에 귀를 기울여야 할 것이다.

---

10) III. 3. 소결 참조 요망.

11) 김종철, "평화시위구역제도에 대한 헌법적 검토", 『집회·시위 자유의 법적 문제와 합리적 대안』 한국경찰법학회 제27차 학술회의 자료집(2008.9.27), 74면.

"집회장소는 특별한 상징적 의미를 가진다. 특정 장소가 시위의 목적과 특별한 연관성이 있기 때문에 시위장소로서 선택되는 경우가 빈번하다. 일반적으로 시위를 통하여 반대하고자 하는 대상물이 위치하거나(예컨대 핵발전소, 쓰레기 소각장 등 혐오시설) 또는 시위의 계기를 제공한 사건이 발생한 장소(예컨대 문제의 결정을 내린 국가기관 청사)에서 시위를 통한 의견표명이 이루어진다. 예컨대 여성차별적 법안에 대하여 항의하는 시민단체의 시위는 상가나 주택가에서 이루어지는 경우 큰 효과를 기대할 수 없는 반면, 국회의사당 앞에서 이루어지는 경우에는 시위효과의 극대화를 노릴 수 있다. 즉 집회의 목적·내용과 집회의 장소는 일반적으로 밀접한 내적인 연관관계에 있기 때문에, 집회의 장소에 대한 선택이 집회의 성과를 결정짓는 경우가 적지 않은 것이다.

집회가 국가권력에 의하여 세인의 주목을 받지 못하는 장소나 집회에서 표명되는 의견에 대하여 아무도 귀 기울이지 않는 장소로 추방된다면, 기본권의 보호가 사실상 그 효력을 잃게 된다는 점에서도 집회의 자유에 있어서 장소의 중요성은 뚜렷하게 드러난다. 집회장소가 바로 집회의 목적과 효과에 대하여 중요한 의미를 가지기 때문에, 누구나 '어떤 장소에서' 자신이 계획한 집회를 할 것인가를 원칙적으로 자유롭게 결정할 수 있어야만 집회의 자유가 비로소 효과적으로 보장되는 것이다. 따라서 **집회의 자유는 다른 법익의 보호를 위하여 정당화되지 않는 한, 집회장소를 항의의 대상으로부터 분리시키는 것을 금지한다.**"[12]

Ⅲ. 집회 및 시위에 관한 법률 개정

제18대 국회는 '촛불정국'으로 개원이 지연되다가 7월에 개원하였는데, 이후 현재까지 제출된 집회 및 시위에 관한 법률(이하 '집시법') 개정안은 모두 7개이다. 이 중 여섯 개는 한나라당 의원이 주축이 되어 발의한 것으로 '국가경쟁력강화위원회'의 '집회·시위 선진화 방안'을 법제화

---

12) 헌법재판소 2003.10.30. 2000헌바67,83(병합) 전원재판부 【집회및시위에관한법률제11조제1호중국내주재외국의외교기관부분위헌소원·집회및시위에관한법률제11조위헌소원】, 3 (나) (3) (강조는 인용자).

하려는 목적으로 가지고 있다.[13] 이하에서는 이 여섯 개의 개안을 개괄하고 그 문제점을 비판하기로 한다.

1. 6개의 집회 및 시위에 관한 법률 개정안 개요

안상수 의원이 2008년 7월 31일 발의한 법안[14]은 집회 또는 시위 시 확성기 등의 소음기준을 법률에 명시하고 기준을 강화하고 있다(안 제14조제1항). 현행 집시법은 소음기준을 법률이 아닌 시행령에서 정하고 있는데, 동법 시행령의 <별표 2>는 주거지역 및 학교는 주간 65데시벨 이하, 야간 60데시벨 이하, 기타 지역은 주간 80데시벨 이하, 야간 70데시벨 이하로 정하고 있다. 동법안은 이를 각각 55데시벨 이하, 50데시벨 이하, 70데시벨 이하, 60데시벨 이하로 변경하여 소음 기준을 강화하였다.

2008년 8월 19일 성윤환 의원이 대표발의한 법안[15]은 (i) 집회 또는 시위의 주최자가 기준을 초과한 소음을 발생시키는 경우 이에 대한 관할 경찰서장의 명령을 위반하거나 조치를 거부·방해한 자에 대하여 처벌을

---

13) 반면 민주당 강창일 의원이 발의한 집시법 전부개정안은 집회 및 시위 원천 금지 조항(현행 법 제5조)을 삭제하고, 집회 및 시위 신고 사항을 최소화하고(안 제5조), 집회 및 시위 신고서 보완 제도와 집회 및 시위 금지 지역 제한을 삭제하고, 집회 및 시위 관련 금지 통고사유를 제한하여 야간 집회나 도로교통방해를 이유로 한 집회 원천 금지 조항을 삭제하고(안 제6조), 옥외 집회 및 금지 장소는 축소 또는 제한하고(안 제9조), 집회신고 의무 등 적용 배제 대상을 확대하고(안 제11조), 시위 방법 제한을 삭제하고, 주최자 준수 사항 중 신고 범위를 현저히 일탈하는 집회 및 시위 운운 조항은 죄형법정 주의에 위반되므로 삭제하는 등 집회 시위의 자유와 권리의 보장을 확장하는 내용을 담고 있다.

14) 의안번호 492.

15) 의안번호 652.

1년 이하의 징역 또는 500만원 이하의 벌금 또는 구류에 처하는 것으로 강화하고 참가자의 위반행위도 처벌 대상에 추가하며(안 제14조 및 제23조의2 신설), (ii) 집회 또는 시위의 주최자 및 참가자가 다른 사람의 생명을 위협하거나 신체에 해를 끼칠 수 있는 물건을 휴대하거나 사용하는 행위 외에 집회 또는 시위에 사용할 목적으로 제조·보관·운반하는 행위를 추가로 금지하며(안 제16조제4항제1호 및 제18조제2항), (iii) 신원확인을 어렵게 할 목적으로 복면 등의 도구를 소지 또는 착용하는 것을 금지하는 조항을 신설하고(안 제16조제4항제4호 신설), (iv) 벌칙 중 과료를 삭제하고 벌금액을 증액하고 있다(안 제22조부터 제24조까지).

2008년 9월 4일 안상수 의원이 다시 대표발의한 법안[16]은 집회 또는 시위의 주최자가 집회 또는 시위에 참가하게 하기 위한 목적으로 금품 또는 향응을 제공하거나 이를 제공받은 경우 500만원 이하의 과태료를 부과하도록 하는 조항을 신설하고 있다(안 제15조의2 신설 및 제26조 신설). 동법안의 제안이유는 "직업적으로 금전 그 밖에 재산상의 이익을 제공받거나 제공받기로 약속하고 참가하는 자가 증가하고 있는 반면에 이에 대한 규제가 이루어지지 않고 있어 주최자와 참가자 사이의 금전적 결합에 의한 집단행동을 규제할 수 없어 집회와 시위의 진정성을 확보할 수 없는 실정"이라고 현재의 집회시위 참가자를 평가하고 있다.

2008년 10월 1일 정갑윤 의원이 대표발의한 법안[17]은 (i) 집회신고만 하고 집회를 하지 않는 '유령집회'는 30일간의 집회장소를 독점하는 등 상대의 집회권을 봉쇄하므로 이를 막기 위하여 사전 통지 없이 옥외집회 또는 시위를 개최하지 아니한 경우에는 그 나머지 기간의 옥외집회 또는 시위를 할 수 없도록 제한하고(안 제6조제6항 및 제7항 신설), (ii) 상기 성윤환 대표발의 법안과 동일하게, 쇠파이프 등의 휴대·사용뿐만 아니라,

---

16) 의안번호 832.
17) 의안번호 1084.

사용할 목적으로 제조·보관·운반하는 자까지 처벌하고(안 제16조제4항 제1호), (iii) 집시법 위반자에 대한 벌금액을 50만원~300만원에서 250만원~1,500만원으로 상향하고, 과료를 삭제하고 있다(안 제22조부터 제24조까지).

2008년 10월 14일 신지호 의원이 대표발의한 법안[18]은 (i) 법률의 제명을 「평화적 집회 및 시위 보장법」으로 변경하고, (ii) 법률의 목적으로 불법·폭력적 집회 및 시위로부터의 국민의 생명·신체·재산 등 기본권 보호를 명시하고(안 제1조), (iii) 관할 경찰관서의 장은 평화적인 집회 또는 시위가 방해받을 염려가 있다고 인정되면 주최자의 보호 요청이 없더라도 집회 또는 시위를 방해로부터 보호할 수 있도록 하고(안 제3조제4항 신설), (iv) 상기 정갑윤 대표발의 법안과 동일하게 주최자가 신고한 집회 또는 시위를 하지 아니하게 되어 미리 그 사실을 알리지 않은 경우 과태료를 부과하게 하며, 사전 통지 없이 집회 또는 시위를 개최하지 아니한 때에는 그 나머지 기간의 집회 또는 시위를 개최할 수 없도록 하고 이를 위반하는 경우 벌칙에 처하도록 하고(안 제6조제6항·제7항, 제22조제2항 및 제26조 신설), (v) 집회 또는 시위로 인하여 주요 도로 통행의 안전과 소통에 상당한 지장을 초래할 것으로 예상되는 경우나 집회 또는 시위의 집결, 해산 장소 및 시위 대열이 경찰차, 소방차, 구급차 등 비상차량의 통행을 방해할 것으로 예상되는 경우 집회 또는 시위를 금지하거나 교통질서 유지를 위한 조건을 붙여 제한할 수 있도록 하고(안 제12조제1항제1호 및 제2호 신설), (vi) 상기 성윤환, 정갑윤 대표발의 두 법안과 동일하게, 쇠파이프 등 다른 사람의 생명을 위협하거나 신체에 해를 끼칠 수 있는 도구를 휴대 및 사용뿐만 아니라, 사용할 목적으로 제조·보관·운반하는 자까지 처벌하도록 하고(안 제16조제4항제1호), (vii) 상기 성윤환 대표발의 법안과 유시하게, 집회 또는 시위의 주최자 및 참가자는 일정

---

18) 의안번호 1528.

한 경우를 제외하고는 신원확인을 곤란하게 하는 가면, 마스크 등의 복면 도구를 착용하여서는 아니 되며 이를 위반할 경우 1년 이하의 징역이나 500만원 이하의 벌금·구류에 처하고, 복면의 제거 요구에 대해 2회 이상 불응한 경우 해산명령을 할 수 있도록 하고(안 제14조제4항제4호, 제18조제3항, 제20조제1항제6호 및 제23조의2제2호 신설), (viii) 관할경찰관서장은 집회 또는 시위의 주최자에게 통보하고 영상촬영을 할 수 있도록 하고(안 제19조제2항 신설), (x) 질서유지선을 위반한 경우 처벌을 강화하고 2차 경고 후에도 불응한 경우 해산명령을 할 수 있도록 하고(안 제20조제1항제3호의2 및 제23조의2제1호 신설), (xi) 벌금형의 실효성을 확보하기 위해 벌금형의 상한액수를 증액하고 과료를 삭제하고 있다(안 제22조부터 제24조까지).

마지막으로 2008년 11월 3일 이종혁 의원이 대표발의한 법안[19]은 (i) 집회 또는 시위의 주최자가 휴대하거나 사용해서는 안되는 기구의 예로 화염방사기, 새총, 유해화학물질을 추가로 규정하고(안 제16조제4항제1호), (ii) 상기 성윤환, 신지호 대표발의 법안과 유사하게, 집회 또는 시위의 주최자 및 참가자가 신원확인을 어렵게 할 목적으로 복면 등의 도구를 휴대하거나 착용하는 것을 금지하고(안 제16조제4항제4호 신설 및 제18조제2항), (iii) 복면 등의 도구 휴대 및 착용 금지 등 참가자의 준수사항을 위반한 때의 벌칙을 1년 이하의 징역 또는 100만원 이하의 벌금으로 강화하고 있다(안 제22조제3항).

2. 문제점 비판

그간 국가인권위원회, 사법부, 시민사회단체는 현행 집시법이 여러 측면에서 문제가 있음을 지적해왔다. 예컨대, 2008년 2월 22일 국가인권위

---

19) 의안번호 1690.

원회는 국회의장과 법무부장관에게, (i) 장소경합을 이유로 한 집회 및 시위의 금지통고 규정(집시법 제8조제2항)은 나중에 신고된 집회의 개최를 저지하기 위한 수단으로 남용되고 있으며, 실제로 장소경합이 있는 경우에도 제한통고 등 다른 조치에 의해서 우려되는 질서교란행위를 충분히 통제할 수 있으므로 동 조항은 폐지되어야 한다, (ii) 교통소통을 위한 제한 규정(집시법 제12조)중 금지통고 조문(제한통고는 제외)은 집회·시위의 자유의 중요성에 비추어 볼 때 교통 불편을 이유로 집회를 원천적으로 금지하는 것은 과잉되며 제한통고 등 다른 조치에 의해서 우려되는 질서교란행위를 통제할 수 있으므로 동 조항은 폐지되어야 한다, (iii) 공공질서위협을 이유로 한 집회 및 시위의 금지통고 규정(집시법 제8조 제1항 중 제5조 제1항 제2호 부분)은 경찰이 이 규정에 근거하여 금지통고를 할 때 대부분 과거 불법집회를 한 전력을 이유로 금지통고를 하므로, 이를 시정하기 위하여 집회신고 당시 상황을 근거로 하여 '집회개최시'에 위협이 있을 것인지를 판단하게 하기 위한 개정이 필요하다, (iv) 집회금지통고에 대한 이의신청 관련 규정(집시법 제9조, 제21조)은 재결청(상급기관)이 금지통고를 내린 경찰관서장의 직근 상급경찰관서장이어서 그 공정성에 논란이 제기될 수 있으므로 이를 불식시킬 수 있는 방안으로 개정이 필요하다 등을 권고하였다.[20] 2008년 2008년 10월 9일 서울중앙지법 형사7단독 박재영 판사는 "누구든지 해가 뜨기 전이나 해가 진 후에는 옥외집회 또는 시위를 하여서는 아니 된다."고 규정한 집시법 제10조가 너무 넓은 예외를 설정하여 헌법상 과잉입법금지의 정신에 위배되고, 동 조항은 야간의 옥외집회를 미리 금지해 두고 일정한 요건을 갖춘 경우에만 경찰서장이 허용하도록 하고 있어 사전허가제에 해당하므로 또한 위헌이라는 판단하고 헌법재판소에 위헌법률심판을 제청하였다.[21]

---

20) http://www.humanrights.go.kr/04_sub/body02.jsp?NT_ID=24&flag=VIEW&SEQ_
    ID=555434

또한 10월 13일에는 천주교인권위원회 활동가가 집단적인 폭행·협박·손괴·방화 등으로 공공의 안녕 질서에 '직접적인 위협'을 끼칠 것이 명백한 집회 또는 시위는 금지할 수 있도록 규정한 조항(제5조1항)과 이에 대한 처벌규정(제22조4항)은 '직접적인 위협'의 판단기준이 모호하고, 경찰서장에게 권한을 일임해 위헌이라며 헌법소원을 내기도 하였다.[22]

이상과 같은 비판과 지적이 이상의 여섯 개의 집시법 개정안에서는 전혀 수용되지 않았음은 물론이다. 여섯 개 법안 사이에 공유점이 많은 개정사항부터 차례로 검토하기로 하자.

1) 다른 사람의 생명을 위협하거나 신체에 해를 끼칠 수 있는 기구의 제조·보관·운반행위에 대한 추가처벌

성윤환, 정갑윤, 신지호 법안에서 공통된 것은 집회 또는 시위의 주최자가 다른 사람의 생명을 위협하거나 신체에 해를 끼칠 수 있는 기구를 휴대·사용하는 것뿐만 아니라, 사용할 목적으로 제조·보관·운반하는 경우도 처벌한다는 조항이다. 현행 집시법 제16조 제4항 제1호는 이미 "총포, 폭발물, 도검, 철봉, 곤봉, 돌덩이 등 다른 사람의 생명을 위협하거나 신체에 해를 끼칠 수 있는 기구를 휴대하거나 사용하는 행위 또는 다른 사람에게 이를 휴대하게 하거나 사용하게 하는 행위"를 처벌하는데, 이에 더 나아가 이러한 기구를 사용할 목적으로 제조·보관·운반하는 경우도 처벌하겠다는 것이다.

2003년 헌법재판소가 확인하였듯이, 헌법상 보장되는 집회·시위의 자유는 '평화적' 또는 '비폭력적' 집회·시위이다.[23] 그러나 상기 법안이 이

---

21) http://news.naver.com/main/read.nhn?mode=LSD&mid=sec&sid1=102&oid=001&aid=0002306184

22) http://news.khan.co.kr/kh_news/khan_art_view.html?artid=200810131652271&code=940301

와 동일한 주장을 한다고 하여 상기 법안의 내용이 정당한 것은 아니다. 상기 법안은 '폭력시위'의 가능성을 사전에 막겠다는 취지이겠으나, 이는 다른 형법 규정과 비교할 때 과잉범죄화를 초래하는 입법이다.

예컨대, 형법 제261조의 특수폭행의 죄, 제262조의 특수폭행치사상의 죄는 "단체 또는 다중의 위력을 보이거나 위험한 물건을 휴대"하여 폭행하거나 상해나 사망의 결과를 일으켰을 경우 적용되며, 폭력행위등 처벌에 관한 법률 제3조는 "단체나 다중의 위력으로써 또는 단체나 집단을 가장하여 위력을 보임으로써 제2조 제1항에 열거된 죄를 범한 자 또는 흉기 기타 위험한 물건을 휴대하여 그 죄를 범한 자"를 처벌한다. 그리고 이상의 범죄에 대한 예비·음모는 처벌되지 않는다. 세 개의 집시법 개정안이 추가하는 제조·보관·운반 등의 범죄구성요건은 문제가 되는 기구 사용의 예비에 가까운 행위유형이다. 그런데 형법과 폭력행위등 처벌에 관한 법률에서는 처벌대상이 되지 않는 행위를 집시법으로 처벌하는 것은 법체계의 일관성을 무시하는 것이다. 형법과 폭력행위등 처벌에 관한 법률과는 달리 헌법상 보장된 집회와 시위의 자유라는 정치적 기본권이 관련된 집시법에서 처벌의 범위를 확대한다는 것도 헌법정신이 반한다.

2) 가면, 복면, 마스크 등의 소지, 휴대, 착용 금지

성윤환, 신지호, 이종혁 법안에서 공통된 것은 집회 또는 시위의 주최자 및 참가자가 신원확인을 어렵게 하는 가면, 복면, 마스크 등의 도구를 소지, 휴대, 착용하는 것을 금지하고 처벌하는 조항을 신설하고 있다는 점이다.

---

23) 헌법재판소 2003.10.30. 2000헌바67,83(병합) 전원재판부 【집회및시위에관한법률제11조제1호중국내주재외국의외교기관부분위헌소원·집회및시위에관한법률제11조위헌소원】, 3 (나) (3) (강조는 인용자).

이 법안의 전신은 제17대 국회시기인 2006년 10월 25일 민주당 이상열 의원이 대표발의한 집시법 개정법률안[24]과 2007년 7월 4일 정갑윤 의원이 대표발의한 집시법 전부개정법률안[25]이다. 이상열 법안은 "신분확인이 어렵도록 위장하거나 신분확인을 방해하는 기물을 소지하여 참가하거나 참가하게 하는 행위"(안 제14조제4항 제4호 신설)를 처벌하고 있고, 정갑윤 법안은 "집회나 시위에 참가하는 자는 신분확인이 어렵도록 위장하거나 신분확인을 방해하는 기물을 소지하여서는 아니 된다"라는 조항을 신설하고 이를 위반하면 처벌하도록 규정하고 있었다(안 제19조 제3항 및 제25조).

집회·시위시 복면금지를 찬성하는 사람들은 "복면 착용은 경찰로 하여금 폭력시위 참가자에 대한 카메라 촬영 등 채증을 곤란하게 함으로써 폭력시위에 대한 처벌, 나아가서는 폭력시위 근절을 어렵게 만든다," "복면 착용 시위는 시위를 더욱 폭력적으로 만들 수 있다. 복면을 쓴 사람은 남이 자신을 알아보지 못할 것이라는 생각에 자제력을 잃은 채 더욱 폭력적인 행동으로 나아갈 가능성이 크다."[26] 또는 "준법 시위를 한다면 얼굴을 가릴 이유가 없으며 복면을 착용한다는 것은 폭력시위 의도가 있다는 뜻"[27]이라고 주장한다.

먼저 이상의 법안과 발상은 '가면·복면·마스크 착용집회·시위=불법폭력 집회·시위'라는 잘못된 관념을 전제로 하고 있기에 집회·시위의 자유를 중대하게 위축시킬 것이다. 예컨대, 이상의 법안에 따르게 되면 동성애자나 성매매여성 등 사회적 소수자나 약자가 자신의 권익을 주장하

---

24) 의안번호 5202.

25) 의안번호 7036.

26) 이헌, "복면 금지하면 과격 폭력시위 줄어들 것," 세계일보(2008.10.20; http://www.segye.com/Articles/News/Opinion/Article.asp?aid=20081020003829&cid=).

27) 이정화 전의경부모모임 대표의 발언(중앙일보, 2007.1.9; http://article.joins.com/article/article.asp?Total_ID=2560293).

는 시위를 벌일 때 자신의 신원을 숨기기 위하여 얼굴을 가리면 처벌되는 상황이 발생할 수 있다.[28] 그리고 우리 사회에서 자주 사용되는 시위 양식인 '침묵시위'의 경우 X표가 크게 그려진 마스크를 쓰고 진행되는 경우가 많고 이러한 '침묵시위'는 대부분 비폭력시위인데, 이상의 법안에 따르면 처벌대상이 된다. 또한 반전시위에서 해골마스크를 쓰거나 비판의 대상이 되는 공적 인물을 표현하는 가면을 쓰고 집회나 시위에 참석하는 경우도 처벌대상이 될 수 있다. 스키용 마스크류의 복면을 쓴 집회·시위참가자를 바로 과격폭력분자로 연결시키는 것도 문제이다. 스키용 마스크는 혹한 상태에서 야외 집회·시위를 벌일 때 사용될 수도 있고, 집회·시위 참가자의 강력한 결의를 드러내는 표현수단일 수도 있다. 예컨대, 2006년 경남 밀양시 단장면 감물리의 생수공장 허가에 반대하면서 마을 주민들은 강력한 반대의사를 표현하기 위하여 눈과 코만 드러낸 복면을 쓰고 평화시위를 벌인 바 있다.[29] 이 법안이 통과된다면 복면집회·시위금지의 부당성을 공론화하기 위하여 일부러 복면으로 착용하고 평화적 집회·시위를 벌이고서 재판과정에서 이 조항의 위헌을 다투는 일이 예상된다.

이상의 점을 의식해서인지 신지호 의원 대표발의 법안의 경우 "집회 또는 시위의 성격에 비추어 참가자의 신원이 노출되면 참가자의 사생활의 비밀과 자유가 침해될 우려가 있는 경우",[30] "집회 또는 시위의 목적·

---

28) 이성용, "집시법상의 복면시위", 한국경찰발전연구학회, 『한국경찰연구』제7권 제2호(2008), 108면; 최병각, "복면시위의 금지·처벌과 그 한계", 『집회·시위 자유의 법적 문제와 합리적 대안』한국경찰법학회 제27차 학술회의 자료집(2008.9.27), 36면.

29) http://www.ohmynews.com/NWS_Web/View/at_pg.aspx?CNTN_CD=A0001004258&PAGE_CD=N0000&BLCK_NO=7&CMPT_CD=M0010&NEW_GB=

30) 2007년 제출된 정갑윤 의원 대표발의 법안도 "사생활의 비밀이 침해될 우려가 있는 경우 또는 공공질서에 대한 위해를 초래할 위험이 현저하게 낮은

규모·일시·장소 등을 고려할 때 공공질서를 침해할 위험이 현저하게 낮은 경우"(동 법안 제18조 제3항 단서)는 처벌대상에서 제외하는 단서를 두고 있다. 그러나 이러한 단서에도 불구하고 집회·시위의 "성격"이나 위험의 "현저성"에 대한 판단은 일차적으로 법집행기관이 하고 그 당부는 사후적으로 법원에서 다투게 될 것이므로 집회·시위의 위축은 피할 수 없다.[31]

둘째, 형법이론적으로 볼 때 복면 등을 소지, 휴대, 착용하는 것만으로 바로 범죄가 된다는 또 다른 과잉범죄화이다.[32] 이 법안을 옹호하는 자들은 신분을 위장한 채 폭력행위를 할 목적을 가지고 복면을 착용하고 집회·시위에 참여한 자는 처벌해야 하지 않는가라고 반박할 것이다. 그러나 현행 집시법상 폭력적 집회·시위와 그 선전·선동 등은 이미 처벌되고 있으므로, 이들이 이러한 위반행위를 할 때 처벌하면 된다. 복면의 소지, 휴대, 착용만으로 처벌한다는 것은 폭력행위라는 구체적이고 실제적 불법이 발생하지 않았는데도 예방의 명분 아래 국가형벌권을 확장하려는 시도이다. 형법 체제에서 '예비·음모'의 처벌은 살인이나 내란 등 매우 중한 범죄에 한하여 이루어진다. 폭력집회·시위는 규제되어야 하지만 그 불법성은 살인이나 내란에 비하면 훨씬 가볍기 때문에 그 행위의 '예비·음모'에 해당하는 복면의 소지, 휴대, 착용을 처벌하는 것은 비례성 원칙

경우에는 그러하지 아니하다."라는 단서조항을 두고 있다(안 제19조제3항 단서).

31) CBS가 여론조사 전문기관 '리얼미터'에 의뢰해 복면착용 금지조항에 대한 의견을 조사한 결과, 복면금지 조치에 반대한다는 의견이 42.3%로 나타나, 찬성(31.7%)보다 약 10.6%p 많은 것으로 조사됐다(http://www.cbs.co.kr/Nocut/Show.asp?IDX=962183).

32) 집회·시위시 복면착용이 폭력을 유발한다는 주장의 적실성은 외국에서도 논란이 있다[배종대·조성용, "시위형법의 형사정책-선진 각국의 시위관련법을 중심으로", 『고려법학』 제37호(2001), 28-29면; 이성용(각주 28), 110면; 최병각(각주 28), 33-35면].

을 위반하는 것이기도 하다.

셋째, 2003년 헌법재판소가 집회의 자유의 보장내용을 설시하면서, "주최자는 집회의 대상, 목적, 장소 및 시간에 관하여, 참가자는 참가의 형태와 정도, **복장**을 자유로이 결정할 수 있다."[33]라고 밝혔던 바, 상기 법안은 이러한 헌법재판소의 결정의 취지에도 반한다.

한편 복면집회·시위를 금지하는 외국의 입법례가 있음은 사실이다. 예컨대, 독일 집회법(Versammlungsrecht)은 복면을 착용하고 집회에 참가하거나 집회 장소로 향하는 경우 형사처벌하고, 신원 확인을 저해하는 물품을 소지하는 경우 질서 위반으로 과태료를 부과한다. 오스트리아 집회법은 복면을 하고 집회·시위에 참석하는 자에 대해 행정청이 구금이나 금전적 제재 처분을 부과하고, 그 참석자가 무장을 한 경우에는 형사처벌을 부과한다. 스위스에서는 수도가 속해 있는 베른을 포함한 6개의 칸톤에서 복면 집회·시위에 대하여 벌금형을 부과하고 있다.[34]

이들 나라가 복면착용을 처벌하는 법률을 만든 배경에는 극좌파에 의한 무장납치나 테러와 극우 나치주의자들에 의한 테러의 경험이 있다. 이는 우리나라의 집회·시위에서 발생하는 폭력과 비교할 수 없을 정도로 심각하였다. 그리고 이들 나라에서 반정부 집회·시위의 허용 범위는 우리나라에 비하여 훨씬 넓다. 이러한 점을 무시하고 복면처벌 법률을 '수입'하는 것은 정당한 입법정책이 아니다.

미국의 경우도 연방과 주차원에서 복면을 착용하고 집회·시위를 벌이

---

33) 헌법재판소 2003.10.30. 2000헌바67,83(병합) 전원재판부 【집회및시위에관한법률제11조제1호중국내주재외국의외교기관부분위헌소원·집회및시위에관한법률제11조위헌소원】, 3 (나) (1) (강조는 인용자).

34) 배종대·조성용(각주 32), 24-29면; 이성용(각주 28), 99-106면; 이성용, "격리·해산 등 행정질서벌로 규제 필요," 세계일보 (2008.10.20); http://www.segye.com/Articles/ News/Opinion/Article.asp?aid=20081020003829&cid=); 최병각 (각주 28), 27-29면.

는 것은 처벌하는 법률이 만들어진 것은 사실이다. 먼저 연방법은 연방 헌법과 법률에 의해 보장된 타인의 권리나 특권을 침해할 목적으로 복면을 착용하고 집회·시위를 벌이는 것을 처벌하는 것이기에,35) 우리 국회에 제출된 법안과는 그 의도와 구성요건에 큰 차이가 있다. 연방법의 주된 목적은 뾰족한 회색 가면을 쓰고 "인종차별적 범죄"(hate crime)를 집단적으로 벌였던 Ku Klux Klan의 집단행동을 규제·처벌하기 위한 것으로, 그 구성요건 형식은 '목적범'이다. 그리고 주 차원에서 복면착용 자체를 처벌하는 법규가 여럿 만들어졌지만, 법원은 그 법규가 위헌이라는 판결을 수차례 내린 바 있다.36)

예를 들자면, 1978년 'Aryan v. Mackey 판결'37)은 텍사스 기술대학교 (Texas Tech University)에 재학 중인 이란 학생들이 이란 왕에 대한 항의집회·시위신청을 대학 당국에 하자 대학 당국이 복면을 쓰지 않는 것을 조건으로 집회·시위를 허락하는 결정의 정당성을 검토하였다. 법원은 복면은 그것을 쓰지 않으면 이란 왕으로부터 보복을 당할지 모르기에 복면은 "비

---

35) 18 U.S.C. §241 (1994). 테네시주도 유사한 입법양식을 취하고 있다[Tenn. Code Ann. S 39-17-309(c) (1996)].

36) 이하의 판결과 달리 조지아 주 대법원은 조지아 주의 복면착용금지법에 위반된 KKK단원의 사건을 다루면서 동법률은 합헌이라고 판결한 바 있고, 제2순회 항소법원도 유사한 뉴욕 주 법률이 합헌이라고 판결한 바 있다[State v. Miller, 260 Ga. 669, 398 S.E.2d 547(Ga.,1990); Church of the American Knights of the Ku Klux Klan v. Kerik, 356 F.3d 197 (2d Cir. 2004)]. 이 판결에 대하여 비판적인 평석으로는 Oskar E. Ray, "Antimask Laws: Exploring the Outer Bounds of Protected Speech under the First Amedment-State v. Miller Ga. 669, 398 S.E.2d 547(1990)", 66 *Wash. L. Rev.* 1139(1991); Recent Cases, "Constitutional Law-Free Speech-Second Circuit Upholds New York's Anti-Mask Statute Against Challenge by Klan-Related Group-Church of the American Knights of the Ku Klux Klan v. Kerik, 356 F.3d 197(2d Cir. 204)," 117 *Harv. L. Rev.* 2777(2004)을 참조하라.

37) 462 F. Supp. 90(D.C.Tex. 1978).

의사전달적(non-communicative) 기능”을 가지고 있고, 또한 복면은 이란 체제에 반대하는 상징성을 가지고 있기에 “의사전달적(communicative) 기능”을 가지고 있다고 분석하고, 대학 측은 복면시위 금지조치가 교내에서 폭력을 예방할 것이라는 구체적 근거가 아니라 추측만을 제시하고 있을 뿐이기에 그 조치는 수정헌법 제1조에 위배된다고 판시하였다.[38] 1978년의 ‘Ghafari v. Municipal Court 판결’[39]은 이란 영사관 앞에서 복면을 쓰고 시위를 벌인 피고인이 신분은폐 목적으로 마스크를 착용하고 공공장소에 출현하는 것을 경죄(misdemeanor)로 처벌하는 캘리포니아 형법 제650a조 위반으로 기소된 사건을 다루었는데, 법원은 공공장소에서 복면을 쓰고 집회·시위하는 것을 금지하는 법규의 문언이 모호하므로 위헌이고, 복면을 착용하지 않는 집회·시위에 비하여 복면을 착용한 집회·시위를 차별하므로 법 앞의 평등 원칙에 위배되어 위헌이라고 판시하였다.[40] 한편 KKK단의 복면시위와 관련된 판결을 보자면, 1980년 ‘Robinson v. State 판결’[41]은 공공장소에 신원을 감추기 위하여 복면이나 후드 등을 착용하는 것을 금지하는 플로리다 법전 제876.13조는 너무도 광범한 제한을 담고 있어 “전적으로 무고한 행위에도 적용되기 쉬우며 … 합리적 근거가 전적으로 결여되어 있는 금지를 초래하기 쉽다”는 이유로 위헌이라고 판결했다.[42] 1990년 ‘Knights of the Ku Klux Klan v. Martin Luther King, Jr. Worshippers 판결’[43]과 1999년 ‘American Knights of Ku Klux Klan v. City of Goshen, Ind. 판결’[44]도 마스크 착용시위를 금지하는 시

---

38) Id. at 92.
39) 87 Cal. App.3d 255(1978).
40) Id. at 264-265.
41) 393 So. 2d 1076(Fla. 1980).
42) Id. at 1076.
43) 735 F.Supp. 745(M.D.Tenn. 1990).
44) 50 F.Supp.2d 835(N.D.Ind. 1999).

조례 조항이 위헌이라고 판결하였다.

3) '유령집회'의 처벌

정갑윤, 신지호 법안에서 공통된 것은 <u>집회신고만 하고 집회를 하지 않는 '유령집회'를 금지</u>하는 조항이다. 현행 집시법에 따르면 집회신고만 먼저 하면 30일간의 집회장소를 독점할 수 있다. 그 결과 자신들에 대한 비판을 사전봉쇄하기 위한 재벌기업 등 사회적 강자들이 자신의 건물 앞에서의 집회와 시위를 사전신고를 하여 비판자들의 집회와 시위를 봉쇄하는 일이 계속되어 집시법에 대한 비판이 가중되었다. 반면 두 법안은 '촛불정국' 동안에는 촛불시위대가 집회신고를 먼저 하여 촛불반대시위대의 시위가 어려워지는 점도 고려한 것으로 보인다.

어떠한 이유건 간에 '유령집회'를 금지하는 것은 집회 또는 시위의 자유를 활성화하는 것으로 찬성한다. 동일 장소, 시간에 반대성향의 집단이 집회 또는 시위를 하게 되면 충돌의 위험이 발생할 것으로 예상되지만, 이는 경찰행정을 통하여 해결되어야 할 문제이지 애초에 한쪽의 집회·시위를 봉쇄하여 해결할 일은 아니다.

4) 통고 만에 의한 영상촬영

신지호 법안이 신설하는 제19조 제2항에 따르면, <u>관할경찰관서장이 집회 또는 시위의 주최자에게 통보하기만 하면 정복을 입은 경찰관이 집회 또는 시위를 영상촬영을 할 수 있다</u>.

수사기관의 사진 및 비디오 촬영은 범죄인을 특정하고 범죄상황을 정확히 포착하기 위한 유력한 기법이다.[45] 대상자의 동의 없는 사진 및 비

---

45) 심희기, 『과학적 수사방법과 그 한계−미국법과 한국법의 비교−』 (1994), 75-76면,

디오 촬영의 법적 성질에 대하여 학계의 통설은 사생활의 비밀과 자유, 초상권 등을 침해하는 강제처분이라고 파악하고 있다.[46] 보다 구체적으로 보면 동의 없는 사진 및 비디오 촬영은 "사실을 발견함에 필요한"(형사소송법 제139조, 제219조) 검증으로 분류할 수 있다. 시민의 프라이버시가 공개영역에서는 사적 공간에 비하여 통상 덜 보호될 것이라고 말할 수는 있겠으나, 공개영역과 사적 영역의 구별이 쉽지 않고, 공개영역에서의 사진 및 비디오 촬영이라고 하여 이러한 헌법상의 기본권이 포기되었다고 일률적으로 상정할 수는 없기 때문이다. 1999년의 세칭 '영남위원회 사건'[47] 판결에서 대법원도 누구든지 "자기의 얼굴 기타 모습을 함부로 촬영당하지 않을 자유"를 가짐을 확인한 바 있다. 따라서 동의 없는 사진 및 비디오 촬영을 위해서는 원칙적으로 영장이 필요함은 물론이다.

영장발부를 위해서는 피의자가 범죄를 범하고 있다 또는 범하였다는 데 대한 객관적·합리적 의심이 존재해야 하고, 촬영대상과 장소가 특정되어야 할 것이다. 영장 없는 촬영은 형사소송법 제216조나 제217조의 예외의 요건에 따라 적어도 체포의 착수가 있는 경우에만 가능할 것이다. 그리고 매우 예외적으로 체포 착수 이전에 촬영을 하려면 증거로서의 높은 필요성, 증거보전의 긴급성과 보충성, 촬영방법의 상당성 등이 충족되어야만 할 것이다.[48]

이상의 점에서 신지호 법안이 신설하는 제19조 제2항은 헌법상 영장

---

46) 배종대/이상돈/정승환, 『신형사소송법』(2008), 98-99면; 백형구, 『형사소송법강의』(제8정판, 2001), 401면; 손동권, 『형사소송법』(2008), 219-220면; 신양균, 『형사소송법』(제2판, 2004), 244면; 이재상, 『신형사소송법』(제2판, 2008), 223-224면; 임동규, 『형사소송법』(제2판, 2003), 237면; 정웅석, 『형사소송법』(2003), 174면.

47) 대법원 1999.9.3. 선고 99도2317 판결.

48) 조국, "수사상 검증의 적법성 - 사진 및 무음향 비디오 촬영과 신체침해를 중심으로 -," 한국형사법학회 간, 『형사법연구』제20호 (2003.12), 302-306면.

주의의 원칙을 위배하는 위헌조항이라 할 것이다. 헌법재판소는 집회의 자유는 "국가가 개인의 집회참가행위를 **감시**하고 그에 관한 **정보를 수집**함으로써 집회에 참가하고자 하는 자로 하여금 불이익을 두려워하여 미리 집회참가를 포기하도록 집회참가의사를 약화시키는 것 등 집회의 자유행사에 영향을 미치는 **모든** 조치를 금지한다."49)라고 설시하였음도 유념해야 할 것이다.

5) 집회·시위의 사전적 금지·제한 상황 신설

신지호 법안은 경찰차, 소방차, 구급차 등 <u>비상차량의 통행을 방해할 것으로 예상되는 경우 집회 또는 시위를 금지하거나 교통질서 유지를 위한 조건을 붙여 제한할 수 있도록</u> 하는 조항을 신설하여 집회·시위에 대한 제한가능성을 확장하고 있다. 현행 집시법상으로도 주요 도시의 주요 도로에서의 집회 또는 시위에 대하여 교통 소통을 위하여 필요하다고 인정하면 이를 금지하거나 교통질서 유지를 위한 조건을 붙여 제한할 수 있는데(제12조 제1항), 금지·제한이 가능한 요건을 하나 더 추가한 것이다.

여기서 비상차량의 통행방해에 대한 "예상"을 하는 주체는 관할경찰서장이다. 이 법안에 따르면 경찰서장은 비상차량 통행을 이유로 도심 집회·시위를 일단 금지·제한시키는 행정편의적 판단의 유혹을 뿌리칠 수 없을 것이다. 이 판단의 당부는 사후적으로 법원에 의하여 심사가 가능하겠지만, 집회·시위 개최 전후의 상황에서 경찰서장의 자의적 판단을 통제할 수단은 전무하기에 집회·시위의 자유의 행사를 위축시킬 것이며, 집회·시위대의 반발을 촉발하여 집회·시위의 과격화를 초래할 가능성이 높다.

---

49) 헌법재판소 2003.10.30. 2000헌바67,83(병합) 전원재판부 【집회및시위에관한법률제11조제1호중국내주재외국의외교기관부분위헌소원·집회및시위에관한법률제11조위헌소원】, 3 (나) (2) (강조는 인용자).

6) 소음규제 강화

안상수 법안은 소음기준을 강화하며, 성윤환 법안은 집회·시위 주최자의 소음 기준 위반시 처벌을 강화하고 또한 참가자의 위반행위도 처벌대상에 추가하고 있다.

현행 집시법의 소음기준은 주거지역 및 학교는 주간 65데시벨 이하, 야간 60데시벨 이하, 기타 지역은 주간 80데시벨 이하, 야간 70데시벨 이하이다. 이 기준을 소음진동규제법의 소음규제기준과 비교하면,[50] 주거지역 및 학교에서의 주간 집회·시위의 경우 15데시벨이나 강화되어 있고, 기타 지역에서의 야간 집회·시위의 경우 10데시벨 완화되어 있음을 알 수 있다. 집시법상의 주거지역 및 학교에서의 집회·시위에 대한 주간 65데시벨 이하 기준은 공동주택건설 지점의 소음도 기준과 동일하다.[51] 그런데 상기 두 법안은 현행 집시법의 소음기준은 물론, 소음진동규제법상 주거지역 및 학교에서의 기준 보다 더 많이 소음기준을 강화하고 있다.

집회·시위는 애초에 일정한 소음을 수반하는 것을 예정하기에 소음기준에 대한 제한은 집회나 시위에 대한 간접적 제한이다. 집회·시위로 인한 다른 법익의 침해가 방지되어야 함은 물론이나, 이 방지를 위한 소음규제가 집회·시위의 자유 자체를 중대하게 위축시킬 정도라면 위헌이 된다. 전문연구에 따르면 50-60데시벨은 일상적인 대화나 조용한 거리에서의 소음 수준이고, 75데시벨은 교통량이 많은 거리의 소음 수준이며, 80데시벨은 출퇴근시의 소음, 자동차와 지하철 내에서의 소음이고, 85데시벨은 실내수영장이나 학교 구내식당에서의 소음수준이다.[52] 이를 기준으

---

50) 소음진동규제법상 주거지역과 학교에서의 소음기준은 주간 80데시벨 이하, 야간 60데시벨 이하이며, 기타지역은 주간 80데시벨 이하, 야간 60데시벨 이하이다(소음진동규제법 제20조 제3항, 동법 시행규칙 별표 8 참조)
51) 주택건설기준등에 관한 규정(대통령령 제21040호), 제9조 제1항.
52) 자크 베르니에(전미연 옮김), 『환경』(1999), 78면.

로 보자면 현행 집시법의 소음기준도 상당히 엄격하다고 하지 않을 수 없다. 만약 상기 법안의 기준이 채택된다면 확성기, 북, 징, 꽹과리 등을 사용하는 대다수의 집회·시위는 처벌대상이 될 것이다. 요컨대, 현재의 소음기준이 집회나 시위의 대상이 되는 사람 또는 일반 시민에 감내할 수 없는 중대한 고통을 주고 있다는 점이 입증되지 않은 상황에서 불편 초래라는 이유로 그 기준을 현격히 강화하는 것은 합리적이지도 합헌적이지도 않다.

7) 형벌강화

상기 법안은 모두 집회·시위의 자유에 대한 제한을 강화하면서 동시에 집시법 위반에 대한 처벌도 강화하고 있다. 집회·시위의 자유라는 헌법적 기본권 존중을 위해서는 원칙적으로 집회·시위는 허용되는 것으로 설정하고 예외적으로 폭력적 집회·시위를 금지하고 처벌하는 접근이 필요한데, 상기 법안은 반대의 접근을 하고 있다. 게다가 금지되는 집회·시위를 광범하게 설정한 후 형벌까지 상향하고 있는 바 이는 전형적인 형벌만능주의이다.

Ⅳ. '불법시위에 대한 집단소송법' 제정

1. 법안 내용

상술한 '집회시위 선진화방안'이 강조한 불법시위에 대한 적극적 손해배상청구 필요성은 불법시위에 대하여 집단소송을 가능하도록 하는 법률 제정 추진으로 현실화한다. 한나라당 손범규 의원 등 국회의원 24인이 2008년 10월 29일 '불법집단행위에 관한 집단소송법안'을 국회에 제출한다.[53] 그리고 한나라당 홍준표 원내대표는 2008년 10월 28일 국회 교섭단체 대표연설에서 "지난 수년 동안 우리 사회는 불법 집단행동과 떼법이 판을 치면서 법치주의가 무너졌"고 "이런 관행이 계속되는 한 경제 살리기도, 선진국 진입도 불가능"하다며, 불법시위에 대한 집단소송제도는 "민주주의를 지키는 최소한의 안전띠"라고 강조하기도 하였다.[54]

이와 별도로 '시민과 함께 하는 변호사 모임,' '바른사회시민회의,' '불법촛불시위반대시민연대'가 구성한 '바른시위문화정착 및 촛불시위피해자 법률지원특별위원회'의 조력을 받아 촛불시위 피해 상인들이 7월 17일 서울중앙지방법원에 영업손실 및 위자료 등 손해배상을 구하는 내용의 소장[55]을 제출한 바 있으며, 시변 소속 변호사들이 원고측 소송대리중이다.

동 법안은 '불법집단행위에 관한 집단소송'을 불법집단행위로 인하여 다수인에게 피해가 발생한 경우 그 피해자 중의 1인 또는 수인이 대표당사자가 되어 수행하는 손해배상청구소송으로 정의한다(안 제2조제1호). 이 소송은 불법집단행위로 다수인에게 피해가 발생한 경우에 그 행위를 한 자 또는 그 행위를 하게 하거나 도운 자를 상대로 하는 손해배상청구에 한하여 제기할 수 있으며(안 제3조), 피해집단의 구성원이 50인 이상이고 법률상 또는 사실상의 중요한 쟁점이 모든 구성원에게 공통되며 당해 소송이 총원의 권리실현이나 이익보호에 적합하고 효율적인 수단인 경우에 허용하도록 하고 있다(안 제12조제1항). 피해집단인 구성원들의 권익을 보호하기 위하여 불법집단행위에 관한 집단소송의 허가결정, 총

---

53) 의안번호 1631.

54) http://newslink.media.daum.net/news/20081028100616717

55) 소장 URL (시변 홈페이지 자료실) : http://www.sibyun.co.kr/pds/board_con.htm?seq=83&tag=1&page=1&search_tag=&search_sel=&search_text=; 2차 소장 URL (상동) : http://www.sibyun.co.kr/pds/board_con.htm?seq=86&tag=1&page=1&search_tag=&search_sel=&search_text=.

원범위의 변경, 소 취하·화해·청구포기·상소취하 및 판결이 있으면, 법원은 이를 구성원 모두에게 주지시킬 수 있는 적당한 방법으로 고지한 후 전국을 보급지역으로 하는 일간신문에 게재하도록 하고 있다(안 제18조제2항·제3항, 제26조제4항 및 제34조제4항).

'불법집단행위에 관한 집단소송'에 의한 확정판결의 기판력은 대표당사자 이외의 구성원에게도 미치도록 하되, 이를 원하지 아니하는 구성원은 서면으로 법원에 제외신고를 하도록 하였다(안 제27조 및 제36조). 법원의 허가를 받지 아니한 소의 취하, 소송상의 화해, 청구의 포기, 상소의 취하 또는 상소권의 포기는 효력이 없다(안 제34조 및 제37조). 법원은 직권 또는 대표당사자의 신청에 의하여 분배관리인을 선임하도록 하고, 분배관리인은 법원의 감독하에 권리실행으로 취득한 금전 등의 분배업무를 행하도록 하였다(안 제40조제1항 및 제2항).

2. 비판

1) 집회·시위의 자유에 대한 냉각효과

집회와 시위의 자유가 행사되면 필연적으로 주변에는 소음, 소란, 교통체증 등이 발생하고, 집회·시위 부근의 상인의 영업이익은 저감(低減)할 가능성이 있다. 합법적인 집회·시위에 의해 발생하는 이러한 불편이나 불이익은 감수하라는 것이 헌법의 요청이다. 헌법재판소는 "개인이 집회의 자유를 집단적으로 행사함으로써 불가피하게 발생하는 일반대중에 대한 불편함이나 법익에 대한 위험은 보호법익과 조화를 이루는 범위 내에서 국가와 제3자에 의하여 수인되어야 한다는 것을 헌법 스스로 규정"하고 있다고 밝힌 바 있다.[56]

---

56) 헌법재판소 2003.10.30. 2000헌바67,83(병합) 전원재판부 【집회및시위에관

문제는 불법 집회·시위에 의하여 이러한 불편이나 불이익이 발생한 경우이다. 동 법안에 따르면 불법집회·시위라는 **"행위를 한 자 또는 그 행위를 하게 하거나 도운 자"**(강조는 인용자)에게 책임을 묻게 된다. 상술하였듯이 현행 집시법이 과도한 규제를 통하여 불법집회·시위를 양산하고 있다는 점을 생각하자면,57) 사소한 불법이 발생한 집회·시위의 주최자도 소송대상이 되어 기존의 법제에 비하여 훨씬 많은 손해배상액을 지불해야 할 것이다. 그리고 통상 대규모 집회·시위에서 그 주최자라고 할지라도 집회·시위 전체를 통제하는 것은 거의 불가능한데, 동 법안에 따르면 불법이 발생하기만 하면 주최자는 "행위를 하게 하거나 도운 자"가 되어 바로 소송의 대상이 될 수 있다. 특히 "도운 자"의 범위는 얼마든지 확장이 가능하므로 단순한 집회·참여자도 소송의 대상이 될 수 있다. 이러한 점에서 동 법안은 집회·시위의 자유를 심각하게 냉각·위축시킬 것이다.

2) 집단소송제도의 취지의 전도(顚倒)

동 법안은 집단소송제도이 만들어지게 된 원래 취지에 반한다. 예컨대, 미국의 '집단소송'(class action) 제도는 증권투자자의 피해, 소비자 피해, 환경 또는 인권 침해사건 등에서 직접적 이해관계가 있는 다수 집단이 기업이나 정부를 대상으로 소송을 제기하는데 활용되고 있고,58) 독일의 '단체소송'(Verbandsklage) 제도의 경우는 직접적인 이해관계가 없는 소비자보호단체, 자연보호단체 등에 원고적격을 인정하고 있다. 어느 나

한법률제11조제1호중국내주재외국의외교기관부분위헌소원·집회및시위에관한법률제11조위헌소원】.

57) III. 3. 소결 참조.

58) 미국의 경우 집단소송이 이루어지려면 네 가지 요건이 충족되어야 한다. 즉, 다수 피해자의 존재(numerosity), 피해청구의 공통성(commonality), 피해청구의 전형성(typicality), 대표당사자의 적정성(adequacy)이다. Fed. R. Civ. P. 23(a).

라의 경우건 이 제도는 기업 또는 국가라는 거대권력의 불법행위를 견제하기 위한 징벌적 수단으로 만들어진 것이다. 기업이나 국가가 다수의 시민에게 피해를 입힌 경우 그 포괄적 책임은 크지만 피해집단 구성원이나 소액주주의 개별적 손해는 적은 경우가 많아 개별적 피해만으로 소송을 진행하기 어렵기에 집단소송을 도입한 것이다. 특히 이 제도는 "가지지 못한 자의 권리를 실현시키기 위한 수단"59)으로 역할을 한다. 이에 비하여 동 법안은 정반대로 그 힘에 있어서 기업이나 국가에 비교할 수 없는 집회·시위대가 대상이 되고 있으며, 사회적 약자라고 할 수 없는 집회·시위 주변상인을 원고로 상정하고 있다. 만약 집회·시위에 대한 집단소송법이 제정된다면 이는 세계 최초의 사례가 될 것이다.

그리고 불법집회·시위의 기획자나 직접적인 책임자로 인하여 다수의 피해가 발생하였다면 기존의 '선정당사자'(민사소송법 제52조) 제도를 이용하여 책임을 물을 수도 있으므로 동 법안은 과잉입법이라는 점도 지적할 수 있다. 미국 집단소송의 요건에는 "공정하고 효과적인 분쟁해결"을 위하여 집단소송이 다른 수단보다 우월해야 한다는 요건이 있는데,60) 동 법안이 '선정당사자' 제도에 비하여 공정하고 효과적일지는 확인할 수 없다.

V. 맺음말 – '촛불'에 대한 복수극 대본

어느 사회에서나 집회·시위는 정치적 반대자나 사회·경제적 약자의

---

59) Katie Melnick, "In Defense of the Class Action Lawsuit: An Examination of the Implicit Advantages and a Response to Common Criticisms," 22 *St. John's J. Legal Comment.* 755, 789(2008).

60) Fed. R. Civ. P. 23(b)(3).

의사표현 수단이다. 민주주의는 51%의 다수자가 전제(專制)를 할 수 있
도록 보장하는 제도가 아니며, 법치주의는 법률의 내용을 묻지 말고 법
준수만을 강요하는 경성화(硬性化)된 법치가 아니다. 법철학적으로 말하
자면, 우리 사회에 필요한 것은 "최소수혜자들의 목소리를 경청하는 민
주주의와 법치주의"61)이다.

그러나 '국가경쟁력강화위원회'의 '집회시위 선진화방안'과 뒤이은 여
러 개의 법안은 민주주의 사회에서 집회·시위의 자유가 갖는 의미를 몰
각·무시한다는데 공통점을 가지고 있다.62) '국가경쟁력강화위원회'와 집
회·시위관련 법안의 발의자들은 집회·시위를 위험하고 소란스럽고 성가
시고 방해되는 '떼법'의 도구 정도로 이해하고 있다. '평화시위구역'을
설정하여 집회·시위의 장소를 주변화하고, 금지와 규제를 대폭강화한 집
시법으로 집회·시위 주최자와 참여자를 처벌하며, 나아가 집단소송을 통
하여 집회·시위 주최자와 참가자에게 거액의 손해배상액을 물리게 하려
는 시도는 위헌의 소지가 너무도 많은 '경찰국가'적 사고의 산물이다. 합

---

61) 정태욱, "민주주의와 법치주의의 관계에 대한 한 시론: 미국의 노예제 폐지
　　의 헌정사를 중심으로,"『서울대학교 법학』제49권 제3호(2008), 149면.

62) 이와 별도로 한나라당 한선교(의안번호 788, 2008년 8월 27일 발의), 신지호
　　(의안번호 1061, 2008년 9월 30일 발의) 의원 등이 대표 발의하였던 '보조금
　　의 예산 및 관리에 관한 법률' 개정안은 국회에서 폐기되었다. 이 법안은 정부
　　에 보조금을 신청한 사람이 관련 불법행위로 유죄가 확정된 경우 해당 단체에
　　보조금 지원을 금지하고 이미 지원된 보조금의 전부 또는 일부를 취소할 수
　　있도록 하는 내용을 담고 있었다. 이 배경에는 극우보수단체의 반발이 있었
　　다. 예컨대, 서정갑 국민행동본부장은 2004년 국가보안법사수대회를 주도
　　해 특수공무집행방해 혐의로 징역 1년8개월, 집행유예 2년을 선고받았고,
　　자유개척청년단의 최대집 대표, 자유북한운동연합 박상학 대표 등도 인천
　　의 맥아더 장군 동상 철거 반대 시위 등을 주도하다 집시법 위반으로 벌금형
　　을 선고받았던 바 이 법안이 통과하면 이들 단체에 대한 정부지원도 중단되
　　기 때문이었다[한겨레(2008.10.11), http://www.hani.co.kr/arti/politics/assembly/
　　315308.html].

법적·평화적 집회·시위는 보장한다는 '립 서비스'는 하고 있지만, 집회·
시위에 대한 과도한 금지·규제를 도입하려 하기에 오히려 불법·폭력 집
회·시위를 조장하려 한다는 느낌마저 든다.

　요컨대, '집회시위 선진화방안'과 뒤이은 여러 개의 법안은 2008년 상
반기의 거대한 촛불집회·시위에 덴 현 정부가 촛불이 줄어들자 꺼내든
복수극 대본이다. 그리고 정부와 여당이 본격적으로 추진할 '우향우' 정
책에 대하여 예상되는 대중적 반대를 대비한 것이기도 하다. 헌법과 형
법의 시각에서 볼 때 이 정책과 법안의 내용은 우스꽝스러운 소극(笑劇)
대본이지만, 이것이 전면적으로 실현된다면 민주주의가 처참해지는 비극
을 보아야만 할 것이다. 그리고 집회·시위를 적대시하는 정책과 법률은
지금보다 훨씬 더 많은 '불법' 집회·시위와 이에 대한 강경진압이 격돌하
는 악순환을 만들어낼 것이다.

집시법의 위헌성 쟁점 검토

오 동 석*

I. 머리말

민주화가 진행될수록 사회갈등은 제도적인 정치과정 또는 사법적 구제수단에 의해 수렴됨으로써 거리의 역동적 정치활동으로서의 집회와 시위는 줄어드는 것이 순리일 듯하다.

그렇다면 집회와 시위에 대한 규제는 자연스럽게 완화되거나 적어도 현상유지적일 수밖에 없을 것이다. '정치체제가 안정될수록 정치적 반대에 대해서 관대'[1]할 수 있기 때문이다. 그러나 '집회 및 시위에 관한 법률'(아래 "집시법"으로 줄임)을 들여다보면, 한국 사회는 '87년 민주화' 이후 이와는 정반대의 길을 걸어왔고(<표 1> 참조) 더 극단으로 치닫고 있다.

---

* 아주대 교수, 헌법

1) Bailey, S. H./ Harris, D. J./ Jones, B. L., *Civil Liberties: Cases and Materials*(2nd Ed.; London: Butterworths, 1985), 119쪽.

	헌법	집시법
48년	제13조 모든 국민은 <u>법률</u>에 의하지 아니하고는 언론, 출판, 집회, 결사의 자유를 제한받지 아니한다.	
60년	제13조 모든 국민은 언론, 출판의 자유와 집회, 결사의 자유를 제한받지 아니한다. 제28조 ②... 언론, 출판에 대한 허가나 검열과 집회, 결사에 대한 허가를 규정할 수 없다.	[제정 1960.7.1 법률 제554호] ①집회의 신고2) ②평화적 시위행렬의 신고
62년 헌법	제18조 ①모든 국민은 언론·출판의 자유와 집회·결사의 자유를 가진다. ②언론·출판에 대한 허가나 검열과 집회·결사에 대한 허가는 인정되지 아니한다. ④옥외집회에 대하여는 그 시간과 장소에 관한 규제를 법률로 정할 수 있다.	[제정 1962.12.31 법률 제1245호] ①평화적인 집회 또는 시위는 방해받지 아니하도록 함. ②재판에 영향을 미치거나 민주적 기본질서에 위배되는 집회 또는 시위는 이를 하지 못하도록 함. ③옥외집회 또는 시위는 신고하도록 함. ④일출전과 일몰후 그리고 특정한 장소에서는 옥외집회 및 시위를 금지함. ⑤교통이 폭주하는 주요도시의 주요도로에서는 집회 또는 시위를 제한할 수 있도록 함.
72년	제18조 모든 국민은 <u>법률</u>에 의하지 아니하고는 언론·출판·집회·결사의 자유를 제한받지 아니한다.	[일부개정 1973.3.12 법률 제2592호] ①옥외집회 및 시위의 <u>금지통고 요건을 강화</u>함. ②금지통고에 대한 <u>이의신청제도를 폐지</u>함.
80년 헌법	제20조 ①모든 국민은 언론·출판의 자유와 집회·결사의 자유를 가진다.	[일부개정 1980.12.18 법률 제3278호] ①시위개념을 확장함.3) ②공공의 안녕질서에 관한 단속법규에 위반하거나 위반할 우려가 있는 집회 및 시위와 현저히 사회적 불안을 야기시킬 우려가 있는 집회 및 시위를 금지함. ③질서유지를 위하여 경찰관이 지시 또는 출입할 수 있는 장소를 옥외집회 또는 시위장소에서 모든 집회나 시위장소로 확대함.

---

2) 제1조 집회를 주최하려는 자는 그 목적, 시일, 장소, 회합예상인원과 주최자의 주소, 성명을 기재한 신고서를 늦어도 집회의 24시간전에 소할경찰서장에게 제출하여야 한다. 단 종교, 학술, 체육, 친목에 관한 집회와 정당, 단체 등의 역원회 또는 이에 준하는 집회는 예외로 한다.

3) '도로 기타 공중이 자유로이 통행할 수 있는 장소를 진행'에서 '도로 기타 옥외장소를 진행'으로

		【전문개정 1989.3.29 법률 제4095호】 ①질서유지인제도 도입4) ②특정인참가배제제도 도입5) ③집회 및 시위의 금지통고에 대한 이의신청제도의 도입6) ④신고서의 보완제도 개선7) ⑤집회 및 시위의 절대적 금지사유를 합리적으로 조정하기 위하여 일정한 경우만을 원칙적으로 금함.8) ⑥옥외집회 및 시위의 금지시간의 조정9) ⑦옥외집회 및 시위의 금지장소 조정10) ⑧기타 형량을 합리적으로 하향 조정함.
87년 헌법	제21조 ① 모든 국민은 언론·출판의 자유와 집회·결사의 자유를 가진다. ② 언론·출판에 대한 허가나 검열과 집회·결사에 대한 허가는 인정되지 아니한다.	【일부개정 1999.5.24 법률 제5985호】 주거지역 또는 이와 유사한 장소에서의 집회 및 시위가 타인의 재산·시설이나 사생활의 평온에 심각한 피해를 초래할 경우 집회 또는 시위의 금지·제한을 통고할 수 있도록 함(법 제8조제3항). 【일부개정 2004.1.29 법률 7123호】 ①신고된 집회·시위가 집단적인 폭행·협박·손괴·방화 등으로 공공의 안녕질서에 직접적인 위험을 초래한 경우에는 남은 기간의 당해 집회·시위에 대하여 금지통고를 할 수 있도록 함(법 제8조제1항 단서 신설). ②일정 집회장소에서의 집회 또는 시위 금지·제한11) ③주요 도로에서 집회 또는 시위 금지12) ④소음 규제13)

---

4) 질서유지인을 둔 경우에는 일출시간전, 일몰시간후의 옥외집회를 허용할 수 있도록 하며, 도로행진을 금할 수 없도록 함.

5) 집회 또는 시위의 주최자는 특정인이나 특정단체가 집회 또는 시위에 참가하는 것을 배제할 수 있도록 하고 다만 언론기관의 기자는 그 출입을 보장하되, 이 경우 기자는 신분증을 제시하고 기자임을 표시하는 완장을 착용하여야 함.

6) 집회 또는 시위의 주최자는 금지통고를 받은 때로부터 72시간이내에 당해 경찰관서의 행정구역을 관할하는 서울특별시장·직할시장 또는 도지사에게 이의를 신청할 수 있게 하고 재결청은 24시간이내에 재결을 하도록 하고, 24시간이내에 재결서를 발송하지 아니한 때에는 관할 경찰관서장의 금지통고는 소급하여 그 효력을 잃도록 함.

7) 집회 및 시위를 주최하고자 하는 자가 신청서의 기재사항에 미비한 점이 있는 경우에는 관할 경찰관서장은 접수증을 교부한 때로부터 8시간이내에 주최자에게 12시간을 기한으로 그 기재사항의 보완을 통고할 수 있도록 함.

먼저 집회의 자유에 대한 헌법 규정의 변천을 보면, 개별적 법률유보(1948년헌법, 1972년헌법)에 의하든 일반적 법률유보에 의하든(1960년헌법, 1980년헌법, 현행 헌법) 법률로 집회의 자유를 제한할 수 있었지만, 1960년헌법과 1962년헌법 그리고 1987년헌법은 '허가를 인정하지 않는' 개별적 헌법유보를 두었다.

주목할 것은 1960년헌법 아래에서 집시법이 철저히 신고제에 충실한

---

8) 헌법재판소의 결정에 의하여 해산된 정당의 목적을 달성하기 위한 집회 또는 시위, 집단적인 폭력·협박·손괴·방화등으로 공공의 안녕질서가 직접적인 위협을 명백하게 받게 되는 집회 또는 시위

9) 과거에는 누구든지 일출시간전, 일몰시간후에는 옥외집회 또는 시위를 할 수 없도록 하던 것을 집회의 성격상 부득이 하여 주최자가 질서유지인을 두고 미리 신고하는 경우에는 관할 경찰관서장은 질서유지를 위한 조건을 붙여 일출시간전, 일몰시간후에도 옥외집회를 허용할 수 있도록 함.

10) 다음에 규정된 청사 또는 저택의 경계지점으로부터 1백미터 이내의 장소에서는 옥외집회 또는 시위를 금지하여 그 범위를 조정함. 국회의사당, 각급법원, 국내주재 외국의 외교기관, 대통령관저, 국회의장공관, 대법원장공관, 국무총리공관, 국내주재 외국의 외교사절의 숙소

11) 학교나 군사시설 주변에서의 집회·시위로 인한 피해를 방지하기 위하여, 신고서에 기재된 집회장소가 학교나 군사시설의 주변지역으로서 학습권을 현저히 침해할 우려가 있거나 군사시설 또는 작전의 수행에 심각한 피해가 발생할 우려가 있어서 그 거주자 또는 관리자가 시설 등의 보호를 요청하는 때에는 집회 또는 시위의 금지·제한을 통고할 수 있도록 함(법 제8조제3항 및 제18조제1항제4호).

12) 주요 도로에서의 집회 또는 시위가 당해 도로와 주변도로의 교통소통에 장애를 발생시켜 심각한 교통불편을 줄 우려가 있는 경우에는 이를 금지할 수 있도록 함(법 제12제2항 단서 신설).

13) 소음으로 인한 시민들의 피해를 방지하기 위하여 집회 또는 시위의 주최자가 확성기 등 기계·기구의 사용으로 타인에게 심각한 피해를 주는 소음으로서 대통령령이 정하는 기준을 위반하는 소음을 발생시키는 경우 관할경찰관서장은 기준 이하의 소음유지 또는 확성기 등의 사용중지를 명할 수 있도록 함(법 제12조의3 및 제21조제5호 신설).

반면, 1962년헌법의 '옥외집회 시간과 장소에 관한 규제'에 대한 개별적 법률유보에 근거하여 1962년집시법은 일출전과 일몰후 그리고 일정한 장소에서 옥외집회 또는 시위를 금지한 것이다. '허가 금지'가 삭제된 1972년헌법과 1980년헌법에서 집시법의 이러한 조항은 유지되었을 뿐 아니라 그 규제는 강화되었다. 1987년헌법에서 허가제 금지는 부활하였으며 1989년집시법의 규제는 다소 완화되었다. 그러나 1999년집시법과 2004년집시법에서 다시 집회와 시위에 대한 규제가 강화됨으로써 그와 관련한 위헌시비가 끊이지 않았다. 한·미FTA 반대집회와 촛불집회에 대한 경찰의 강력대응은 이러한 집시법이 버티고 있는 덕분에 가능한 것이었다.

그런데도 국가경쟁력강화위원회 제7차 회의에서 나온, 이른바 '집회시위선진화방안'의 세부 과제는 다음과 같은 내용을 담고 있다.[14]

<합법·평화적 집회 시위 적극 보호·지원> 집회시위의 자유와 안전을 철저히 보장, '의사표현의 場」/열린 공간'으로서의 「평화시위구역」 운영, 경찰관·전의경에 대한 '인원·안전 교육' 정례화, 충분한 휴식 등 전의경의 사기 관리로 감정적 대응 사전 예방 등

<집회시위로 인한 국민 불편 최소화> 확성기 사용 등 집회시위 소음으로 인한 국민 피해 최소화를 위한 소음 기준 강화 및 소음측정방법 등 개선, 교통정체·영업방해 등 시민피해 즉시 해소, 신원확인을 어렵게 할 목적의 복면·마스크 착용, 시위 사용목적의 총포·곤봉·철봉 등 제조·운반 행위 등 폭력시위 '사전 준비'의 차단 추진 등

<불법행위 근절을 위한 사법·행정적 제재 강화> 형사책임과 별도로 경찰관 부상, 기물손괴 등 피해액에 대한 적극적인 민사적 책임 청구, 불법 행위자에 대한 사법처리 원칙, 불법폭력시위단체에 대한 정부보조금 지원 제한 확대 추진

<선진 집회시위문화 정착을 위한 사회적 공감대 형성> 범정부차원의 사회갈등 사전 조정·해소를 위한 기존 갈등관리시스템의 보완과 지역단위의

---

14) 청와대 대변인실, 보도자료, 2008.9.25자.

‘치안협의회’ 적극 활용, 집회 주최 측과의 「준법집회 양해각서(MOU)」 체결 확대(체결단체 집회의 권리 최대한 보장), 언론기관과 협조 평화적 준법시위 문화 조성 ‘공동캠페인’ 전개 등

사실 이명박 정부가 내세운 정책치고 어느 하나 힘없는 서민들을 위한 것이라고는 눈을 씻고 봐도 찾기 어렵다. 미국산 쇠고기 수입과 관련하여 시작된 촛불집회의 의제가 무한경쟁의 입시위주 교육정책 반대, 운하건설계획 백지화, 의료보험 사유화 반대, 공기업사유화 반대, 인적 장악과 법제 개악을 통한 언론 공공성 침탈 반대 등으로 확장되었던 것은 자연스러운 발전이었다. 한편 정부 측에서 보면 1%를 위한 정책을 추진하기 위해서는 촛불집회 같은 형식으로 표출되는 서민들의 저항을 폭력적으로 진압해야 할 뿐 아니라 향후 이어질 반민주적·반인권적인 정책을 강행하기 위해서도 그러한 국민의 저항이 불가능하도록 비판세력을 무력화시키고 예방적 진압을 할 필요가 있을 것이다. 국가보안법 사건의 등장, 국가정보원의 활동영역 확장, 국가비밀주의와 개인감시의 강화 등 ‘공안정국의 상시화’를 꾀하고 있는 까닭이다. 이에 발맞춰 정부가 집시법의 개악을 꾀할 모양인데, 이미 집시법은 충분히 과잉의 악법이다.

Ⅱ. 집회와 시위의 자유에 대한 헌법의 규범구조

집회와 시위의 자유에 대한 헌법의 규범구조를 제대로 이해하기 위해서는 먼저 이를 왜곡시키고 있는 배후를 언급할 필요가 있다. 집회와 시위에 대한 심각한 편견이 집회와 시위의 자유를 보장하기보다는 그것을 원천봉쇄하기에 급급한 집시법을 제정하고 집행하고 해석·적용하는 공권력 행사의 이면에 똬리를 틀고 있기 때문이다.

1. 집회와 시위에 대한 편견과 이해

집회와 시위에 대한 편견 중 하나는 '집단행동=잠재적 폭도'15)론으로서 집단행동의 위험성을 강조한다. 여기에서 다중은 감정적으로 행동할 수 있는 가능성이 높은 비합리적 주체로 오인된다. 예컨대 집시법 제2조 제2호는 '示威'라는 용어 자체는 그렇다 치더라도 이를 "다수인이 공동목적을 가지고 도로·광장·공원 등 公衆이 자유로이 통행할 수 있는 장소를 진행하거나 위력 또는 氣勢를 보여 불특정다수인의 의견에 영향을 주거나 제압을 가하는 행위"(밑줄은 인용자)로 규정하고 있다. 이러한 표현은 너무 살벌하여 마치 집회참여자들이 그렇지 않은 사람들에 대하여 강압적으로 자신들의 의사를 전달하려 한다는 부정적인 이미지를 강하게 표출시키고 있다. 사실 '두 명 이상의 다수인이 공동목적을 가지고 도로·광장·공원 등 公衆이 자유로이 통행할 수 있는 장소를 진행하며 불특정다수인에게 자신들의 의견을 전달하는 행위' 정도로 규정하면 되기 때문이다.16)

헌법재판소도 "언론의 자유와는 달리 다수인의 집단행동에 관한 것이기 때문에 집단행동의 속성상 의사표현의 수단으로서 개인적인 행동의 경우보다 공공의 안녕질서나 법적 평화와 마찰을 빚을 가능성이 큰 것 또한 사실"17)이라고 판단한다. 이것은 집회와 시위의 자유가 가지는 기본권으로서의 중요성과 상쇄되어 집회와 시위의 자유에 대한 제한가능성을 높이는 논거로 사용된다. 헌법재판소가 집회 및 시위의 자유를 "표현의 자유의 집단적인 형태로서 집단적인 의사표현을 통하여 공동의 이익을 추구하고 자유민주국가에 있어서 국민의 정치적·사회적 의사형성과

---

15) 市川正人, 表現の自由の法理(日本評論社, 2003), 357쪽.
16) 오동석, "집회의 원천봉쇄와 집회의 자유," 국가인권위원회, '집회의 자유의 내용과 한계' 관련 긴급토론회(국가인권위원회 배움터2, 2008.7.24), 7쪽.
17) 헌재 1994.4.28. 선고, 91헌바14 결정.

정에 효과적인 역할을 하는 것이므로 민주정치의 실현에 매우 중요한 기본권"[18]이라고 이해하고 있음에도 불구하고 말이다.

이와 달리 김종철은 적절하게도 집회의 자유의 본질을 '관계적 자유로서의 성격'에서 찾는다. 관계적 자유권은 "집회의 자유와 같이 공동생활을 전제하고 타인에 영향을 미치는 것을 본질로 하는 자유"로서 "타인의 권리나 이익에 불이익이 발생할 위험이 있다는 이유만으로 제한이 가능하지 않으며 침해위험이 있는 타인의 권리나 이익의 구체성 및 정도가 매우 높은 수준에 이를 것을 요청한다"는 것이다.[19]

또 다른 편견은 집회의 정치적 성격에 대한 것이다. 집시법은 "학문, 예술, 체육, 종교, 의식, 친목, 오락, 관혼상제(관혼상제) 및 국경행사(국경행사)에 관한 집회"에는 확성기 사용 제한 외에는 신고제 등의 까다로운 규제 규정을 적용하지 않는다(법 제15조). 설령 이들 집회가 각 개별기본권에서 보장받는 점에서 특별법적 관계에 있다고는 하지만, 이들과 달리 정치적 집회를 심하게 달리 취급할 이유는 없다. 이러한 편견은 김경한 법무부장관이 "쇠고기 촛불집회가 정치구호가 난무하는 불법 폭력집회로 변질되고 있다"고 발언한 것에서도 드러난다.[20] 폭력집회인지 여부는 따로 판단해야 하겠지만, '정치구호의 난무'는 집회의 불법성 또는 폭력성과는 아무 연관이 없다. 오히려 법무부장관으로서 공식석상에서 이를 문제 삼는 것은 반헌법적 행위이다. '촛불문화제'라는 표현 또는 그 형식은 정치적 집회와 시위에 대해 적대적인 집시법의 본모습을 반증하는 것이다. '1인 시위'라는 기술 또한 한국 사회의 집회의 자유가 처한 현실을 대변한다.

김종철은 집회의 자유의 본질에 대하여 '정치적 집회의 자유의 우월

---

18) 헌재 1994.4.28. 선고, 91헌바14 결정.
19) 김종철, "평화시위구역제도에 대한 헌법적 검토," 한국경찰법학회/ 경찰청, 집회·시위 자유의 법적 문제와 합리적 대안: 한국경찰법학회 제27차 학술회의, 2008.9.27, 67, 68쪽.
20) 2008. 5. 26. 아침 긴급 간부회의에서의 발언이다(한겨레 2008.5.27자).

적 지위'를 말한다. 그는 집회의 자유를 '공적인 관심사에 대한 정치적 표현의 효과를 강화하기 위한 것'으로서 '주권자인 시민의 정치적 지위를 강화하고 주권의 실질성을 확보하는 민주주의 실현의 방법'이며 '대의민주주의체제 정치과정에서 소외되는 소수자의 정치적 소외감을 해소하기 위한 권리'로 이해한다.[21] 그에 따라 집회의 자유는 다른 자유에 대하여 우월적 지위를 가지며, 정치적 집회의 경우 다른 집회의 경우보다 더 우월하게 되어 규제최소화의 원칙과 예외적 규제의 원칙이 적용되어야 한다는 것이다.[22]

사실 그 기능적 측면에서 집회와 시위는 표현의 수단 중에서도 자본에 포섭되기 십상인 신문매체(조·중·동류)나 사영방송매체 또는 정치권력이 호시탐탐 먹잇감으로 노리는 공영방송매체와 비교할 때, 거리와 광장에서 맨몸을 부대끼며 맨입으로 의사소통하는 방법으로서 가장 민중적이며 서민적인 원초적 표현방법이다. 따라서 집회와 시위의 자유는 한편으로는 다른 자유권적·정치적·청구권적 기본권과 어깨를 나란히 하면서도 다른 한편으로는 보충적인 기본권으로서 다른 수단과 방법이 총체적으로 가로막히는 경우 국민들이 마지막으로 기댈 수 있는 기본권이다. 그런 점에서 그 의제가 헌정 전반으로 확산되는 경우 폭력까지 동원할 수 있는 저항권 행사로 직결될 수 있는 가능성 또한 높다. 그러나 이러한 측면은 집회와 시위 자체의 성격으로부터 나오는 것이 아니라 국민의 의사를 무시하는 정부의 대응 여하에 따라 발현된다.

2. 집회의 자유에 대한 헌법의 규범구조

헌법 제37조 제2항은 일반적 법률유보를 취하여 국민의 모든 권리와

---

21) 김종철, 앞의 글, 69쪽.
22) 김종철, 앞의 글, 69-70쪽.

자유에 대하여 국가안전보장·질서유지·공공복리를 위하여 필요한 경우에 한하여 법률로써 제한할 수 있게 하고 있지만, 그 본질적인 내용을 침해할 수 없도록 한계를 지우고 있다. 이것을 '기본권제한의 일반적인 헌법적 한계'가 부를 수 있을 것이다. 그러나 헌법은 집회의 자유에 대하여는 제21조 제2항에서 허가제를 인정하지 않음으로써 허가제 금지를 규정하고 있다. 따라서 이것은 '기본권제한의 개별적인 헌법적 한계'로서 집회의 자유에 있어서 헌법의 규범구조는 '허가제 금지⊂본질적인 내용 침해 금지'를 전제규범으로 하여 제한이 가능한 것이다.

1) 집회의 허가 금지(헌법 제21조 제2항)

'집회·결사에 대한 허가는 인정되지 아니한다'는 표현은 허가제 금지를 의미하고, 이때 허가제가 사전허가제임은 자명하다. 그런데 '허가'라는 것이 '어떠한 행위에 대한 일반적 금지를 전제로 일정한 경우에 그 금지를 해제하는 것'이라면,[23] 허가의 금지는 어떻게 해석해야 하는가.

먼저 이러한 허가의 금지가 법률로써 행정기관에 대하여 집회에 대한 허가 권한을 부여하는 것을 금지하는 것인가, 아니면 법률 자체로써 허가 여부를 정하는 것까지도 금지하는 것인가의 문제가 제기된다. 기본권이 입법권·사법권·입법권을 직접 구속하는 효력을 가지는 점 그리고 헌법 제37조 제2항의 일반적 법률유보에도 불구하고 이러한 규정을 둔 점을 고려하면, 집회에 대한 허가는 법률로써 직접 규율하는 것도 허용되지 않는다.

다음으로 허가의 금지는 그것은 허가제의 전제인 일반적 금지 자체를 허용하지 않는 것으로 해석하여야 한다. 그렇지 않고 일반적 금지를 전제로 하되 예외적 금지 해제가 아닌 원칙적 금지 해제로 해석한다면, 논

---

23) 권영성, 헌법학원론(법문사, 2007), 528쪽; 김종철, 앞의 글, 70쪽.

리적 모순이기 때문이다. 다만 집회에 대해 법률에 근거하여 집행기관이 개별적으로 집회를 금지하는 것은 허용되는가의 문제가 제기될 수 있는데, 허가의 금지가 事前的인 의미를 담고 있는 한 이러한 문제제기는 사후적 제한의 문제이지 事前的 차원에서는 문제될 것이 없다. 따라서 모든 사람은 자유롭게 사전허가가 없이 집회를 개최될 수 있다. 다만 이때 작동할 수 있는 헌법적 한계는 공공연한 무장의 폭력집회에 대한 금지다. 이때 집회의 무장한 폭력성은 그것이 명백하고 현존하는 한에서만 예외적으로 사전에 금지될 수 있다고 해석해야 할 것이다.

2) 사전신고제의 헌법적 정당화 요건

집회의 자유를 제한하는 법률이 '허가'라는 용어를 사용하지 않음으로써 명목상 사전허가제 금지를 회피할 뿐 실질적으로는 사전허가를 규정하고 있다면 당연히 그 법률은 위헌으로 판단된다. 이것은 사전신고제의 경우 법률의 실질적 규율내용 여하에 따라 헌법적으로 정당화될 수 있는지 여부가 결정될 수 있음을 의미한다.

신고제에서 신고는 집회 및 시위의 평화적 성격을 적극적으로 증명하는 구체적 표현이다. 이는 집회 및 시위의 집단행동으로 인하여 초래될 수 있는 공공질서에 대한 영향력을 집행기관이 사전에 파악할 수 있도록 협조하는 시민의 덕목인 동시에 무사히 집회 및 시위가 완료될 수 있도록 협조해 달라는 당부의 표현이기도 하다. 대법원도 신고제가 "신고를 받은 관할 경찰서장이 그 신고에 의하여 옥외집회 또는 시위의 성격과 규모를 미리 파악함으로써 적법한 옥외집회 또는 시위를 보호하는 한편 그로 인한 공공의 안녕질서를 유지하기 위한 사전조치를 마련하고자 함에 있는 것"24)이라고 판시하였다.

---

24) 대법원 1990. 8. 14. 선고, 90도870 판결.

또한 독일연방헌법재판소가 '브록도르프(Brokdorf) 결정'25)에서 집회법상 옥외집회에 한정한 신고의무를 합헌으로 본 주요한 근거 역시 옥외집회가 외부에 영향을 미치므로 집회 그 자체의 가능한 한 원활한 실시와 제3자와 공동체 이익보호를 위하여 교통규제 필요성 등에 관하여 관청이 사전에 정보를 얻어야 함에 대하여 신고의무 자체는 기본권의 사소한 제한에 불과하다는 판단이며, 오히려 신고를 통한 정보교환과 신뢰관계 수립은 대규모 시위 경우일수록 시위참가자와 관청 쌍방에 있어서 이익이 된다는 것이었다.

그러므로 사전신고의무를 다하지 않은 경우 그에 대한 제재는 단순 과태료 수준에 그쳐야 할 것이고, 형사처벌은 그 이후 발생한 공공질서에 끼친 해악에 따라 행위자별로 집회 자체와는 별개로 부여되어야 한다.

3. 집회의 자유에 대한 본질적 내용 침해 금지와 법률유보에 의한 제한(헌법 제37조 제2항)

사실 집시법의 개악 또는 자의적·억압적 집행에 대하여 국민들이 기대했던 것은 법원과 헌법재판소의 사법적 견제였다. 그러나 법원과 헌법재판소의 기본모토를 요약하자면, "그러나 우리 헌법도 제37조 제2항에서 이러한 집회의 자유도 국가안전보장·질서유지 또는 공공복리를 위하여 필요한 경우에는 그 본질적인 내용을 침해하지 않는 범위 안에서 법률로써 이를 제한할 수 있음을 규정"26)하고 있다는 것이다. 이러한 표현은 법원이든 헌법재판소이든 사상의 자유 또는 양심의 자유 관련 재판

---

25) BVerfGE 69, 315[349-50], Beschluß v. 14. 5. 1985. 이 결정의 번역은 赤坂正浩, "基本法第8條の集會の自由と集會法による規制," ドイツ憲法判例研究會 엮음, ドイツの憲法判例(제2판; 信山社, 2003, 248-255쪽)을 참고하였다.

26) 헌재 1994.4.28. 선고, 91헌바14 결정.

또는 결정에서 자주 볼 수 있어 그리 낯선 것이 아니다. 여기에서 '본질적인 내용을 침해하지 않는 범위 안에서'라는 문구는 기본권 제한을 정당화하는 수사에 그칠 뿐이다. 도대체 집회와 시위의 자유에서 '본질적인 내용'이 무엇인가에 대한 고민이 없기 때문이다. 물론 본질적인 내용이 일목요연하게 정리될 수 있는 것은 아니겠지만, 그동안 헌법재판소는 개별기본권별로 그 객관적인 판단기준을 마련하려는 시도를 전혀 하지 않은 채 그때그때 '자의적' 판단에 의해 기본권에 대한 제한의 헌법적 정당성을 판단했다. 즉 헌법상 기본권의 본질적 내용은 '헌법재판소가 기본권 제한에 대하여 그때그때 합헌으로 도저히 판단할 수 없는 그것'일 뿐이었다.

헌법규범구조상 집회의 자유의 본질적 내용 여부를 판단할 수 있는 대강의 틀을 제시할 수 있다. 첫째, 헌법이 명시적으로 집회에 대한 허가제를 인정하지 않으므로 집회 개최 자체를 제한하는 것은 본질적 내용에 대한 침해가 될 가능성이 높다. 특히 집회개최의 자유에 있어서 집회 시간과 집회 장소에 대한 선택권이 보장되어야 하며 이에 대한 절대적 또는 원칙적 금지는 허용되지 않는다.

둘째, 신고제는 집회 개최 자체에 영향을 미치거나 강력한 제재수단을 수반하는 것이어서는 안된다. 그렇지 않다면 그것은 실질적으로 허가제에 다름 아니기 때문이다. 신고 없는 우발적 집회를 헌법적으로 정당화하고 허용하는 것은 그 당연한 귀결이다. 신고의 본질은 집회 개최 또는 금지를 결정하기 위한 관할 경찰행정기관의 검열자료인 것이 아니라 집회로 인하여 영향을 받을 수 있는 공공질서의 유지에 대하여 경찰행정기관이 대처할 수 있는 정보를 제공하고 아울러 집회가 성공리에 마쳐질 수 있도록 보호를 요청하는 협조요청이다.

셋째, 집회에 대한 제한은 집회가 개최된 이후의 사후제한만이 가능할 것이며, 그 경우에도 집회 및 시위가 이루어지는 구체적 상황을 고려하여 그 방법에 대한 규제를 통하여 공공의 안전과 질서 유지와 조화를 이룰 수 있도록 해야 하므로 집회 및 시위 자체의 사후금지 또는 해산은 명백하고 현존하는 위험을 다른 수단으로 회피할 수 없는 경우에 한하여 허용될 수 있다. 특히 집회 및 시위 과정에서 정부에 대한 정치적 비판 내용을 포함하였음을 이유로 해서는 집회 및 시위의 진행과 관련하여 어떠한 제약도 가할 수 없으며, 이를 위반하는 것은 본질적 내용에 대한 침해이다. 오로지 물리적 폭력성과 구체적·직접적 위험성만이 집회 및 시위를 사후에 행정적 또는 사법적으로 제약하는 기준이 될 수 있다.

Ⅲ. 집시법의 위헌적 조항 검토

현행 집시법 조항의 규제 태도와 개선 방향을 도표로 정리하면, <표2>와 같다. ▨부분이 위헌으로 평가할 수 있는 규정들이며, ▨부분은 헌법에 합치되고 있는 규정이거나 향후 합치될 수 있도록 개선해야 할 방향을 예시한 것이다.

〈표 2〉 현행 집시법의 규제 태도와 개선 방향

	절대적 금지	원칙적 금지, 예외적 허가	원칙적 허용, 예외적 금지	준수사항
개최시간	<•야간집회 금지(구 집시법)>	•주간 외 옥외집회(§10)		[예, 심야시간대 특정장소에서 소음규제 강화]
개최장소	•국회의사당, 각급 법원, 헌법재판소, 대통령 관저, 국회의장 공관, 대법원장 공관, 헌법재판소장 공관(§11)	•국무총리 공관[27](§11(3)), 국내 주재 외국의 외교기관이나 외교사절의 숙소[28](§11(4))		[예, 관계인에 대한 구체적·직접적 위험행위 규제]

개최 금지	헌법재판소 결정으로 해산된 정당의 목적을 달성하기 위한 집회 또는 시위; 집단적인 폭행, 협박, 손괴, 방화 등으로 공공의 안녕 질서에 직접적인 위협을 끼칠 것이 명백한 집회(§5①)	•§5①·§10본문·§11 위반, 신고서 기재 사항 미보완, 교통 소통을 위한 금지(§8①) •2개 이상 신고시 후신고 집회(§8②) •거주자나 관리자가 시설이나 장소의 보호를 요청하는 경우29)(§8③)		[예, 신고 관련 행정지도, 이해관계인과의 조정제도 마련]
집회 진행		•교통 소통을 위한 제한(§12) •확성기등 사용(§14)	•질서유지인 두고 도로 행진(§12②)	•질서유지인, 폭력행위, 신고사항 위반행위, 옥외참가 유발행위(§16)
집회 해산 (§20)		•§5①, §10본문, §11 •§6①미신고, §8·§12 금지 •§8③, §10단서, §12 조건 위반하여 직접 위험의 명백 •§16④ 질서유지 불가인 경우	[예외적 해산사유: 집단적인 폭행, 협박, 손괴, 방화 등으로 공공의 안녕 질서에 직접적인 위협을 끼칠 것이 명백하고 현존하는 집회]	[집시법 주요 규율사항] •§16③ 주최자의 종결선언(§20)

27) 다만, 행진의 경우에는 해당하지 아니한다.

28) 다만, 다음 각 목의 어느 하나에 해당하는 경우로서 외교기관 또는 외교사설 숙소의 기능이나 안녕을 침해할 우려가 없다고 인정되는 때에는 해당하지 아니한다. 가. 해당 외교기관 또는 외교사설의 숙소를 대상으로 하지 아니하는 경우 나. 대규모 집회 또는 시위로 확산될 우려가 없는 경우 다. 외교기관의 업무가 없는 휴일에 개최하는 경우

29) ⑴ 주거지역이나 이와 유사한 장소로서 집회나 시위로 재산 또는 시설에 심각한 피해가 발생하거나 사생활의 평온을 뚜렷하게 해칠 우려가 있는 경우 ⑵ 신고장소가 학교의 주변 지역으로서 집회 또는 시위로 학습권을 뚜렷이 침해할 우려가 있는 경우 ⑶ 신고장소가 군사시설의 주변 지역으로서 집회 또는 시위로 시설이나 군 작전의 수행에 심각한 피해가 발생할 우려가 있는 경우

1. 집회 및 시위의 시간 또는 장소에 대한 사전금지

1) 집회 및 시위의 시간에 대한 사전금지

집시법은 해가 떠 있는 주간 외 시간에 옥외집회 또는 시위에 대하여 '원칙적 금지, 예외적 허용'의 태도를 취하고 있다. 헌법재판소는 이에 대하여 "일반적으로 야간의 옥외집회·시위는 주간의 옥외집회·시위보다 질서유지가 어렵고 따라서 그만큼 공공의 안녕질서에 해를 끼칠 개연성이 높으며, 심리학적으로도 야간에는 주간보다 자극에 민감하고 흥분하기 쉬워서 집회 및 시위가 본래의 목적과 궤도를 이탈하여 난폭화할 우려가 있고, 또 불순세력의 개입이 용이하며 이를 단속하기가 어려운 점 등 여러 가지의 특성"이 있음을 들어 헌법에 합치하는 것으로 판시하였다.[30]

그러나 이러한 집시법 조항은 법률 자체에 의하여 집회 개최 시간에 대한 허가를 직접 규정한 것이어서 헌법 제21조 제2항을 정면으로 위반한 것이다. 따라서 집회 개최 시간은 전적으로 집회개최자의 자율적 판단에 맡기되 심야시간대에는 구체적 장소 또는 행위에 따른 규제를 가할 수 있도록(예컨대 주거지의 경우 소음 규제 정도) 집시법 조항을 개정해야 한다.

사실 '야간'의 위험성은 추상적일 뿐 구체적이지 않을 뿐 아니라 오늘날 생활시간을 감안하면 추상적 위험성조차도 수긍하기 어렵다. 헌법재판소가 예시한 특성이 어떠한 과학적 근거를 가지는 것인지 의심스러울 뿐 아니라 야간에는 언제든지 모든 집회에서 그 모든 특성이 다 드러난다고 볼 수도 없다. "집회의 성격상 부득이한 경우"에 한정하여 허용함으로써 행정기관의 자의적 재량에 의존하고 있다는 지적은 부차적인 것일 뿐이다. 집회주최자의 측에서 보더라도 사람들이 활동하지 않는 심야시

---

30) 헌재 1994.4.28. 선고, 91헌바14 결정.

간대는 집회에 참여하지 않은 사람들에 대한 의사전달 효율성이 현저하게 떨어질 뿐 아니라 보통의 경우 내부적 결속력도 떨어질 수밖에 없다. 그마저도 용납할 수 없다면 야간통행금지를 부활해야 할 판일 것이다.

2) 집회 및 시위의 장소에 대한 사전금지

헌법재판소가 판시하였듯이 집회의 목적·내용과 집회의 장소는 일반적으로 밀접한 내적인 연관관계에 있기 때문에, 집회의 장소에 대한 선택이 집회의 성과를 결정짓는 경우가 적지 않다. 즉 "집회장소가 바로 집회의 목적과 효과에 대하여 중요한 의미를 가지기 때문에, 누구나 '어떤 장소에서' 자신이 계획한 집회를 할 것인가를 원칙적으로 자유롭게 결정할 수 있어야만 집회의 자유가 비로소 효과적으로 보장"[31]될 수 있는 것이다.

그런데 집시법은 '국회의사당, 각급법원, 헌법재판소, 대통령관저, 국회의장공관, 대법원장공관, 헌법재판소장공관, 국무총리공관' 등의 청사 또는 저택의 경계 지점으로부터 100 미터 이내의 장소에서는 옥외집회 또는 시위를 절대적으로 금지하고 있다. 국내 주재 외국의 외교기관이나 외교사절의 숙소에 대해서만 헌법재판소 결정[32]을 반영하여 일정한 경우에 집회나 시위를 허용하고 있을 뿐이다.

이 조항의 문제점은 금지대상의 장소가 지나치게 광범위하게 설정되어 있어 도심에서의 집회·시위를 금지하는 효과가 있을 뿐만 아니라 이런 장소에서는 특정한 집회방법이 규제되는 것이 아니라 일체의 집회·시위가 금지되고 있다는 것이다. 사실 이들 청사 혹은 저택은 이미 그 울타리에 의해서 충분한 거리를 확보하고 있을 뿐 아니라 그 업무 수행과 관련하여 영향을 받을 여지가 없어 절대적 집회금지구역을 설정할 헌법적 정당성이 없다. 관계인의 '자유로운 출입과 원활한 업무의 보장 그리고

---

31) 헌재 2003.10.30. 선고, 2000헌바67등(병합) 결정.
32) 헌재 2003.10.30. 선고, 2000헌바67등(병합) 결정.

신체적 안전'[33])을 해치는 구체적·직접적 위험행위를 규제하는 것으로 충분할 것이다.

2. 금지집회 및 집회금지통고제도

1) 금지집회

먼저 집시법은 헌법재판소의 결정에 의하여 해산된 정당의 목적을 달성하기 위한 집회 또는 시위를 금지하고 있다(법 제5조 제1항). 이와 관련 위헌정당강제해산제도를 문제 삼을 수 있다. 독일·특수의 역사적 유래와 냉전체제에서의 반공주의로의 확장 또 우리 헌정사와 헌법상 사상·정치활동자유를 감안하면, 이 제도 자체가 "다양한 정치적 견해의 활발한 교환을 가로막을 수도 있"[34])기 때문이다.

설령 헌법이 채택하고 있는 제도임을 고려하는 경우에도 위헌정당강제해산제도(제21조 제2항)와 함께 집회의 자유(제8조) 등에 대하여 집회자유를 비롯한 기본권 실효제도(제18조)를 채택하고 있는 독일기본법과 달리 우리 헌법은 제8조 제4항에서 위헌정당강제해산제도만을 두고 있지 기본권실효제도를 택하지 않은 점을 감안해야 한다. 즉 헌법규정에 따라 최소한으로 정당 해산 자체에 그쳐야지 이를 확장하는 것은 곤란하다. '정당의 목적을 달성하기 위한 집회 또는 시위'를 판단하기가 쉽지 않을 것이며, 그 판단주체가 관할 경찰관서장이 될 가능성이 클 것인데 그로 하여금 집회 또는 시위의 주장 내용에 대하여 해산된 정당의 정강·정책과의 유사성을 판단케 하는 것은 적절치 않다. 더욱이 그 선전과 선동까지 금지한 것(제5조 제2항)은 명백·현존하지 않은 위험을 이유로 표

---

33) 헌재 2003.10.30. 선고, 2000헌바67등(병합) 결정.

34) 박병섭, "정당해산제도에 대한 헌법적 고찰," 민주법학 제9호(민주주의법학연구회, 1995), 237쪽.

현자유를 침해한 것이어서 위헌 가능성이 크다.

다음으로 집시법은 집단적인 폭행·협박·손괴·방화 등으로 공공의 안녕질서에 직접적인 위협을 가할 것이 명백한 집회 또는 시위를 금지하고 있다(제5조 제1항). 헌법이 허용하는 집회·시위가 비폭력적이어야 함은 당연할 것이다. 그러나 아무리 법률상 표현을 '직접적인 위협의 명백성' 기준으로 하고 있다고 하더라도 집회·시위 주최자가 폭력성을 공공연히 표출하지 않는 이상 그 판단은 행정관청에 맡겨지는 점에서 사후판단이 아닌 사전판단은 허가제적 성격을 가지는 것이므로 위헌 가능성이 크다. 이 또한 그 선전과 선동까지 금지한 것(제5조 제2항)은 명백·현존하지 않은 위험을 이유로 표현자유를 침해한 것이어서 위헌이다.

2) 집회금지통고제도

집시법에 따르면, 관할경찰관서장은 ① 교통소통을 위하여 금지할 집회 또는 시위라고 인정할 때(제12조)[35] 금지통고(제8조 제1항 본문 참조), ② 집회 또는 시위가 집단적인 폭행·협박·손괴·방화 등으로 공공의 안녕질서에 직접적인 위험을 초래한 경우에는 남은 기간의 당해 집회 또는 시위에 대한 금지통고(제8조 제1항 단서), ③ 집회간 충돌로서 '시간과 장소가 경합되는 2 이상의 신고가 있고 그 목적으로 보아 서로 상반되거나 방해가 된다고 인정될 경우에는 뒤에 접수된 집회 또는 시위에

---

35) 제12조(교통소통을 위한 제한) ①관할경찰관서장은 대통령령이 정하는 주요 도시의 주요도로에서의 집회 또는 시위에 대하여 교통소통을 위하여 필요하다고 인정할 때에는 이를 금지하거나 교통질서유지를 위한 조건을 붙여 제한할 수 있다.
②집회 또는 시위의 주최자가 질서유지인을 두고 도로를 행진하는 경우에는 제1항의 규정에 의한 금지를 할 수 없다. 다만, 당해 도로와 주변도로의 교통소통에 장애를 발생시켜 심각한 교통불편을 줄 우려가 있는 경우에는 그러하지 아니하다.<개정 2004.1.29>

대하여 그 집회 또는 시위의 금지 통고'(제8조 제2항), ④ 일정한 시설이
나 장소의 거주자 또는 관리자가 시설이나 장소의 보호를 요청하는 때의
금지 통고(제8조 제3항)[36) 등을 할 수 있다.

이러한 금지통고제도는 집회 또는 시위 개최 이전에 행정기관에 의하
여 집회 개최가 차단될 수 있는 점에서 헌법 제21조 제2항이 금지하고
있는 허가에 해당된다. 이러한 헌법해석으로부터 물러나는 경우에도 신
고사항의 과도성 여부, 금지통고 사유의 적절성, 행정관청의 재량범위,
금지통고에 대한 불복절차의 신속성과 효율성 등에 따라 판단하건대,[37)
실질적 허가제로서 위헌의 가능성이 크다.

① 집회·시위로 인하여 교통의 정체로부터 초래되는 일시적 불편함은
타인의 기본권 행사의 결과로서 수인해야 하는 것이 민주적 시민의 덕목
이자 인권을 끈으로 한 연대의식의 표명인 것으로서 관용의 대상이다.

공익적 관점에서 교통소통의 문제는 신고제의 성격상 행정관청이 미
리 교통소통이 원활할 수 있도록 하는 조치를 취해야 한다. 그런데 그것
은 집회·시위 자체의 금지가 아니라 집회·시위가 원활하게 이루어질 수
있도록 보장하는 것이어야 한다. 즉 집회·시위 동안 우회할 수 있는 방법

---

36) 1. 제6조제1항의 신고서에 기재된 장소(이하 이 항에서 "신고장소"라 한다)
　　 가 타인의 주거지역이나 이와 유사한 장소로서 집회 또는 시위로 인하여 재
　　 산 또는 시설에 심각한 피해가 발생하거나 사생활의 평온에 현저한 해를 입
　　 힐 우려가 있는 경우
　　 2. 신고장소가 초·중등교육법 제2조의 규정에 의한 학교의 주변지역으로서
　　 집회 또는 시위로 인하여 학습권을 현저히 침해할 우려가 있는 경우
　　 3. 신고장소가 군사시설보호법 제2조제1호의 규정에 의한 군사시설의 주변
　　 지역으로서 집회 또는 시위로 인하여 시설이나 군작전의 수행에 심각한 피
　　 해가 발생할 우려가 있는 경우
37) 김종서, "집회 및 시위의 규제와 그 한계," 민주법학 제12호(민주주의법학연
　　 구회, 1997), 214쪽.

또는 차선의 재정비 등이 모색되어야 하는 것이다. 독일연방헌법재판소는 비례원칙 요청에 따라 금지 및 해산은 다른 온당한 수단이 없는 경우 최후 수단으로 간주되는 것이므로 예컨대 도로 혼잡을 회피하려는 이유로는 정당화되지 않는다고 판단하였다.[38]

따라서 구체적인 상황요건을 법률로 규율하지 않은 상태에서 "대통령령이 정하는 주요도시의 주요도로"에서 관할 경찰관서장의 금지를 가능케 하는 이 조항은 위헌의 가능성이 크다. 집시법 시행령에서 서울시 주요 도로로 지정된 16개 중 몇 개를 보더라도 사실상 시내의 도로 전부를 지정하고 있다고 해도 과언이 아니기 때문이다.

원칙적으로 모든 도로에서 집회·시위를 허용하되, 예외적으로 교통소통을 보장하기 위해서 집회·시위 시간과 방법 그리고 당해 도로의 교통상태를 종합적으로 고려하여 예외적인 경우에 한하여 도로의 차선 배분의 형식으로 제한하는 것만이 가능하도록 해야 할 것이다.

〈표 1〉 '집시법시행령 [별표 1]〈개정 2004.9.23〉 주요도시의 주요도로
(제8조 제1항 관련)' 발췌

주요도로명	시점	경유지	종점
①세종로-태평로-한강로	서대문구 부암동 260(자하문앞)	효자동-광화문-남대문-서울역-삼각지-한강대교	한강대교남단
②경인로-마포로-종로-왕산로-망우로	구로구 오류동 산 17-29	오류동-영등포역-여의도-광화문사거리-종로-청량리-상봉동 망우리	중랑구 망우동 52-4
⑪창경궁로-동소문로-미아로-도봉로	중구 충무로 1가 55(대연각빌딩앞)	동국대입구-을지로 4가-종로4가 -성대입구-한성대입구-미아5동-수유동-도봉동	도봉구 도봉동 377(청소차량기지)
<16>테헤란로	강남구 삼성동 625 (덕영빌딩앞)	포스코사거리-선릉역사거리-역삼역사거리	역삼동 821(시계탑빌딩앞)

---

38) 브록도르프 결정, S. 353-4.

② 이것은 집회·시위 자체를 대상으로 판단하는 것이 아니라 주최자의 전력에 따라 집회·시위를 금지하는 것이어서 사후통제 아닌 사전허가임이 분명하므로 위헌의 가능성이 크다. 왜냐하면 그것은 개별적 집회·시위에 대한 경찰행정적 측면에서가 아니라 "집회·시위 과정에서 흔히 있을 수 있는 사소한 충돌에 대해 경찰이 이를 빌미로 집회를 금지할 수 있게"[39] 하여 남은 기간의 집회 또는 시위에 대한 일괄적인 사전적 허가제로 운용될 수 있게 하기 때문이다.

법원도 경찰당국이 "위 집회참가인원 중 60-70%를 차지하는 한총련이 1994년도에 총 27회의 폭력시위를 주도하였고, 다른 시도의 학생들까지 동원하여 집회에 합류시킬 예정인 점 등에 비추어 이 사건 옥외집회가 집단적인 폭력행사로 공공의 안녕과 질서유지에 직접적인 위협을 가할 것이 명백"하다는 이유로 금지한 사건에서 "원고의 회원단체인 한총련이나 서총련이 종전에 개최한 집회에서 수차 집단적인 폭력행사가 있었다고 하더라도 그러한 사정만으로는 원고가 주최하는 이 사건 옥외집회에서 집단적인 폭력행사가 있을 개연성이 명백하다고 단정할 수 없다"고 판시하여 폭력집회전력을 이유로 금지통고하는 것은 위법하다고 밝혔다.[40]

결론적으로 시위가 전체로서 폭력적인 것으로 될 우려, 주최자·지지자가 일부 사람의 폭력을 용인할 우려가 없는 경우에는 평화적 참가자의 집회 자유는 보호되어야 한다. "개개인의 비평화적 행위가 그 행위자만이 아니라 주최 전체에 대하여도 기본권의 정지를 발생시켜야 한다면... 참가자 일부가 비평화적 의도를 가지고 있다는 것은 거의 항상 '증명'할 수

---

39) 「'집회및시위에관한법률(2004. 1. 29. 제7123호로 개정된 법률)중 별지 기재 조항들'에 대한 헌법소원심판청구서」, 2004. 3, 7쪽/ 총17쪽.

40) 서울고등법원 1995.5.30. 선고, 95구6146 판결. 이것은 주한미군범죄근절을 위한 운동본부가 1995.2.18. 서울역 광장에서 "세 모녀 폭행미군 소환 및 한미행정협정 개정을 위한 시민대회"를 하겠다고 신고한 사건이었다.

있기 때문에 실제상 모든 대규모 시위의 금지가 가능하게 될 것이다".41)

③ 집시법상 시간과 장소가 경합되는 2 이상의 신고가 있고 그 목적으로 보아 서로 상반되거나 방해가 된다고 인정될 경우에는 뒤에 접수된 집회 또는 시위에 대하여 그 집회 또는 시위의 금지를 통고할 수 있다. 이것은 흔히 집회·시위만이 유일한 수단인 쪽의 표현행위를 방해하기 위한 사회적 권력(예컨대 대기업) 쪽의 수단으로 악용되는 경우가 많았다.

더욱이 시간적 후순위 접수 집회·시위를 금지하는 방식은 헌법상 보장된 기본권인 집회·시위를 최대한 보장해야 하는 헌법원칙에 비추어볼 때 적절치 않다. 집행기관이 구체적 상황을 고려하여 양 쪽의 집회·시위를 조정하고 양자 모두 기본권을 실현할 수 있는 방법을 찾도록 해야 한다(실천적[실제적] 조화의 원칙42)).

---

41) 브록도르프 결정, S. 361. 그러나 동시에 일부 참가자의 폭력행위를 근거로 한 대규모 시위 자체의 해산·금지가 전혀 인정되지 않는 것만은 아니다. 다만 "최초로부터 평화적 참가자의 기본권 행사의 기회를 박탈하는 것이 아니라 비평화적 참가자를 고립시킴으로써 주최자에게 우위를 인정하는 사후적 해산이 먼저 우선적으로 고려되어야 할 것이다. 이에 대하여 폭력을 지향하는 소수자의 폭력행위의 우려가 있음을 이유로 한 집회 전체의 예방적 금지는... 엄격한 요건 아래에서 그리고 집회법 제15조 합헌적 적용 아래에서만 허용된다. 이것에는 위험성의 예측에서 고도의 개연성이 존재하는 것..., (예컨대 금지의 장소적 한정에 의해) 평화적 참가자의 권리실현을 가능케 하는 주의 깊은 적용가능수단이 완전히 다할 것이 포함된다. 특히 최후 수단으로서의 시위 전체 금지는 평화적 참가자와 협력에 의해 위험을 방지함으로써 온당한 수단이 실패했는가 또는 참가자 측에 돌려져야 할 이유에 의해 그러한 협력이 불가능했음을 조건으로 한다"(같은 결정, S. 362).

42) "실제적 조화의 이론은 여러 기본권이 충돌하는 경우에 특정의 기본권이 상위서열에 있다는 이유만으로 그 효력을 극대화하고 그 밖의 기본권을 전적으로 배제할 것이 아니라, 충돌하는 기본권 모두의 본질적 내용을 훼손하지 아니하면서 그 효력을 최적정화할 수 있도록 기본권들을 조화시켜야 한다는 이론이다"(권영성, 앞의 책, 338쪽). 그러므로 같은 집회·시위 기본권의 충돌

④ "집회 또는 시위로 인하여 재산 또는 시설에 심각한 피해가 발생" 하였다면 그에 대하여는 거주자나 관리자의 수인, 그 밖의 경우에는 관계자간 합의 또는 민사문제로 해결할 수 있기 때문에 이를 행정관청을 개입시켜 그 우려만으로 집회·시위를 금지하는 것은 헌법적으로 정당화될 수 없다.

집단적 의사표현행위로서의 집회·시위는 다른 사람의 사생활 평온에 영향을 미칠 수밖에 없다. 그러나 그렇다고 '사생활 평온'의 법익을 이유로 집회·시위 기본권을 금지하는 것은 헌법상 인정하기 어렵다. 그 정도의 일시적 불편함은 타인의 기본권 행사의 결과로서 수인해야 하는 것이 민주적 시민의 덕목이자 인권을 끈으로 한 연대의식의 표명인 것으로서 관용의 대상이다.

그리고 학교와 군사시설 주변지역인 경우에도 사전에 판단할 것이 아니라 집회·시위를 허용한 후 구체적 상황에 따라 판단되어 집회·시위 주최 측과 대화를 통하여 해결할 수 있는 수단을 택하는 것이 헌법에 합치된다.

집회금지통고 제도가 집회 개최 이전에 그것의 금지를 가능케 하는 사전적인 것인 이상 이를 헌법상 허용할 수는 없다. 따라서 경찰행정기관에게 과도한 예측 권한을 부여하는 사전적 금지통고 제도는 폐지만이 해결책이다. 다만 금지통고 제도는 집회·시위 자체가 폭력성을 띠는 경우에만 사후금지통고를 인정하는 것이어야 하다. 물론 단순히 몇몇 참가자의 폭력행위에 대하여는 개별적 책임을 묻는 것에 그쳐야지 집회 또는 시위 자체에 대한 금지의 근거로 원용할 수 없다.

에 대하여 신고의 시간적 선후관계만으로 한 쪽을 일방적으로 배제하는 것은 헌법상 허용될 수 없다.

2. 집회 또는 시위의 진행과 해산

1) 집회 또는 시위의 진행

집회 및 시위의 사전허가가 헌법상 금지된다면, 공공질서를 유지하기 위한 집회 및 시위에 대한 제한은 집회 또는 시위의 진행과 관련해서 이루어져야 할 것이다. 그러나 이 경우에도 집회 및 시위의 자유를 최대한 보장하기 위해서는 그 규제는 최소한에 그쳐야 한다.

① 집시법 제12조에 따르면, 관할경찰관서장은 대통령령으로 정하는 주요 도시의 주요 도로에서의 집회 또는 시위에 대하여 교통 소통을 위하여 필요하다고 인정하면 이를 금지하거나 교통질서 유지를 위한 조건을 붙여 제한할 수 있으되, 집회 또는 시위의 주최자가 질서유지인을 두고 도로를 행진하는 경우에는 해당 도로와 주변 도로의 교통 소통에 장애를 발생시켜 심각한 교통 불편을 줄 우려가 있는 경우에만 이를 금지할 수 있다.

먼저 집시법 시행령에서 서울시 주요 도로로 지정된 16개는 사실상 시내의 도로 전부를 지정하고 있어서 문제이다. 다음으로는 브록도르프 결정에서 독일연방헌법재판소의 집회 금지 또는 해산에 대한 매우 엄격한 해석을 원용할 수 있겠다. 독일 집시법 제15조에 따르면, 관할관청은 "처분시의 상황에 비추어 볼 때 집회 또는 시위로 인해 공공안전과 법질서가 직접적으로 위험을 당할 우려가 있는 경우에만" 당해 집회 또는 시위에 대하여 특정한 조건을 부과하거나 금지 또는 해산할 수 있다. 이때 '공공안전과 법질서'에 대하여 헌법재판소는 두 가지 점에서 경찰법적인 '공공 안전'과 '공공 질서' 개념보다 더욱 엄격하게 해석한 것이었다. 즉 하나는 비례원칙 요청에 따라 금지 및 해산은 다른 온당한 수단이 없는 경우 최후 수단으로 간주되는 것이므로 예컨대 도로 혼잡을 회피하려는 이유로는 정당화되지 않는다는 것이었고, 다른 하나는 '직접 위험'이라는 문언은 개별 구체적인 사실을 근거로 하는 그 정도의 위험성 예측을 요구한다고 해석해야 한다는 것이다.[43]

② 집시법 제14조 제2항에 따르면, 관할경찰관서장은 집회 또는 시위의 주최자가 일정한 기준을 초과하는 소음을 발생시켜 타인에게 피해를 주는 경우에는 그 기준 이하의 소음 유지 또는 확성기등의 사용 중지를 명하거나 확성기 등의 일시보관 등 필요한 조치를 할 수 있다. 시행령에 따르면 주거지역과 학교에서는 주간 65dB 이하, 야간 60dB 이하이며, 기타 지역에서는 주간 80dB 이하, 야간 70dB 이하이다.

소리의 크기는 가정에서의 평균생활 40dB, 조용한 사무실 50dB, 일상 대화 60dB, 컴퓨터 자판기 60-70dB, 전화벨과 거리 70dB, 열차 통과 소음 80dB, 집에서 음악감상 85dB, 트럭엔진 90-100dB, 경적소리 100dB, 도로 굴착 100-110dB, 소리가 큰 록밴드 110dB, 제트엔진 150dB 정도이고, 120-140 dB가 되면 듣기에 고통스러운 정도가 된다.[44]

사실 우리는 소음 속에서 살고 있으며, 소음규제가 필요한 점에 공감한다. 그런데 대규모 집회와 시위의 경우 내부적 의사소통 내지는 대외적 의사전달을 위해 불가피하게 확성기 등을 사용할 수밖에 없다. 그것은 의사소통의 수단인 점에서 집시법시행령상의 소음기준은 조정되어야 한다. 더욱이 집시법이 사용중지 등의 명령을 위반한 경우 6개월 이하의 징역 또는 50만원 이하의 벌금·구류 또는 과료에 처하도록 한 것은 과도하다.

---

43) 브록도르프 결정, S. 353-4 참조.
44) 권두섭, "집회와 시위상의 법률문제," 개정된 집시법에 어떻게 대응할 것인가?: 워크샵자료집, 2004.2.6, <http://jipsi.jinbo.net/, 자료실>, 검색일: 2004.4.19, 2쪽.

2) 집회 및 시위의 해산

집시법 제20조 제1항에 따라 관할경찰관서장은 ① 제5조제1항, 제10조 본문 또는 제11조를 위반한 집회 또는 시위, ② 제6조제1항에 따른 신고를 하지 아니하거나 제8조 또는 제12조에 따라 금지된 집회 또는 시위, ③ 제8조제3항에 따른 제한, 제10조 단서 또는 제12조에 따른 조건을 위반하여 교통 소통 등 질서 유지에 직접적인 위험을 명백하게 초래한 집회 또는 시위, ④ 제16조제3항에 따른 종결 선언을 한 집회 또는 시위, ⑤ 제16조제4항 각 호의 어느 하나에 해당하는 행위로 질서를 유지할 수 없는 집회 또는 시위 등을 해산할 수 있다.

그런데 집회 개최의 자유가 최대한 보장되어야 하는 만큼 집회를 강제적으로 종료시키는 집회의 강제해산사유도 엄격하게 규율되어야 한다. 즉 '집단적인 폭행, 협박, 손괴, 방화 등으로 공공의 안녕 질서에 구체적이고 직접적인 위험을 초래함이 명백하고 현존하는 집회'가 그 기준이 되어야 할 것이다. 따라서 "주최자와 지지자가 폭력행위를 의도하거나 또는 적어도 다른 사람의 폭력행위를 용인할 것이라는 고도의 개연성을 수반한 예측이 성립하는 경우에는 집회금지명령은 대규모집회에 관하여도 헌법상 특별한 문제를 발생시키지 않"[45]지만, "집회의 자유는 집단의 권리가 아니라 개인의 권리에 속하기 때문에 소수의 집회참여자가 무장을 하였다고 하여 폭력적이라는 이유로 집회 자체를 제한할 수는 없다."[46]

4. 강압적 신고제

집시법 제6조 제1항의 신고사항은 "목적, 일시(소요시간을 포함한다),

---

45) 브록도르프 결정, S. 360.

46) Kurschildgen, Johannes, "Anmerkungen zur Versammlungsfreiheit," 공법학연구 제4권 제1호(한국비교공법학회, 2002), 129쪽.

장소, 주최자(단체인 경우에는 그 대표자를 포함한다)·연락책임자·질서유지인의 주소·성명·직업·연락처, 참가예정단체 및 참가예정인원과 시위방법(진로 및 약도를 포함한다)"이며, 이 중 시위방법은 집시법시행령 제2조에서 규정한 "1. 시위의 대형, 2. 차량·확성기·입간판 기타 주장을 표시한 시설물의 이용여부와 그 수, 3. 구호제창의 여부, 4. 진로(출발지·경유지·중간행사지·도착지등), 5. 약도(시위행진의 진행방향을 도면으로 표시한 것), 6. 차도·보도·교차로의 통행방법, 7. 삭제<2004.9.23>,[47] 8. 기타 시위의 방법과 관련되는 사항"이다.

신고사항의 과다성과 상세함은 그에 대한 금지사유와 비례하는 것이어서 신고제가 실질적 허가제로 작동하게 하며, 더욱이 보완통고제도와 집회 금지 조치 그리고 처벌조항으로 이어지는 일련의 조항은 실질적 허가제를 공고화한다. 예컨대 관할 경찰서장이 집회신고서의 기재사항에 미비한 점이 있다고 하여 그 보완을 통고(법 제7조 제1항)하였는데 이를 집회주최자가 보완하지 않은 경우에는 집회 금지 조치(법 제8조 제1항)를 취할 수 있음은 물론 '허위'신고에 대하여 6월 이하의 징역 또는 50만원 이하의 벌금·구류 또는 과료에 처하도록 하고 있는 것이다.[48]

대법원은 "옥외집회 또는 시위가 그 신고사항에 미비점이 있었다거나 신고의 범위를 일탈하였다고 하더라도 그 신고내용과 동일성이 유지되는 한 신고를 하지 아니한 것으로 볼 수 없고... 신고사항 미비나 신고범위

---

47) 연좌시위 등 중간행사의 방법
48) 서울고등법원도 "또한 법 제8조 제1항은 신고서의 기재사항에 미비한 점이 보완되지 않는 경우 관할 경찰서장이 집회 또는 시위의 금지를 통고할 수 있도록 규정하고 있는데, 이러한 금지통고가 헌법에서 금하고 있는 사전허가가 되지 않기 위하여는 경찰서장이 집회의 실질적 내용에까지 들어가 그 위법 여부를 판단하여 허부를 결정하여서는 안 된다 할 것이다(서울고등법원 1998.12.29. 선고, 98누11290 판결)"고 하여 경찰당국의 금지통고를 취소한 바 있다.

일탈하였다는 이유만으로 곧바로 당해 옥외집회 또는 시위 자체를 해산하거나 저지하여서는 아니될 것이고 옥외집회 또는 시위당시의 구체적인 상황에 비추어 볼 때 옥외집회 또는 시위의 신고사항 미비점이나 신고범위 일탈로 인하여 타인의 법익 기타 공공의 안녕질서에 대하여 직접적인 위험이 초래된 경우에 비로소 그 위험의 방지 제거에 적합한 제한조치를 취할 수 있으되, 그 조치는 법령에 의하여 허용되는 범위내에서 필요한 최소한도에 그쳐야 할 것"이라고 단지 신고사항과 다름을 이유로 한 경찰의 강제해산 등 제지행위가 위법하다고 판시한 바 있다.[49]

따라서 현행 집시법의 강압적 신고제는 실질적 허가제이어서 위헌가능성이 크다. 신고제가 그 본질에 충실하다면 집회 주최자가 신고 자체를 꺼릴 까닭이 없다. 왜냐하면 득이 되면 득이 되었지 실이 될 게 없기 때문이다. 입법자와 경찰행정기관 역시 신고제의 본질에 충실하여 집회와 시위의 자유를 최대한 보장하는 터전 위에서 공공질서 유지의 조화를 꾀하는 평화주의적 지혜가 필요하다.

---

49) 대법원 2001.10.9. 선고, 98다20929 판결. 이것은 민가협이 1996. 8. 8. 죄수복을 입고 포승으로 몸을 묶은 채 행진을 시작하자 경찰은 이 상징행위가 애초 신고내용에 없다는 이유로 이를 제지한 것에 대한 국가배상청구 사건이었다. 2008. 7. 15.에도 대법원 1부(주심 김지형 대법관)는 신고된 것과 상당히 다른 양상으로 진행되는 집회를 미신고 불법집회로 간주하고 해산명령을 내리거나 처벌하는 관행에 대하여 제동을 거는 판결을 내렸다. 즉 재판부는 "진행 과정에서 애초 신고한 목적·장소·방법 등에서 현저히 일탈하는 행위에 이르렀다고 하더라도 이를 미신고 집회로 볼 수 없다"며 "'집회에 대한 허가는 인정되지 않는다'는 헌법 조항과 집시법 취지를 염두에 두고 신고 내용과 실제 집회를 구체적, 개별적으로 비교한 뒤 종합적으로 평가해야 한다"고 밝혔다(한겨레, 2008.7.16자).

Ⅳ. 맺음말

현행 집시법은 헌법이 보장하는 집회와 시위의 자유에 대하여 '허가제 금지'라는 헌법이 직접 설정한 보호장치를 해제하여 집회와 시위의 자유를 원천봉쇄하는 충분히 과잉의 악법적 요소를 담고 있다. 여기에 경찰은 촛불집회시 시위대의 진로를 가로막기 위해 컨테이너박스를 설치하거나(이른바 '명박산성') 전경버스로 장벽을 설치할 뿐 아니라 상경 시위에 대해 지방에서부터 집회 참가를 차단하는 등 이중의 원천봉쇄 조치를 취하였다. 그런데도 이명박 정부는 그것도 모자라 여기에 평화시위구역 운영, 소음 기준 강화, 신원확인을 어렵게 할 목적의 복면·마스크 착용, 시위 사용목적의 총포·곤봉·철봉 등 제조·운반 행위 등 폭력시위 '사전 준비'의 차단 추진, 형사책임과 별도로 경찰관 부상, 기물손괴 등 피해액에 대한 적극적인 민사적 책임 청구, '불법폭력시위단체'에 대한 정부보조금 지원 제한 확대 추진 등 법률적 차원에서 위헌적인 집회·시위 차단책을 다시 덧댈 모양이다.

지금 이명박 정부의 반헌법적·반인권적 정책은 비단 'MB식 법치'의 선봉인 집시법에 한정된 것은 아닐 터이다. 다만 한 마디 빌리건대, "방향키에 복종하지 않는 배는 결국 암초에 굴복하느니라."[50]

---

50) France, Anatole, 김우영 옮김, 펭귄의 섬(다른우리, 2008), 31쪽.

인터넷 실명제의 헌법적 문제점[*]

황 성 기[**]

Ⅰ. 들어가는 말

최근 방송통신위원회와 한나라당은 인터넷을 통제하기 위한 여러 입법들을 추진 중에 있다. 대표적인 것이 포털과 같은 정보매개서비스제공자의 모니터링 의무화, 임시조치 의무화 및 위반시 과태료 부과 등을 주요 내용으로 하는 방송통신위원회의 「정보통신망 이용촉진 및 정보보호 등에 관한 법률」(이하 '정보통신망법'이라 함) 전부개정법률안, 사이버모욕죄를 신설하려고 하는 나경원 의원의 정보통신망법개정안 등이 그것이다. 비록 정보통신망법개정안은 아니지만 정보통신망법시행령의 개정을 통해서 본인확인제, 소위 '강제적 인터넷 실명제'의 적용범위를 확대하려는 시도도 인터넷 통제를 위한 입법조치 중의 하나로 거론되고 있다. 대

---

[*] 이 논문은 필자가 이미 출간한 "황성기, 인터넷 실명제에 관한 헌법학적 연구, 『법학논총』 제25집 제1호, 한양대학교 법학연구소, 2008. 3, 7-37쪽" 중에서, 공직선거법상의 선거게시판 실명제에 관한 내용을 제외한 나머지 부분은 전재한 것임을 밝힌다.

[**] 한양대학교 법과대학 부교수

체로 이들 입법안들이라든지 입법조치들에 대해서는 야당, 시민사회, 전문가 등으로부터 반대의 목소리가 높다.[1)

이 글은 헌법적 관점에서 인터넷 실명제의 적절성 여부를 분석하는 것을 목적으로 한다. 이에 따라 먼저 인터넷 실명제의 기본개념 및 목적을 파악하고, 인터넷에서의 익명성보호를 위한 기본원칙을 살펴본 뒤, 현행 정보통신망법상의 본인확인제의 위헌성 여부를 검토함으로써, 현재 정부가 추진하고 있는 강제적 인터넷 실명제의 문제점을 분석하기로 한다.

Ⅱ. 인터넷 실명제의 개념 및 목적

1. 인터넷 실명제의 개념

지금 현재 사회적으로 논란이 되고 있는 인터넷 실명제는 '제한적 본인확인제' 혹은 '일반게시판 실명제'라는 명칭으로 이미 2007. 1. 26.에 이루어진 정보통신망법 개정을 통해서 도입된 것이다(정보통신망법 제44조의 5).

정보통신망법 제44조의5는 '게시판이용자의 본인확인'이라는 제목으로 다음과 같이 규정하고 있다.

① 다음 각 호의 어느 하나에 해당하는 자가 게시판을 설치·운영하려는 경우에는 그 게시판이용자의 본인 확인을 위한 방법 및 절차의 마련 등 대통령령이 정하는 필요한 조치(이하 "본인확인조치"라 한다)를 하여야 한다.
1. 국가기관, 지방자치단체, 「정부투자기관 관리기본법」 제2조의 규정에 따른 정부투자기관, 「정부산하기관 관리기본법」의 적용을 받는 정부산

---

1) 특히 사이버모욕죄에 대해서는 '표현의 자유 침해'라는 관점에서 그것을 비판하는 전국 법학자 및 교수, 법조계 인사 229명이 2008. 11. 11일 전문가 선언문을 발표하고 입법시도의 즉각 철회를 촉구하고 나선 적이 있다.

하기관, 「지방공기업법」에 따른 지방공사 및 지방공단(이하 '공공기관
  등'이라 한다)
  2. 정보통신서비스제공자로서 제공하는 정보통신서비스의 유형별 일일평균
  이용자수 10만명 이상으로서 대통령령으로 정하는 기준에 해당되는 자
  ② 정보통신부장관은 제1항 제2호의 규정에 따른 기준에 해당되는 정보통
  신서비스제공자가 본인확인조치를 하지 않은 경우 본인확인조치를 하도
  록 명령할 수 있다.
  ③ 정부는 제1항의 규정에 따른 본인확인을 위하여 안전하고 신뢰할 수 있
  는 시스템을 개발하기 위한 시책을 마련하여야 한다.
  ④ 공공기관 등 및 정보통신서비스제공자가 선량한 관리자의 주의로써 제1
  항의 규정에 따른 본인확인조치를 한 경우에는 이용자의 명의가 제3자
  에 의하여 부정사용됨에 따라 발생한 손해에 대한 배상책임을 줄이거나
  면제받을 수 있다.

정보통신망법 제44조의 5가 규정하고 있는 현행 일반게시판 실명제는
필명, 가명 등에 의한 표현을 배제하는 것을 의미하는 것이 아니라는 점
에서, 그리고 영리목적의 일정 규모 이상의 웹사이트 등에 대해서만[2] 본

---

2) 예컨대 정보통신망법 제44조의 5 제1항 제2호는 '정보통신서비스제공자로서
   제공하는 정보통신서비스의 유형별 일일평균 이용자수 10만명 이상으로서
   대통령령으로 정하는 기준에 해당되는 자'에 대해서만 본인확인조치의무를
   부과하고 있고, 동법시행령 제30조 제1항은 본인확인조치의무를 지는 정보
   통신서비스제공자의 범위를 다음과 같이 제시하고 있다. 첫째, 전년도말 기
   준 직전 3개월간의 포털서비스(다른 인터넷주소·정보 등의 검색과 전자우
   편·커뮤니티 등을 제공하는 서비스) 일일평균 이용자수가 30만명 이상인 정
   보통신서비스제공자, 둘째, 전년도말 기준 직전 3개월간의 인터넷언론서비
   스(「언론중재 및 피해구제 등에 관한 법률」 제2조제1호에 따른 언론을 정보
   통신망을 이용하여 제공하는 서비스) 일일평균 이용자수가 20만명 이상인
   정보통신서비스제공자, 셋째, 전년도말 기준 직전 3개월간의 전문손수제작
   물매개서비스(이용자가 직접 만든 디지털콘텐츠를 전문적으로 매개하는 서
   비스) 일일평균 이용자수가 30만명 이상인 정보통신서비스제공자. 이러한
   기준에 따라 정보통신부는 2007. 4. 25 본인확인제 적용대상 정보통신서비
   스제공사업자 35곳을 선정하여 통보한 적이 있다. 이들 업체로는 네이버, 다

인확인절차가 의무화된다는 점에서 '제한적 본인확인제'3)라고 불리기도 한다. 아무튼 현행 일반게시판 실명제는 게시판 이용자가 게시판에 글을 쓰고자 할 때는 사전에 그 사람이 누구인지 확인된 경우에만 글을 쓸 수 있고, 여기서 본인확인방법은 자발적 방식이 아닌 의무화방식을 채택하고 있는 것은 분명하다. 그리고 본인확인의 의무는 사업자에게 부과된다. 하지만 현행 정보통신망법상의 일반게시판 실명제의 경우에는 본인확인 의무를 이행하지 아니한 사업자에 대해서 그 의무위반을 이유로 직접적으로 제재를 가하지는 않고 있다. 다만 제44조의 5 제2항이 규정하고 있는 정보통신부장관의 본인확인조치이행명령에 위반하는 경우에만 3천만원 이하의 과태료가 부과되도록 하고 있다(정보통신망법 제76조 제1항 제1호). 보다 쉽게 이야기하면 영리목적의 일정 규모 이상의 웹사이트 등이 게시판을 운영하는 경우에는 항상 게시판이용자의 본인 여부를 확인해야 할 의무를 지게 되고, 본인 여부가 확인된 이용자만이 당해 웹사이트 등의 게시판에 자신의 글을 올릴 수 있게 되는 제도이다.

또한 여기서 주목할 점은 본인확인을 위한 구체적인 기술 및 방법과 관련하여, 정부가 본인확인을 위한 신뢰할 수 있는 시스템을 개발할 선언적 의무를 지게 되고, 선량한 관리자의 주의로써 본인확인 조치를 한 사업자는 본인확인수단을 악용한 불법이용자로 인하여 발생하는 손해에 대한 책임이 감면될 수 있다는 점이다.

위와 같이 현행 정보통신망법상의 일반게시판 실명제의 내용을 고려할 때, 인터넷 실명제란 "주민등록번호 혹은 기타의 기술적인 실명인증방법을 통해서 본인으로 확인된 자만이 일정한 정보통신서비스를 이용할

음 등 포털 16곳, 조인스닷컴, iMBC 등 인터넷언론 14곳 및 판도라TV, 엠군 등 UCC전문사이트 5곳 등을 들 수 있다.

3) 이화실, "인터넷 역기능의 예방 및 피해구제를 위한 제도의 마련: 「정보통신망 이용촉진 및 정보보호 등에 관한 법률」", 「국회보」 제484호, 국회사무처, 2007. 3, 83면.

수 있거나 게시판을 통해서 의사표현을 할 수 있고, 당해 정보통신서비스를 제공하는 자는 본인인증을 위한 기술적 조치를 구축해야 할 법적 의무 뿐만 아니라 본인인증이 이루어지지 않은 자에 의해 게시된 의견이나 글을 삭제하거나 본인인증이 이루어지지 않은 자에 의한 당해 정보통신서비스의 이용을 차단해야 할 법적 의무를 지게 되며, 이러한 법적 의무를 위반한 자에 대해서는 제재조치가 부과되는 제도"라고 정의될 수 있다.

2. 인터넷 실명제의 목적

현행 정보통신망법이 규정하고 있는 '일반게시판 실명제'의 기본목적은 본인인증시스템의 강제적 구축을 통한 '의사표현의 통제'에 있다고 할 수 있다.[4] 물론 범죄행위나 불법행위를 범하는 자에 대한 '추적가능성' 및 '수사의 용이성'을 확보하기 위한 것도 또 다른 부가적인 목적으로 상정할 수 있다. 하지만 현행 정보통신망법상의 일반게시판 실명제가 상정하는 본인인증시스템은 이미 상당수의 인터넷포털사업자들이 실제로 회원제방식을 취함으로써 사실상 운영하고 있다는 점에서, 그리고 회원정보나 인터넷이용자의 전기통신역무 이용사실에 관한 인터넷 로그기록자료 등은 통신비밀보호법상 '통신사실확인자료'(제2조 제11호)에 해당하고, 비록 일정한 요건 및 절차에 구속되지만 수사기관이 통신사실확인자료의 열람이나 제출을 전기통신사업자에게 요청할 수 있다는 점(제

---

4) 현행 정보통신망법상의 일반게시판 실명제가 도입되기 이전에 실명제의 도입을 찬성했던 찬성론이 그 논거로서 명예훼손이나 비방, 사기 등 인터넷 역기능의 주된 원인이 익명성에 있다고 진단하면서, 이러한 익명성을 제거해야지만 역기능에 대처할 수 있다고 주장한 것도 바로 이러한 맥락에 있다고 할 수 있다.

13조)을 염두에 둘 때, 입법목적으로 인정하기 어렵다. 결국 현행 일반게 시판 실명제의 기본목적은 '본인확인절차를 통한 의사표현의 통제'에 있다고 보는 것이 적절하다. 바로 이러한 이유 때문에, 그 명칭이 '일반게시판 실명제'로 부르든 아니면 '제한적 본인확인제'로 부르든 간에 현행 정보통신망법 제44조의 5가 규정하고 있는 규제장치를 '인터넷 실명제'로 규정할 수 있는 것이다.

Ⅲ. 인터넷에서의 익명성보호를 위한 기본원칙

사이버공간에서 익명으로 의사소통할 수 있는 가능성은 인터넷의 가장 중요하고도 가치있는 특징들 중의 하나이다. 사이버공간에서의 익명성은 인터넷의 형성 당시부터 태생적으로 정보에 대한 자유로운 접근 및 유통 그리고 표현의 자유를 보장하는 장치이기 때문에, 그것을 제한하거나 제거해야 된다는 것은 사이버공간이 자유를 상실한 공간이 된다는 것을 의미한다. 즉 사이버공간에서의 익명성이 인터넷을 '자유의 기술'(technology for freedom)로 인식하게 하는데 크게 기여했다면, 그 익명성의 제거는 곧 인터넷이 '감시의 기술'(technology for surveillance)로 전락할 수 있는 가능성을 내포하게 되는 것이다.5) 역사적으로 볼 때, 익명성은 속박과 억압이 아닌 '자유'라고 하는 근대사회에서의 개인적 자유주의의 가치와 서로 맞닿아 있다고 할 수 있다. 인터넷이 등장하면서 이러한 익명성은 보다 강화된 자유의 기술로서 작동하게 되는 것이다. 물론 익명에 의한 커뮤니케이션이 명예훼손이나 비방 등 범죄목적으로 악용되는 경우도 존재할 수 있겠지만, 익명에 의한 커뮤니케이션의 긍정적 가치를 부정할

---

5) 고경민, 「인터넷은 민주주의를 이끄는가」, 삼성경제연구소, 2006, 48면.

수는 없을 것이다.

이러한 맥락에서 '미국과학발전협회(American Association for the Advancement of Science)'는 1997년 11월 회의에서 향후 인터넷에 대한 규제시스템이나 규제정책들을 설계함에 있어서 온라인에서의 익명커뮤니케이션(anonymous communication online)을 보장하기 위한 4가지 원칙을 다음과 같이 제시한 적이 있다.[6]

첫째, 익명성은 도덕적으로 중립적이라는 원칙이다(anonymous communication online is morally neutral). 익명성을 이용하여 야기될 수 있는 양면성, 즉 순기능적 측면과 역기능적 측면을 구분하는 것이 중요하고, 역기능적 측면이 순기능적 측면을 불필요하게 제한하는 근거로 활용되어서는 안된다는 점을 강조하고 있다. 따라서 이 원칙에 입각하면, 익명성에 대한 도덕적 가치판단을 전제로 해서 모든 인터넷상의 일탈행위 내지 역기능의 원인이 익명성에 있고, 그 익명성을 제거하면 이러한 역기능이 해소될 것이라는 현행 인터넷 실명제의 기본철학은 굉장히 단순한 발상이자 논리의 비약이라고 할 것이다.

둘째, 익명커뮤니케이션은 강력한 인권이자 헌법상의 권리로 간주되어야 한다는 원칙이다(anonymous communication should be regarded as a strong human right, in the United States it is also a constitutional right). 그 규범적 전거로 제시되고 있는 것이 1948년 유엔총회에서 채택된 「인권선언(Universal Declaration of Human Rights)」 제12조(사생활의 자유) 및 제19조(표현의 자유), 미연방헌법 수정 제1조이다.

셋째, 온라인커뮤니티에 대해서 익명커뮤니케이션의 이용에 관한 자

---

6) Rob Kling, Ya-ching Lee, Al Teich & Mark S. Frankel, "Anonymous Communication Policies for the Internet: Results and Recommendations of the AAAS Conference", in Robert M. Baird, Reagan Ramsower & Stuart E. Rosenbaum(ed.), *Cyberethics: Social & Moral Issues in the Computer Age*, Prometheus Books, 2000, 99-101면.

신만의 고유한 정책이나 조건을 설정할 수 있게 허용되어야 한다는 원칙이다(online communities should be allowed to set their own policies regarding the use of anonymous communication). 즉 개인이 실명으로 의사표현을 하든 익명으로 의사표현을 하든, 또한 게시판 등의 온라인커뮤니티를 운영하는 자가 실명제방식으로 그것을 운영하든 익명제방식으로 운영하든, 각 개별 주체에게 선택권을 보장해야 한다는 원칙을 의미한다. 따라서 공직선거법상의 선거게시판 실명제나 정보통신망법상의 일반게시판 실명제는 실명제방식을 법적으로 강제한다는 점에서, 이러한 자율성원칙에 반하게 되는 셈이다.

넷째, 개별 인터넷이용자에 대해서 자신의 정체성이 온라인에서 어느 정도 공개되어 있는지에 관해 통지를 받아야 한다는 원칙이다(individuals should be informed about the extent to which their identity is disclosed online). 즉 이용자는 자신이 이용하는 온라인서비스가 어떠한 조건으로 익명성을 어느 정도까지 허용하고 있는지에 관해서 충분히 고지받아야 한다는 것을 의미한다. 이러한 원칙을 투명성원칙(principle of transparency)이라 할 수 있는데, 위의 자율성원칙의 논리적 필연이라고 할 것이다.

한편 인터넷 상에서의 익명성은 2003. 5. 28 유럽회의(Council of Europe)의 각료위원회(Committee of Ministers)에 의해 채택된 「인터넷 상에서의 커뮤니케이션의 자유에 관한 선언(Declaration on freedom of communication on the Internet)」에서도 인터넷 상에서의 커뮤니케이션과 관련하여 회원국들이 준수해야 할 원칙들 7가지 중의 하나로 제시되고 있다. 동 선언이 제시하고 있는 7가지 원칙들 중에서 가장 마지막에 제시되고 있는 제7원칙은 익명성(anonymity)에 관한 것으로서, 온라인감시로부터의 보호와 정보 및 사상의 자유로운 표현을 신장시키기 위하여 회원국들은 자신의 정체를 공개하지 않으려는 인터넷이용자의 의사를 존중해야 한다는 점을 천명하고 있다. 물론 이것이 회원국들이 범죄행위를 저지른 사람들을 추적하기 위한 적절한 조치를 취하는 것을 막는 것은 아니라는 점도 부가하고 있다.

Ⅳ. 인터넷 실명제의 헌법적 문제점

1. 게시판 개념정의의 포괄성

현재의 정보통신망법상의 인터넷 실명제는 '게시판'의 개념정의가 너무 포괄적이어서 포섭범위의 광범성으로 인한 표현의 자유에 대한 침해의 가능성을 내포하고 있다. 예컨대 정보통신망법 제2조 제9호에 의하면, '게시판'이라 함은 "그 명칭과 관계 없이 정보통신망을 이용하여 일반에게 공개할 목적으로 부호·문자·음성·음향·화상·동영상 등의 정보를 이용자가 게재할 수 있는 컴퓨터 프로그램 또는 기술적 장치"를 말한다. 하지만 이러한 개념정의에는 우리가 일반적으로 인식하고 있는 게시판 뿐만 아니라 공개된 개인블로그나 카페 등도 포함되게 된다. 따라서 자유로운 의사표현과 정보유통이 이루어져야 하는 공론장(public forum)의 모든 영역에 대해서 본인확인을 강제하는 것은 인터넷에서의 표현의 자유를 너무 과도하게 제한할 위험성이 높다.

2. 익명표현의 자유의 침해

인터넷 실명제는 '익명표현의 자유'를 침해한다는 관점에서 문제가 제기될 수 있다. 여기서 과연 익명표현의 자유가 무엇이고, 또한 익명표현의 자유라는 기본권이 표현의 자유의 일 내용으로서 인정될 수 있는지가 이론적으로 규명되어야 할 것이다. 우선 익명표현의 자유는 그 문리적 해석상 "자신의 실명이나 신원을 드러내지 않고 익명의 상태에서 자신의 의사나 의견을 외부에 표명하는 자유"라고 정의될 수 있다. 다음으로 이러한 의미에서의 익명표현의 자유가 과연 헌법상 보장되는 기본권으로서 표현의 자유에 포함될 수 있느냐의 문제가 해결되어야 할 것이다.

이와 관련하여 참고할 수 있는 것이 미국 연방대법원의 판례이다.[7] 미국에서 익명표현의 자유가 직접적으로 문제된 연방대법원 판례는 1995년의 McIntyre v. Ohio Elections Commission 사건[8]이다. McIntyre 사건 이전에도 익명표현의 금지문제가 헌법적으로 논란이 된 적은 있지만[9], 본격적으로 익명표현의 자유가 헌법상 보호되는 권리인지 여부가 본격적으로 다루어진 사건이 McIntyre 사건이라고 할 수 있다. 이 사건에서 다투어진 것은 발행하는 사람 또는 선거사무소의 이름과 주소가 명시되어 있지 아니한 선거관련 자료의 배포를 금지한 오하이오주 법률규정이 미연

---

7) 익명표현의 자유와 관련하여 미국법원의 판례동향에 관한 자세한 소개로는 문재완, "익명 표현의 자유에 관한 연구", 「언론과 법」 제4권 제2호, 한국언론법학회, 2005. 12, 149-162면 참조.

8) 514 U.S. 334.

9) N.A.A.C.P v. Alabama, 357 U.S. 449(1958)(이 사건에서는 단체의 회원명부를 공개하도록 강제하는 알라바마주 법률규정이 결사의 자유를 침해하는지 여부가 문제되었고, 연방대법원은 위헌선언하였음); Bates v. City of Little Rock, 361 U.S. 516(1960)(이 사건에서는 단체의 회원명부를 공개하도록 강제하는 아칸소주의 두 개 시 조례가 결사의 자유를 침해하는지 여부가 문제되었고, 연방대법원은 위헌선언하였음); Talley v. California, 362 U.S. 60(1960)(이 사건에서는 발행자, 배포자, 후원자의 이름과 주소를 명시하지 않은 전단 배포를 금지하는 L.A.시 조례규정이 표현의 자유를 침해하는지 여부가 문제되었고, 연방대법원은 위헌선언하였음); Buckley v. Valeo, 424 U.S. 1(1976)(이 사건에서는 정치자금의 기부자이름과 주소를 공개하도록 한 1971년의 연방선거법 관련규정이 위헌인지 여부가 문제되었고, 연방대법원은 합헌선언을 하였음).

방헌법 수정 제1조를 위반하는지 여부였다. 원래 이 법률규정의 기본취지는 사기(fraud), 명예훼손(libel) 또는 잘못된 광고(false advertising)를 포함하고 있는 선거문건을 배포하는 사람을 확인하기(identify) 위한 것이고, 또한 그러한 문건을 평가하기 위한 메커니즘을 유권자에게 제공하기 위한 것이었다. 연방대법원은 심판대상이 된 오하이오주 법률규정을 위헌선언하면서, 다음과 같은 요지의 판시를 하게 된다. 첫째, 익명으로 출판할 자유(freedom to publish anonymously)는 수정 제1조에 의해 보호를 받으며, 문학영역에서부터 정치적 문제의 의견표명에까지 확대 적용된다. 둘째, 당해 오하이오주 법률규정은 핵심적인 정치적 의사표현(core political speech)에 대한 규제에 해당하기 때문에, 이러한 규제에는 엄격심사가 적용되고, 따라서 국가의 이익을 달성하기 위해 엄밀하게 설계된(narrowly tailored) 경우에만 그 합헌성이 인정된다. 셋째, 사기성이 있거나 혹은 명예훼손적 표현을 방지하려는 오하이오주의 이익 그리고 유권자에게 관련 정보를 제공하려고 하는 오하이오주의 이익은 실명공개를 요구하고 익명표현을 금지하는 당해 법률규정을 정당화할 만큼 충분하지 못하다. 왜냐하면 話者의 신원(speaker's identity)은 話者가 자유롭게 포함시키거나 배제할 수 있는 문서의 내용적 요소와 전혀 다르지 않기 때문이다. 또한 일반 독자에게 알려지지 않은 개인에 의해 작성된 전단의 경우에는, 그 저자의 이름과 주소는 일반 독자가 당해 문건의 내용을 평가하는데 별로 도움을 주지 않기 때문이다. 미국 연방대법원은 McIntyre 사건 이후에도 일련의 사건들에서 익명표현의 권리를 헌법상의 권리로 인정하게 된다.[10]

---

[10] Watchtower Bible & Tract Society of New York, Inc. v. Village of Stratton, 536 U.S. 150(2002)(이 사건에서는 市長에게 등록하고 허가를 받지 않는 한 호별방문에 의한 판매나 선교를 금지한 조례가 익명표현의 권리를 침해하는지 여부가 문제되었고, 연방대법원은 위헌선언하였음); Buckley v. American Constitutional Law Found, 525 U.S. 182(1999)(이 사건에서는 주민발안절차와 관련하여 주민발안을 제안하고자 하는 자는 자신의 이름, 자원봉사자인

뿐만 아니라 비록 연방대법원판결은 아니지만 이러한 익명표현의 권리가 인터넷에서도 인정된다는 연방하급심판결들이 존재한다.[11]

위와 같이 익명표현의 자유의 개념이라든지 기본취지를 염두에 둘 때, 우리 헌법이 보장하고 있는 표현의 자유에도 익명표현의 자유가 포함되어 있다고 해석하는 것이 타당하다.[12] 왜냐하면 표현의 자유가 완전히 구현되기 위해서는 자신의 의사를 '자유롭게' 표현할 수 있어야 하는데(그렇다고 해서 타인의 권리를 침해해도 무방하다는 의미는 아니다), 이러한 자유로운 의사표현은 익명성이 보장되는 경우에만 가능하기 때문이다. 또한 표현의 자유가 보호하고자 하는 핵심가치가 자유롭게 자신의 의사나 의견을 외부에 표명하는 데에 있다고 한다면, 그것이 실명으로 표현되든 아니면 익명으로 표현되든 그 표현방식이나 표현방법은 의사표현자의 선택의 문제이다. 즉 표현의 자유가 보호하고자 하는 것은 그 표현방식이

지 유급인지 여부, 유급인 경우 고용인의 이름과 전화번호를 표시한 신분확인용 뱃지를 달도록 강제한 콜로라도주 법률규정이 익명표현의 권리를 침해하는지 여부가 문제되었음).

11) ACLU v. Johnson, 4 F. Supp. 2d 1029(D.N.M. 1998), aff'd 194 F.3d 1149(10th Cir. 1999)(이 사건에서는 인터넷을 통해서 청소년에게 유해한 정보를 전송하는 것을 금지하는 뉴멕시코주 법률규정이 헌법에 위반되는지 여부가 문제되었고, 제1심 법원인 뉴멕시코주 연방지방법원이 당해 법률규정의 집행을 정지하는 예비적 금지명령을 발하였고, 항소법원인 연방 제10 순회법원이 제1심 법원의 결정을 지지하였음. 제1심 법원이 심판대상이 된 법률규정의 위헌성을 인정한 논거 중의 하나가 바로 동 법률규정이 익명으로 커뮤니케이션을 하고 정보에 접근하는 것(communicating and accessing information anonymously)을 금지한다는 점임); ACLU of Georgia v. Miller, 977 F. Supp. 1228(N.D.Ga. 1997)(이 사건에서는 인터넷상에서 데이터를 전송하면서 가짜 명의를 사용하는 자에 대해서 형사벌을 부과하는 조지아주 법률규정이 헌법에 위반되는지 여부가 문제되었고, 조지아주 연방북구지방법원은 그 집행을 정지하는 예비적 금지명령을 발하였음).
12) 정재황 외 4인, 「사이버공간상의 표현의 자유와 그 규제에 관한 연구」, 헌법재판연구 제13권, 헌법재판소, 2002. 12, 131-136면.

나 표현방법에서의 제한이 부과되지 않은 '자유로운' 상태에서 자신의 의사나 의견을 외부에 표명할 수 있도록 하는 데에 있다고 할 것이다. 이러한 맥락에서 본다면, 표현의 자유에 있어서의 '익명성'이라는 요소는 표현의 자유가 보장되기 위한 '최소한의 필요조건'이라고 할 수 있다.

또한 익명표현의 자유에서 '익명'이란 단순히 '실명'의 반대어로만 국한해서 이해하는 것이 아니라, '신원을 확인받지 아니한 상태' 또는 '신원을 드러내지 아니한 상태'까지 포함하는 의미로 해석해야 한다. 왜냐하면 익명표현의 자유가 추구하는 가치는, 표현의 주체인 話者가 누구인지가 드러내지 않은 상태 또는 話者가 누구인지를 제3자가 알지 못하는 상태에서 진정한 자유로운 의사표현이 가능하다는 믿음에 근거하기 때문이다. 익명표현의 자유의 내용 또는 보호범위를 이렇게 해석하는 경우에는, 본인 여부에 대한 실명인증을 거치되 반드시 실명만을 사용하도록 강제하는 것이 아니라 허무인 명의나 별명을 사용할 수 있게 하는 '실명확인제' 또는 '본인확인제'도 익명표현의 자유를 침해한다는 결론이 가능하게 된다.

그리고 이러한 익명표현의 자유는 그것이 오프라인이든 온라인이든 그 매체의 종류에 불문하고 인정된다고 보아야 한다. 오프라인에서 인정되는 익명표현의 자유가 인터넷을 이용하는 온라인에서 부인되어야 할 특별한 이유는 보이지 않는다. 인터넷의 구조적·태생적 특성들 중의 하나가 익명성이라는 점을 염두에 둘 때, 오히려 오프라인보다는 온라인에서 익명표현의 자유가 보다 더 강조되어야 할 것이다.

물론 의견을 개진하고자 하는 자는 실명으로 자신의 의사를 표현할 수 있다. 문제는 국가가 강제력을 동원하여 '실명으로만' 의사를 표현하도록 하거나 혹은 '본인 여부가 확인된 사람에 대해서만' 의사표현의 기회를 부여한다는 데에 있다. 국가가 강제력을 동원하여 실명으로만 의사를 표현하도록 하거나 혹은 본인임이 확인된 사람에 대해서만 의사표현의 기회를 부여하는 경우에는, 표현의 자유가 보장되기 위한 최소한의 필요조건을 말살하는 것으로서 표현의 자유의 본질적 내용 내지 핵심요소를 부정하는 것이 된다.[13] 더 나아가서 국가가 강제력을 동원하여 익명표현의 자유를 부정하는 것은 그 '위축효과(chilling effect)'로 인하여 자유로운 의사표현이 불가능할 것이다.

물론 익명표현의 자유가 절대적인 권리는 아니어서 일정한 공익을 위해서 제한할 수 있지만, 이러한 제한은 기존의 민형사수단에 의해서도 충분히 이루어지고 있다. 즉 인터넷 실명제를 도입한 입법목적인 명예훼손이나 언어폭력, 개인정보침해 등 익명성을 이용한 타인의 인격권침해 행위에 대해서는 기존의 민형사수단에 의해서도 충분히 규율될 수 있다.[14] 따라서 기존의 민형사수단 이외에 새로운 규제수단을 채택하는 것은 과도한 제한으로서 과잉금지의 원칙에 반한다. 뿐만 아니라 이용자의 표현의 자유에 대한 위축효과로 말미암아, 그 위헌성을 면할 수가 없다.[15] 즉 외형적으로는 사업자에 대한 의무화방식을 취하고 있지만, 내

---

13) 문재완 교수도 익명표현의 자유는 표현의 자유의 핵심적인 내용으로서, 익명표현을 전혀 허용하지 않는다면 표현의 자유의 본질적 내용에 대한 침해로서 위헌이라는 의견을 제시하고 있다. 하지만 모든 인터넷상의 표현을 실명으로 하도록 강제하는 것은 위헌이지만, 일부의 인터넷 이용에 대해서만 실명확인을 요구하는 것은 그 자체가 본질적인 내용의 침해는 아니므로 위헌은 아니라는 입장을 취하고 있다. 물론 실명확인제 역시 신분을 밝혀야 발언할 수 있다는 점에서 순수한 의미의 실명제와 마찬가지로 위축효과를 가져오므로, 엄격한 비례의 원칙을 적용해야 한다는 입장을 제시하고 있다. 문재완, 앞의 글, 163-165면 참조.

14) 기존 민형사수단에 의해 규율되지 않는 저속한 표현의 경우에는 그것이 표현의 자유의 보호대상이 되는 표현행위라는 점에서, 그리고 실명제를 통해서 이러한 저속표현을 억지하는 것은 저속표현이 가지는 의사소통상의 기능과 의미를 심히 왜곡하는 것이라는 점에서, 표현의 자유를 실질적으로 제약한다는 비판이 가능하다. 한상희, "게시판실명제와 책임", 「한국공법이론의 새로운 전개」, 목촌김도창박사팔순기념논문집, 2005. 6, 630면.

용적으로는 본인확인을 거치지 않은 이용자의 표현의 자유를 직접적으로 제한하고 있고, 본인확인절차가 갖는 자유로운 표현에 대한 위축적인 효과는 분명하기 때문이다.

3. 영업의 자유의 침해

인터넷 실명제는 게시판운영사업자의 직업의 자유를 침해한다. 인터넷 실명제는 사업자에게 이용자의 본인 여부 확인의무를 부과하고 있다. 그리고 본인확인을 위한 필요한 구체적인 조치는 시행령에서 구체적으로 규정하고 있다.[16) 본인인증시스템에 관한 현재의 기술적 현황을 고려해 볼 때, 인터넷상에서 이용자의 본인 여부 확인은 대개 이용자가 입력한 이름과 주민등록번호와의 일치 여부를 통해서 하는 것이 일반적이다. 그런데 이용자가 입력한 이름과 주민등록번호와의 일치 여부를 확인하기 위해서는 사업자가 이용자에 관한 개인정보를 별도로 갖고 있어야 가능하다. 물론 행정자치부가 보유하고 있는 주민등록번호 DB를 이용하게

---

15) 정보통신망법이 규정하고 있는 일반게시판 실명제는 공직선거법상의 선거 게시판 실명제와는 달리 상시적으로 운영된다는 점에서 인터넷에 대한 상시적인 감시체제의 구축과 그 위축효과를 우려하는 견해도 존재한다. 문재완, "인터넷 실명제와 익명 표현의 자유", 「인권과 정의」 제352호, 대한변호사협회, 2005. 12, 57면.

16) 정보통신망법시행령 제29조는 본인확인조치로서 다음 세 가지를 제시하고 있다. 첫째, 「전자서명법」 제2조 제10호에 따른 공인인증기관 그 밖에 본인확인서비스를 제공하는 제3자 또는 행정기관에 의뢰하거나 모사전송·대면확인 등을 통하여 게시판이용자가 본인임을 확인할 수 있는 수단을 마련할 것, 둘째, 본인확인 절차 및 본인확인정보 보관시 본인확인정보 유출을 방지할 수 있는 기술을 마련할 것, 셋째, 이용자가 게시판에 정보를 게시한 때로부터 6개월간 제30조에 따른 정보(성명, 주소, 이용자의 연락처 등의 정보)를 보관할 것.

되면, 사업자가 이용자에 관한 개인정보를 별도가 갖고 있을 필요가 없다. 즉 이용자가 입력한 이름과 주민등록번호와의 일치 여부를 행정자치부에 의뢰해서 일치 여부에 관한 답변만 들으면 되기 때문이다. 그런데 만약 행정자치부가 보유하고 있는 주민등록 DB가 개방되지 않거나, 혹은 신용정보업자와 같은 제3자가 구축하고 있는 주민등록 DB의 활용에 상당한 비용이 수반된다고 한다면, 본인확인의무가 적용되는 사업자는 이 의무를 준수하기 위해 별도의 개인정보 DB를 구축할 수밖에 없다. 물론 현재 대부분의 포털 등 웹사이트에서는 회원가입시 일정한 개인정보를 요구하여 그 DB를 구축하고 있다. 하지만 이러한 회원가입절차를 별도로 갖고 있지 않아서 회원에 대한 개인정보 DB를 갖고 있지 않은 웹사이트의 경우에는 본인확인의무를 준수할 수 있는 방법이 없다. 결국 이 의무를 준수하기 위해서 기존에는 자신의 사업정책으로 채택하고 있지 않던 회원가입정책을 새롭게 채택해서 개인정보 DB를 구축해야 하는 현실적 부담이 사업자에게는 생기는 것이다. 이것은 결국 사업자의 직업수행의 자유 혹은 영업의 자유를 침해한다고 할 수 있다. 왜냐하면 회원가입방식을 채택할지 안할지 여부는 전적으로 영업방식의 일환이기 때문이다.

4. 개인정보보호의 문제점

'본인인증시스템의 강제적 구축을 통한 의사표현의 통제'가 인터넷 실명제의 기본목적이라고 한다면, 본인인증시스템을 구축하기 위해서는 궁극적으로 개인정보를 활용할 수밖에 없다. 따라서 주민등록번호를 직접적·간접적으로 활용하든 또는 주민등록번호 이외의 개인정보를 활용하든지 간에, 본인인증 내지 실명인증절차는 개인정보의 활용이 반드시 전제될 수밖에 없게 되고, 따라서 개인정보보호의 문제점은 여전히 남게 된다.

바로 이 지점에서 익명성이라는 요소가 개인정보보호의 문제와 무관하지 않다는 것을 알 수 있다. 오히려 익명성의 보장이 개인정보보호와 정적(正的) 관계를 유지한다고 할 수 있다. 이러한 인식은 이미 유럽연합의 보고서에서 지적된 바 있다. 예컨대 데이터보호 및 프라이버시에 관한 EU의 독립자문기구인 '데이터보호실무반(Data Protection Working Party)'이 2000. 11. 21 채택한 보고서인 「인터넷 상에서의 프라이버시(Privacy on the Internet-An integrated EU Approach to On-line Data Protection-)」[17] 중 제6장은 개인정보에 대한 공개적인 접근이 가능한 공적 영역(예컨대 채팅방이라든지 공적 토론장)에서의 개인정보보호에 관한 원칙들을 제시하고 있다. 동 보고서 제6장은 법적인 보호장치 이외에 개인정보보호를 강화시킬 수 있는 기술적 솔루션들 중의 하나로 공론장에서의 익명성(anonymity on public fora)을 제시하고 있다. 인터넷 특히 공론장에서의 익명성과 관련하여, '가상적 정체성'(pseudo-identity)이라는 개념이 개인정보보호와 개인정보남용에 대한 통제 간의 균형문제에 있어서 대안적 솔루션을 제공할 수 있을 것으로 보고 있는 것이다.

결국 인터넷 실명제는 기존의 개인정보보호정책 및 개인정보보호의 이념에 반한다는 결론이 가능하다. 개인정보를 가장 잘 보호하는 방법은 개인정보의 수집과 활용을 가능한 억제하는 것이다. 물론 기존의 정보통신망법상의 개인정보보호시스템이 존재하기는 하지만, 이러한 개인정보보호시스템이 적용되는 상황을 만들지 않는 것이 개인정보를 가장 잘 보호하는 것이다. 그런데 위에서 언급한 것처럼, 이용자의 본인 여부 확인 의무를 사업자에게 부과하고, 본인확인시스템을 정부가 개발해 주지 않는 경우에는, 사업자는 자신에게 부과된 의무를 수행하기 위해 개인정보

---

[17] EU Data Protection Working Party, *Privacy on the Internet-An integrated EU Approach to On-line Data Protection-*, 5063/00/EN/FINAL, 2000. 11. 21 (http://ec.europa.eu/justice_home/fsj/privacy/docs/wpdocs/2000/wp37en.pdf).

를 수집, 활용할 수밖에 없게 되는데, 결국 인터넷 실명제의 채택으로 인해, 개인정보의 수집과 활용이 촉진되는 상황을 유발하게 된다. 더 나아가서 원하지도 않는데도 불구하고 사업자로 하여금 정보통신망법상의 개인정보보호시스템의 적용대상이 되게 만들고, 정보통신망법상의 개인정보보호의무를 지게 만들기도 한다.

5. 본인확인(혹인 실명확인)의 방법의 문제

인터넷 실명제는 인터넷의 특성상 개념적으로 '기술적 방법에 의한 실명확인 혹은 본인확인'을 전제할 수밖에 없는데, 그렇다면 어떠한 방법을 통해서 실명확인 혹은 본인확인을 할 것인가에 관한 문제가 반드시 등장하게 마련이다.

현재의 상황에서 가장 확실한 방법은 모든 국민이 갖고 있는 주민등록번호를 활용하는 방법이 될 것이다. 그 중에서도 행정자치부가 구축하고 있는 주민등록전산망을 활용하는 방법이 될 것이다. 왜냐하면 신용정보데이터베이스를 통한 인증방법은 신원확인이 100% 가능하지 않기 때문이다. 결국 여기서 주민등록번호를 활용하는 인증방법의 문제점을 근본적으로 고찰할 필요가 있다.

첫째, 주민등록번호 그 자체가 갖고 있는 '개인정보로서의 민감성'이 매우 높다는 점에서, 그리고 온라인상에서의 보안문제와 관련하여 이 방법은 시민사회의 동의를 얻기 힘들 것이다.

둘째, 오프라인에서 대개 본인의 신원확인방법으로서 주민등록증의 제시, 혹은 주민등록번호의 활용이 일반화되어 있기 때문에, 어쩔 수 없는 방법이자 가장 합리적인 방법이라는 점을 인정하더라도, 온라인상에서는 타인의 주민등록번호의 도용문제가 항상 발생할 수 있다.

셋째, 주민등록번호를 활용하는 방법이 위와 같은 문제점이 있다고 한다면, 가장 확실한 방법은 예컨대 공인인증서를 활용하는 방법인데, 이 방법은 공인인증서가 우리 사회에서 아직 일반화되어 있지 않을 뿐만 아니라, 공인인증서가 없는 사람을 차별한다는 점에서 평등원칙의 위반의 위험성이 항시 존재한다.

6. 자기책임의 원리의 위반

정보통신망법상의 인터넷 실명제는 자기책임의 원리에 반한다. 위에서 언급한 것처럼 인터넷상에서 이용자의 본인 여부 확인은 대개 이용자가 입력한 이름과 주민등록번호와의 일치 여부를 통해서 하는 것이 일반적이다. 즉 본인 여부의 확인절차의 기본전제는 이용자가 '자신'의 이름과 주민등록번호를 입력할 것이라는 점에 대한 기본적인 신뢰에 있다. 만약 이러한 기본적인 신뢰가 침해되는 경우에는, 아무리 훌륭하고도 신뢰할 수 있는 본인확인시스템이 존재한다고 하더라도, 본인확인시스템을 적용하는 기본취지가 부인된다. 그리고 본인의 이름과 주민등록번호를 입력하는 것은 이용자 본인의 책임이다. 따라서 다른 사람의 이름과 주민등록번호를 도용하는 것에서부터 비롯되는 결과에 대해서는 이용자 본인이 원칙적으로 책임을 질 일이지, 사업자가 책임을 질 수 없다. 만약에 사업자가 책임을 진다면, 이것은 헌법상의 자기책임의 원리에 반할 뿐만 아니라, 예측가능성이 전혀 보장되지 않기 때문에, 사업자에 대한 너무나도 과도한 부담이 된다.[18]

---

18) 헌재 2004. 6. 24. 2002헌가27, 지방세법 제225조 제1항 등 위헌제청: "헌법 제10조가 정하고 있는 행복추구권에서 파생되는 자기결정권 내지 일반적 행동자유권은 이성적이고 책임감 있는 사람의 자기의 운명에 대한 결정·선택을 존중하되 그에 대한 책임은 스스로 부담함을 전제로 한다. 자기책임의 원리는 이와 같이 자기결정권의 한계논리로서 책임부담의 근거로 기능하는

그런데 현행 정보통신망법 제44조의 5 제4항은 공공기관 등 및 정보
통신서비스제공자가 선량한 관리자의 주의로써 본인확인조치를 한 경우
이용자의 명의가 제3자에 의하여 부정사용됨에 따라 발생한 손해에 대한
배상책임의 감면을 규정하고 있다. 본인확인수단을 악용한 불법이용자에
대한 책임을 사업자는 원칙적으로 지지 않는다. 왜냐하면 본인확인수단
을 악용한 불법행위에 대한 책임은 그 행위를 한 이용자가 지는 것이기
때문이다. 따라서 본인확인수단을 악용한 불법행위에 대한 책임을 사업
자에게 지우는 것은 자기책임의 원칙에 반하게 된다. 결국 여기에서의
배상책임의 감면이 사업자의 책임을 전제로 하는 것이라면, 이것은 분명
히 헌법상의 자기책임의 원리에 정면으로 반한다고 할 것이다.

V. 결론

결과적으로 현재 정보통신망법을 통해서 제도화된 '인터넷 실명제'는
한마디로 말해서 '빈대를 잡기 위해서 초가삼간을 불태우는 것'과 같다.

동시에 자기가 결정하지 않은 것이나 결정할 수 없는 것에 대하여는 책임을
지지 않고 책임부담의 범위도 스스로 결정한 결과 내지 그와 상관관계가 있
는 부분에 국한됨을 의미하는 책임의 한정원리로 기능한다. 이러한 자기책
임의 원리는 인간의 자유와 유책성, 그리고 인간의 존엄성을 진지하게 반영
한 원리로서 그것이 비단 민사법이나 형사법에 국한된 원리라기보다는 근대
법의 기본이념으로서 법치주의에 당연히 내재하는 원리로 볼 것이고 헌법
제13조 제3항은 그 한 표현에 해당하는 것으로서 자기책임의 원리에 반하는
제재는 그 자체로서 헌법위반을 구성한다고 할 것이다"(이 사건은 특수용도
에 제공된 담배를 담배도매업자 내지 소매업자가 당해 용도에 사용하지 아
니한 경우, 면세된 산출세액에 해당하는 담배소비세 및 가산세를 면세담배
의 용도 외 사용 여부에 관하여 관리·감독권 내지 의무가 없는 담배제조자에
게 부과하는 것이 위헌이라고 판시한 사례임).

또한 위에서 언급한 인터넷에서의 익명성보호원칙에 따라 분석해 보면, 인터넷 실명제는 '잘못된 진단에서 비롯된 잘못된 처방'이라는 점이 분명해진다. 실제로 익명성이라는 요소가 인터넷 실명제의 도입을 정당화하는 여러 가지 역기능과의 직접적인 관련성이 분명하지 않은 상황에서[19], 표현의 자유를 직접적으로 침해하거나 혹은 그 위축효과로 인한 표현의 자유에 대한 사실상의 제한효과를 유발하는 인터넷 실명제는 과도한 제한수단이 아닐 수 없다. 역기능을 방지하거나 규제하는 기존의 법제도가 존재하고 있다는 것 자체도 인터넷 실명제의 과도한 수단성을 증명해 준다.

역사적으로 볼 때, 사회 및 역사의 진보를 이끌었던 혁명이라든지 사회개혁운동들이 성공한 이면에는 익명에 의한 구 체제 및 기존 질서에 대한 비판과 민중들을 대상으로 하는 계몽이 가장 중요한 밑거름으로 작용하였다. 표현의 자유가 추구하는 가치들도 익명에 의한 표현의 가능성이 완전히 보장될 때에만 비로소 실현될 수 있는 것들이다. 따라서 인터넷 실명제는 이러한 역사의 교훈들과 우리 헌법이 표현의 자유를 보장하고 있는 이념 및 목적들을 망각하는 것이라 할 수 있다. 즉 국가에 의해 강제되는 인터넷 실명제라고 하는 방법 그 자체가 헌법적으로 허용되기 힘든 방식이라고 할 수 있다. 이런 마당에 이러한 강제적 인터넷 실명제를 강화하는 것에 대해서 그것이 과연 '누구를 위한 초가삼간 태우기인가?'라는 의문을 제기하는 것은 당연하다. 그러므로 현행 정보통신망법상의 인터넷 실명제는 폐지되어야 한다.

---

19) 사이버공간에서의 익명성과 일탈행위의 상관관계가 불확실하다는 연구결과가 존재한다. 이러한 연구결과가 타당하다고 한다면, 익명성의 제거를 통해서 인터넷 역기능을 해소하려는 취지의 인터넷실명제는 그 정당성이 부인될 수 있을 것이다. 이에 관해서는 황용석, "인터넷게시판 실명제에 대한 비판적 연구 : 익명적 표현의 권리를 중심으로", 「언론과 사회」 제15권 제2호, 성곡문화재단 언론과사회사, 2007. 5, 103-110면 참조.

선거운동과 표현의 자유
− 헌법재판소 판례의 위헌심사기준을 중심으로 −

전 종 익*

I. 서

선거를 통한 국민의 주권행사는 주권자인 국민이 자기의 정치적 의사를 자유로이 결정하고 표명함으로써 정치에 참여할 수 있는 기회를 보장하는 것을 전제로 한다. 따라서 선거와 관련하여 공개적인 선거운동의 자유와 기회균등이 보장되어야 하는 것은 너무나 당연하다.[1] 그러나 공직선거법은 선거운동에 대하여 후보자가 당선되거나 되게 하거나 되지 못하게 하기 위한 행위라고 규정하고 누구든지 자유롭게 선거운동을 할 수 있다고 하며 예외적으로 법률에서 금지 또는 제한하는 경우 할 수 없다고 규정하면서도(제58조), 50여개가 넘는 선거운동에 대한 규제조항을

---

* 서울대 법대
1) 헌재 1992. 3. 13, 92헌마37, 판례집 4, 137, 143

두고 있어 사실상 법에 의하여 허용된 경우에만 선거운동이 가능한 규제
위주의 입법구조를 채택하고 있다.[2]

특히 최근 인터넷, 휴대전화 등 전자통신의 발달에 따라 예전과는 달
리 시간과 장소의 제약없이 다수의 사람들 사이에 정치사회적 주제에 대
하여 활발한 토론과 의견개진이 이루어지고 있으나, 선거와 관련해서는
많은 경우 선거운동규제조항이 적용되어 처벌의 대상이 된다. 대표적인
것으로서 공직선거법 제93조 제1항[3] 위반사건들을 들 수 있다. 이에 의
하면 선거일 전 180일 동안 인터넷 게시판에 후보자 또는 후보자가 되려
는 자에 대한 의견을 표명하는 경우 탈법방법에 의한 문서의 게시에 해
당하여 형사처벌을 받게 된다.[4]

---

2) 이러한 규제입법의 일본선거법으로부터의 연원은 송석윤, "선거운동규제입
   법의 연원-1925년 일본 보통선거법의 성립과 한국분단체제의 유입-,"「서
   울대학교 법학」, 제46권 제4호(2005. 12.) 참조.

3) 공직선거법 제93조(탈법방법에 의한 문서·도화의 배부·게시 등 금지)
   ① 누구든지 선거일전 180일(보궐선거 등에 있어서는 그 선거의 실시사유가
   확정된 때)부터 선거일까지 선거에 영향을 미치게 하기 위하여 이 법의 규
   정에 의하지 아니하고는 정당(창당준비위원회와 정당의 정강·정책을 포함
   한다. 이하 이 조에서 같다) 또는 후보자(후보자가 되고자 하는 자를 포함한
   다. 이하 이 조에서 같다)를 지지·추천하거나 반대하는 내용이 포함되어 있
   거나 정당의 명칭 또는 후보자의 성명을 나타내는 광고, 인사장, 벽보, 사진,
   문서·도화, 인쇄물이나 녹음·녹화테이프 기타 이와 유사한 것을 배부·첩부·
   살포·상영 또는 게시할 수 없다. 다만, 선거운동기간 중 후보자가 제60조의
   3(예비후보자 등의 선거운동)제1항제2호의 규정에 따른 명함을 직접 주거나
   후보자가 그와 함께 다니는 자 중에서 지정한 1인과 후보자의 배우자(배우
   자 대신 후보자가 그의 직계존·비속 중에서 신고한 1인을 포함한다)가 그
   명함을 직접주는 경우에는 그러하지 아니하다.

4) 2008. 3. 20. 인천지방법원 2007고합726 공직선거법위반 판결의 예를 보면
   위 규정위반으로 벌금 1,200,000원이 선고된 한 회사원의 범죄일람표에는
   다음과 같은 것들이 범죄행위로 기록되어 있다. 2007. 9. 17. "자 위장전입
   따져봅시다. 위장전입하고도 장관해도 되는지? 9급공무원도 못할 것"; 같은

이와 같이 선거와 관련된 표현의 자유를 제한하고 있는 많은 공직선거법의 선거운동 규제 조항들은 헌법재판소의 위헌심사대상이 되어 왔으며,5) 앞으로도 상당수의 조항들이 위헌심판의 대상이 될 것으로 예상된다. 정부나 국회에서 현재의 공직선거법에 대하여 당분간 큰 틀에서 개정을 위한 준비가 이루어지고 있지 않으며, 공직선거법 위반에 대한 법원의 재판이 헌법소원심판의 대상이 되지 않는다는 점에서 선거운동의 자유에 대한 현 상태의 변화가 이루어질 기회는 헌법재판소의 결정을 통하는 것이 가장 유력하다.

따라서 이러한 상황에서 지금까지의 헌법재판소 판례들을 살펴보는 것은 의미가 있을 것이다. 이글에서는 특히 헌법재판소 판례의 위헌심사 기준에 대한 일반적인 판시내용을 살펴보고 실제 판단에서 그러한 일반론이 어떻게 적용되고 있는지를 검토할 것이다. 이를 통해 헌법재판소 판례의 심사기준이 일관되지 않으며 서로 모순되는 두가지 태도가 공존하고 있음을 확인함으로써 일관된 심사기준의 정립이 필요함을 보일 것이다. 그에 앞서 참고로 외국의 입법례와 미국연방최고법원의 심사기준을 살펴보기로 한다.

해 10. 24. "약간의 도덕적 결함이 범법이 있어도 괜찮다고요? 도둑이나 강도도 괜찮다고요?" 등의 인터넷 게시판 게시. 이와 유사한 사례들로 2008. 3. 21. 서울중앙지방법원 2008고합192판결, 2007. 10. 26. 학원관리인인 피고인의 "두얼굴의 이명박, 한순간 눈가림으로 넘어갈 수는 있으나 머지않아 큰 역사적 사건으로 기록될 것이니라..." 등 인터넷 게시판 게시; 2008. 3. 13. 서울남부지방법원 2008고합31 공직선거법위반 판결, 2007. 7. 2. 경비원인 피고인의 "사실대로 말하지 않는 이유는 의혹이 너무 많아서... 어디서 어디까지 사실데러 말해야 하는지. 대책이 없는가봐여" 등 인터넷 게시판 게시
5) 앞에서 예를 든 공직선거법 제93조 제1항에 대하여 헌법재판소는 합헌을 선언하였다. 헌재 2001. 8. 30. 99헌바92등, 판례집 13-2, 174; 2001. 10. 25. 2000헌마193, 판례집 13-2, 526; 2001. 12. 20. 2000헌바96등, 판례집 13-2, 830

Ⅱ. 외국의 선거운동규제입법과 심사

1. 외국의 입법

1) 독일

독일 연방선거법(Bundeswahlgesetz)은 연방하원의원선출을 위한 선거기관의 구성, 선거권자와 피선거권자 및 선거의 준비로서 선거인명부의 작성, 후보자추천 등 선거 전반에 관하여 규정하면서도 선거운동기간을 제한하거나 특정한 행위를 금지하는 규정은 두고 있지 않다. 다만 제32조에서 투표시간 동안 투표소가 설치된 건물 내와 건물의 입구에서 직접적으로 언어, 음향, 문서, 도화 등을 통하여 선거인에게 영향을 미치는 모든 행위와 모든 형태의 서명모집이 금지되며(제1항), 투표를 마친 투표자에 대한 투표권 행사의 내용에 관한 여론조사의 결과를 투표시간이 종료되기 전에 공표하는 행위가 금지된다고만 규정하고 있어(제2항) 투표시간이 아니거나 투표소가 설치된 건물내 및 입구가 아닌 경우에는 자유롭게 선거운동을 할 수 있는 것으로 해석된다.[6]

2) 일본

일본 공직선거법상 선거운동기간은 각 공직후보자의 등록이 있는 날로부터 당해 선거기일의 전날까지이며(제129조) 이러한 기간 동안에도 할 수 있는 선거운동행위가 비교적 엄격하게 규제되고 있다. 우선 각 후보자가 설치할 수 있는 선거사무소의 수가 제한되며(제131조), 호별방문

---

[6] 그럼에도 불구하고 선거운동기간이나 선거운동의 행위 등은 정당간 협약에 의하여 자율적으로 규제됨으로써 선거의 공정성이 유지된다고 한다.

(제138조), 선거인에 대한 서명운동(제138조의 2), 인기투표의 공표(제138조의 3)가 금지되고, 누구든지 선거운동과 관련하여 명목여하를 불문하고 음식물을 제공할 수 없다(제139조). 또한 선거운동을 위하여 자동차를 연이어 또는 대오를 조직하여 왕래하는 등 기세를 고조시키는 행위를 할 수 없고(제140조), 연설회장 및 가두연설장 그리고 선거운동을 위하여 사용되는 자동차 또는 선박위의 경우7)를 제외하고 연호행위를 할 수 없다(제140조의 2). 이와 같이 일본 공직선거법도 우리 선거법과 같이 일정한 유형의 선거운동을 금지하고 있다.

3) 미국

연방선거운동관계법(Federal Campaign finance law)은 법명에서 알 수 있는 바와 같이 연방공직선거와 관련된 선거운동자금의 기부와 지출, 그 내역의 공개 등 선거운동과 관련된 자금의 모집과 지출을 제한하기 위한 것이다. 따라서 위 법은 개인 또는 법인이 기부할 수 있는 금액이나 이를 받을 수 있는 자 그리고 방법, 선거운동자금의 지출에 해당하는 행위의 유형을 제한하고 무엇보다 공직선거 후보자 별로 지출할 수 있는 금액의 한도를 규정함으로써(제441조의 a) 선거의 공정을 도모하고 있으며, 우리와 같이 특정한 유형의 행위를 제한하는 내용은 찾을 수 없다.

따라서 선거운동자금의 제약만 받지 않으면 일반적으로 선거운동은 자유롭게 할 수 있는 것으로 볼 수 있다.

---

7) 선거운동을 위하여 사용되는 자동차, 선박 및 확성기의 경우 후보자 1인당 숫자가 엄격히 제한되며 그 경우 자동차 또는 선박에 승차 또는 승선할 수 있는 자는 공직후보자, 운전수 및 선원을 제외하고 4인을 초과할 수 없고, 모두 선거관리위원회가 정하는 일정한 완장을 착용하여야 한다(제141조, 제141조의2).

2. 미국 연방최고법원의 심사기준

미국의 경우 원칙적으로 연방수준에서 선거운동의 방법을 제한하는 입법이 존재하지 않으므로 그에 관한 판례는 많지 않다. 우선 미연방최고법원은 표현의 자유를 규정한 수정헌법 제1조의 주요한 목적은 정부와 관련된 자유로운 토론을 보장하기 위한 것이라고 하면서 선거후보자, 정부의 형태, 정부의 정책 등에 대한 토론 등 정치과정과 관련된 모든 것이 이에 포함된다고 보았다(Mills v. Alabama).[8] 이에 따라 선거운동의 자유 제한은 주로 표현의 자유와 관련하여 논의되어 왔다.

심사기준에 관하여 미연방최고법원은 선거자금의 지출을 제한한 연방 선거법 규정에 대한 사건에서 "정치적 표현에 관한 핵심적인 수정헌법 제1조 권리를 제한하는 입법에 대하여는 엄중한 심사(exacting scrutiny)를 하여야 한다"고 판시(Buckley v. Valeo)[9]한 이래 이러한 입장을 유지하고 있다. 따라서 선거운동은 아니지만 Colorado 주 헌법 개정안의 민중 발의 요건인 선거권자의 5% 서명을 받기 위해 유급의 서명운동원을 사용할 수 없도록 한 주법률에 대하여 이는 가장 효과적이고 기본적이며 아마도 가장 경제적인 일대일 의사소통을 방해하는 것으로서 허용될 수 없다고 판시하였고(Meter v. Grant),[10] 교육세징수안에 대하여 반대하는 내용의 전단지를 무기명으로 발행하여 배포한 사람을 처벌하는 Ohio 주

---

8) 384 U.S. 214, 218 (1966). 연방최고법원은 이 판결에서 선거일 당일 신문에서 일정한 방향으로 투표할 것을 주장하는 사설을 게재하는 것을 처벌하는 Alabama 법규정에 대하여 표현의 자유에 대한 불합리한 제한(unreasonable limitation upon free speech)이라며 합헌을 결정한 주대법원의 판결을 파기하면서 어떠한 합리성 심사(test of reasonableness)에 의하여도 정당화될 수 없다고 하였다. 따라서 구체적으로 별도의 심사기준을 언급하고 있지는 않다.

9) 424 U.S. 1, 45 (1976)

10) 486 U.S. 414, 424 (1988)

법률규정에 대하여, 이는 내용에 의한 표현의 자유 제한이며 엄격한 심사에 의하여야 할 정치적 표현의 제한으로서 그 심사는 압도적인 주의 이익을 위하여 엄밀하게 만들어졌는지 여부(narrowly tailored to serve an overriding state interest)에 의하여야 한다고 하였다(McIntyre v. Ohio elections Commission).[11] 이와 같이 엄격한 심사에 의하여 대부분의 규제에 대한 규정들이 위헌으로 결정된 반면, 선거인 투표장 입구의 100피트안의 장소에서의 선거운동을 제한한 Tennessee주 법률에 대하여, 이를 정치적 의사소통권과 함께 투표권을 보장하여 양자의 조화를 이룩하기 위한 것으로 보고 엄중한 심사(exacting scrutiny)를 하면서도 그 역사적 유래와 경험적 근거에 의하여 장소적 제한은 기본적인 권리인 투표권을 보장하기 위하여 필수불가결하다고 보아 합헌을 선고하기도 하였다 (Burson v. Freeman).[12]

미연방최고법원은 이상의 표현의 자유 제한에 해당하는 사례들과는 달리 단순한 선거과정에 대한 규제로 볼 수 있는 규정들에 대하여는 다른 완화된 심사기준을 적용하였다. 무소속 후보로서 연방대통령 또는 부통령에 출마하려는 자의 경우 그 이전 일정기간 다른 정당의 당원이 아니었을 것 등의 요건을 정한 것에 대하여 정당한 목적(legitimate purpose)에 의한 것으로서 불공평하고 자의적인(invidious or arbitrary) 규정이 아니라고 판단하였고(Storer v. Brown)[13], 무소속으로 연방대통령 후보에 출마하려는 자의 경우 다른 정당의 후보보다 일찍 후보자 등록을 하도록 한 Ohio 법률에 대하

---

11) 514 U.S. 334, 347 (1995). 한편 이러한 엄중한 심사(exacting scrutiny)에 대하여 First National Bank of Boston v. Belloti 결정에서는 불가피한 이익(compelling interest)를 위할 것과 불필요한 제한을 막기 위해 정확하게 만들어질 것(closely drawn to avoid unnecessary abridgment)을 요건으로 하였다. 435 U.S. 765, 786 (1978).
12) 504 U.S. 191 (1992)
13) 415 U.S. 724 (1974)

여 주정부의 중요한 규제적 이익(important regulatory interests)은 일반적으로 합리적이고 차별적이지 않은 제한을 정당화하기에 충분하다면서(generally sufficient to justify reasonable, nondiscriminatory restrictions) 위 규정은 정치적 선택의 가능성에 불공정하고 불필요한 부담(unfairly or unnecessarily burden)을 주고 있지 않다고 판단하였다(Anderson v. Celebresse)[14]. 또한 Hawaii 선거법상 명단에 있는 후보자 이외에 투표인이 자신이 지지하는 후보자를 직접 기입해 넣을 수 없도록 하고 있는 것에 대하여 주정부는 불가피한 이익(compelling interests)을 주장할 필요는 없고 위 규제는 합리적이고 정치적으로 중립적인 것으로서 투표자의 권리제한에 대한 부담은 적으면서 극도의 파편화(factionalism)의 가능성을 방지하려는 주의 이익은 이러한 불이익을 능가하고 위 규정은 이러한 이익을 위한 정당한 수단(legitimate means)이라는 이유로 합헌을 선고하였다(Burdick v. Takushi)[15)

Ⅲ. 선거운동의 자유와 심사기준

1. 선거운동의 자유와 제한

우리 헌법은 제1조 제2항에서 국민주권원리를 규정하고, 이를 구현하는 국가의 의사결정방식으로서 대의민주주의를 채택하고 있다. 이에 따라 헌법은 제41조 및 제67조에서 선거제도를 규정하고 제24조와 제25조에서 선거권 및 피선거권을 기본권으로 보장하고 있다. 국민의 주권행사인 선거결과에 따라 국민의 대표자가 구성되고 그들에 의하여 국가정책

---

14) 460 U.S. 780 (1983)
15) 504 U.S. 428 (1992)

이 결정되고 현실화된다. 선거는 대의제도를 구성하는 요소이며 선거없는 대의민주주의는 성립할 수 없다. 선거는 후보자가 입후보하고 유권자가 그 중 국민의 대표를 선출하는 본질적인 기능을 가지지만, 그 외에도 정치사회적인 모든 쟁점이나 과제들에 대하여 국민들이 의사를 표현하고 토론과 논쟁을 거쳐 의견을 수렴 또는 기본방향을 선택하는 주요한 선거과정에서의 국민참여 및 의사형성 기능을 수행한다.16) 선거를 전후하여 활발한 의견개진과 토론이 이루어지지 않는다면 민주주의에서 선거가 제 기능을 발휘하기 어렵다.

헌법재판소는 판례에서 선거운동의 자유가 기본권으로 보장된다고 판시하면서 특히 표현의 자유에 의하여 보호받는다고 한 것은 위와 같은 선거의 기능과 관련되는 것이라 할 수 있다.17) 이러한 선거운동자유의 성격에 비추어 보면 이를 제한하는 법률규정에 대한 위헌여부의 심사는

---

16) 정종섭, 「헌법학원론」(박영사, 2008), 782쪽.

17) "민주정치는 주권자인 국민이 정치과정에 참여하는 기회가 폭 넓게 보장될 것을 요구하므로, 국민의 주권행사 내지 참정권행사의 의미를 지니는 선거과정에 대한 참여행위는 원칙적으로 자유롭게 행하여질 수 있도록 최대한 보장되어야 한다. 이러한 선거자유의 원칙은 민주국가의 선거제도에 내재하는 법원리로서 국민주권의 원리, 대의민주주의의 원리 및 참정권에 관한 헌법규정들(제1조, 제24조, 제25조, 제41조 제1항, 제67조 제1항 등)을 근거로 하며, 그 내용으로 선거권자의 의사형성의 자유와 의사실현의 자유, 구체적으로는 투표의 자유, 입후보의 자유 나아가 선거운동의 자유가 있다.
이 중 선거운동의 자유는 널리 선거과정에서 자유로이 의사를 표현할 자유로서 표현의 자유의 한 형태이기도 하므로 언론, 출판, 집회, 결사의 자유를 보장한 헌법 제21조에 의하여도 보호받는다. 한편, 선거권이 제대로 행사되기 위하여는 후보자에 대한 정보의 자유교환이 필연적으로 요청되므로, 선거운동의 자유는 선거권 행사의 전제 내지 선거권의 중요한 내용을 이룬다. 그러므로 선거운동의 제한은 후보자에 관한 정보에 자유롭게 접근할 수 있는 권리를 제한하는 것으로서 선거권, 곧 참정권의 제한으로 파악될 수도 있다."(헌재 2006. 7. 27, 2004헌마215, 판례집 18-2, 200, 204-205)

엄격하게 이루어져야 하는 것으로 보인다. 선거운동이 국민주권 행사의 일환일 뿐 아니라 정치적 표현의 자유의 한 형태로서 민주사회를 구성하고 움직이게 하는 요소인 점을 고려하여 그 제한입법에 있어서도 엄격한 심사기준을 적용하여야 한다거나,[18] 다수에 의한 지배로 나타나는 민주주의에서 새로이 형성된 다수의 대표자를 통해 현직을 대체할 가능성은 민주적 선거제도의 핵심적 속성이며 선거운동의 과도한 제한은 바로 정치적 기득권자에게 유리한 반면, 도전자에게 불리하게 작용하기 때문에 선거인의 합리적 선택을 위해 과열선거에 대한 일정한 규제는 불가피하나 필요한 최소한에 그쳐야 한다고 보는 것이 이러한 입장이다.[19] 따라서 위헌판단은 자의금지의 원칙이 아닌 엄격한 심사기준인 비례성 심사가 적용되어야 하고[20] 특히 표현의 자유의 규제에 관한 판단기준으로서 가장 최소한의 제한에 그치는 수단을 선택하지 않으면 위헌이 된다고 본다.[21] 또한 선거의 과열을 막고 공정한 선거를 확보할 수 있는 적정한 방법으로서 선거비용규제의 방법이 있음에도 불구하고 선거운동을 광범위하게 제한하는 것은 방법의 적정성과 피해의 최소성에 위배된다고 보기도 한다.[22]

무엇보다 선거규제에 관한 의회의 입법권은 다른 입법분야보다 더 강하게 헌법에 의하여 제한을 받는다. 누구든지 자신의 일에 관하여는 재

---

18) 이성환, "선거관계법에 대한 헌법재판소 결정의 문제점", 「헌법실무연구」, 제1권 (2000), 324쪽.

19) 양건, "선거과정에서의 국민참여의 확대", 「공법연구」, 제20집 (1992), 21쪽.

20) 강태수, "선거운동의 자유에 대한 제한의 문제점과 개선방향", 「세계헌법연구」, 제14권 2호 (2008), 14-15쪽.

21) 김래영, "선거운동의 자유와 제한에 관한 일반론적 고찰", 「변호사」, Vol. 34 (2006), 46-47쪽.

22) 정만희, "선거제도에 관한 헌법재판소 판례의 평가", 「공법학연구」, 제7권 제1호 (2006), 19쪽.

판관이 되어서는 아니된다는 자연적 정의의 법칙에 의하여 입법자는 스스로의 법적 지위에 관계되는 한 선거입법에 관하여는 원칙적으로 공정성을 의심받을 수밖에 없다. 따라서 그들의 입법형성권은 강하게 제한될 수밖에 없다는 구조적인 문제를 논거로 제시하기도 한다.23)

그러나 한편 선거운동의 자유가 인정된다 하더라도 이것은 어디까지나 대의민주주의의 기능과 선거제도의 본질적 역할과 기능 그리고 선거권자의 선거권행사를 침해하지 않는 한도 내에서 인정된다고 할 것이고, 그 제한에 대한 위헌판단은 대의제도의 기능에 비추어 선거가 작동하는 나라의 역사적·공간적·문화적·사회적·정치적 여건과 국민의 수준과 구성 등 사정에 따라 개별적으로 판단해야할 여지가 상당히 광범하므로 어떠한 선거운동을 허용할 것인지는 입법자가 판단하여 결정할 성질의 것이라고 귀착된다고 볼 수 있다.24)

헌법 제116조 제1항을 기본권 형성적 법률유보로 보아 입법자에게 광범위한 입법형성의 자유가 인정되며 비례성의 원칙은 적용되지 않는다는 의견도 같은 맥락으로 볼 수 있으며,25) 각종 선거운동의 방법제한은 기존 정치인에게 유리하고 신진 정치지망생들에게는 불리한 조건이 될 수 있어 매우 조심스럽게 인정해야 하며 공정경쟁을 위한 규제의 필요성 정치문토, 선거문화 등을 종합적으로 감안하여 규제조치들을 검토해야 한다는 의견26)은 절충적인 태도로 볼 수 있다.

이와 같이 선거운동의 자유가 기본권으로 인정된다고 하더라도 그에 대한 제한의 범위와 그 위헌판단에 대해서는 자유를 강조하는 입장과 공

---

23) 이성환, 앞의 글, 327쪽.

24) 정종섭, "단체의 선거운동 제한의 위헌여부 – 공직선거및선거부정방지법 제87조를 중심으로 –", 「헌법판례연구」 2 (2000), 281-286쪽.

25) 김경제, "선거운동의 자유", 「공법연구」 제32집 제5호 (2004), 569쪽.

26) 임종훈, "선서운동의 자유와 현행 선거법상 규제의 문제점", 「공법연구」 제29집 제4호 (2001), 41-42쪽.

정을 이유로 제한에 비중을 둔 입장으로 서로 다른 시각이 존재한다.[27)] 이와 같은 이론적인 대립양상은 헌법재판소 판례에도 그대로 반영되어 있으며 이는 원칙적인 심사기준과 실제 판단이 다른 모습으로 나타나는 요인이 되고 있다.

2. 헌법재판소 판례의 심사기준

1) 엄격심사와 입법재량

판례는 선거운동의 자유가 헌법 제21조와 제24조에서 보장하는 표현의 자유 및 선거권의 하나로서 보장된다는 점에 대하여 대체로 일관되게 판시해왔다. 그러나 선거운동의 방법을 제한하는 법규정의 위헌여부에 관한 심사기준과 판단방식에 대하여는 일치된 모습을 보이지 않고 있다.

선거운동의 자유에 대한 초기의 판례를 보면, 우선 선거운동의 기간을 제한하고 선거운동의 주체를 포괄적으로 제한한 대통령선거법 규정에 대한 위헌판단(헌재 1994. 7. 29. 93헌가4등, 판례집 6-2, 15, 44)에서 다음과 같이 판시하고 있다.

> "헌법 제116조 제1항의 별도규정에도 불구하고 선거운동은 국민주권 행사의 일환일 뿐 아니라 정치적 표현의 자유의 한 형태로서 민주사회를 구성하고 움직이게 하는 요소이므로 그 제한입법에 있어서는 엄격한 심사기준이 적용된다"

이는 헌법 제37조 제2항을 적용할 때 원칙적으로 엄격하게 형량기준을 적용할 것을 밝히는 것이다.

그러나 바로 다음과 같은 판시가 이어진다.

---

27) 일본 역시 이와 같은 상황이라는 점은 정종섭, 앞의 글, 282쪽, 각주 36.

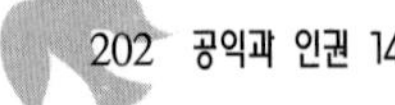

　　"입법자는 선거에 관한 입법을 함에 있어서 선거의 이상이 실현될 수 있
도록 선거의 공정성을 크게 해치지 아니하는 한 국민의 선거운동의 자유를
최대한 보장하여야 하고, 그 시대에 있어서의 국민총체의 정치·사회발전단
계, 민주시민의식의 성숙도, 종래에 있어왔던 선거풍토 기타 제반상황을 종
합하여 자유·공정의 두 이념이 슬기롭게 조화되도록 정하여야 한다"

　　이는 선거의 공정성을 확보하기 위한 입법자의 입법재량을 인정하는
판시로서 이러한 판시에 따르면 법률의 위헌판단은 엄격하게 이루어질
수 없으며, 일정한 합리성이 인정되는 경우 합헌으로 인정될 수 있다.
　　한편 위 판례의 구체적인 판단에서는 선거운동기간제한에 대하여는
필요하고도 합리적인 제한이며 선거운동의 자유를 형해화할 정도로 과도
하게 제한하는 것으로 볼 수 없다며 합헌결정을[28], 선거운동 주체 제한
규정은 입법형성권의 한계를 넘어 지나치게 제한하는 규정이라며 위헌결
정을 선고하여, 후자에 중점을 두고 심사를 하고 있다.
　　이와 같이 심사기준에 대한 판시가 일관되지 않은 모습은 이후의 여
러 판례에 영향을 미치며 사례에 따라 다른 심사기준이 적용되는 이유가
된다.

2) 원칙적 과잉금지원칙 적용

　　상당히 많은 수의 판례들은 선거운동의 자유를 규제하는 법률규정에
대한 위헌판단에서 이른바 과잉금지원칙을 적용하고 있다. 비례의 원칙
혹은 과잉금지의 원칙은 국가작용의 한계를 명시하는 것으로서 목적의
정당성, 방법의 적정성, 피해의 최소성, 법익의 균형성의 네가지 지표로
이루어져 있으며 그 어느 하나에라도 저촉되면 위헌이 된다는 헌법상의

---

28) 같은 취지의 결정으로 헌재 1995. 11. 30. 94헌마97, 판례집 7-2, 677; 2005.
　　2. 3. 2004헌마216, 판례집 17-1, 184; 2005. 9. 29. 2004헌마52, 판례집 17-2,
　　160.

원칙을 말한다.29) 이러한 과잉금지원칙을 그대로 적용하는 것은 그 자체로 상당히 엄격한 기준이 될 수 있다. 선거운동의 자유에 대하여 판례는 표면적으로 엄격한 심사기준을 유지한다고 볼 수 있다. 그러나 실제 사례들을 보면 과잉금지원칙의 개별 지표들은 엄격하지 않게 적용함으로써 대부분 합헌을 선언하고 있다.

우선 선거구민의 행사에 대한 금품 등 제공을 금지한 규정에 대하여 선거운동의 규제는 "국가전체의 정치·사회적 발전단계와 국민의식의 성숙도, 종래의 선거풍토나 그밖의 경제적·문화적 제반여건을 종합하여 합리적으로 결정되지 않으면 안된다"고 하면서 구체적으로 과잉금지원칙의 4가지 요건인 입법목적의 정당성, 수단의 적합성, 피해의 최소성 및 법익의 균형성을 각각 판단하였으나 결론적으로는 현실적 상황에서 볼 때 불가피한 규제라고 하며 합헌을 선고하였다(헌재 1997. 3. 27. 95헌가17, 판례집 9-1, 219). 후보자 등의 기부제한, 이익제공행위처벌을 규정한 유사한 규정들에 대한 이후 판례에서도 마찬가지로 과잉금지원칙에 따라 판단하면서 특히 최소침해성에 대하여 국가전체의 정치, 사회적 발전단계와 국민의식의 성숙도, 종래의 선거풍토나 그밖의 경제적, 문화적 제반여건을 종합하여 합리적으로 판단하여야 할 것이라고 하기도 하고(헌재 1997. 11. 27. 96헌바60, 판례집 9-2, 629), 일반원칙으로서 과잉금지원칙의 4가지 요건을 모두 언급하기는 하였으나 구체적으로는 종합적으로 과도한 제한인지 여부를 판단하여 합헌결정을 선고하였다(헌재 2002. 4. 25. 2001헌바26, 판례집 14-1, 301).

법정의 방법이외의 방법으로 인쇄물, 광고 등을 제작, 배부하는 방식의 선거운동을 금지하고 이를 위반한 경우 2년 이하의 징역이나 금고 또는 200만원 이하의 벌금에 처하는 지방의회선거법규정에 대한 판단에서 역시 일반론으로 엄격한 심사와 함께 자유·공정 이념의 조화를 언급하면

---

29) 헌재 1989. 12. 22. 88헌가13, 판례집 1, 357, 374

서 구체적으로는 과잉금지의 4가지 요건을 각각 판단하였고, 특히 피해의 최소성에 대하여 전면적 금지 이외에 달리 효과적인 수단을 상정할 수 없고 여러 선거운동방법 중 특히 중대한 폐해를 초래함으로써 선거의 자유와 공정을 해칠 우려가 크다고 인정되는 특정의 선거운동방법만을 국한하여 제한하였다는 점에서 요건을 충족시킨다고 하면서 합헌결정을 선고하였다(헌재 1995. 4. 20. 92헌마29, 판례집 7-1, 499). 이후 선거일 180일 전부터 선거일까지 선거에 영향을 미치게 하기 위하여 정당 또는 후보자를 지지·추천하거나 반대하는 내용이 포함되거나 그 명칭 또는 성명이 포함된 광고, 인사장 등 기타 유사한 것을 배부·첩부·살포·상영 또는 게시하는 것을 금지하고 이를 위반한 경우 처벌하는 공직선거법 규정에 대한 판단 역시 같은 방식으로 이루어졌다(헌재 2001. 8. 30. 99헌바92등, 판례집 13-2, 174; 2001. 10. 25. 2000헌마193, 판례집 13-2, 526; 2001. 12. 20. 2000헌바96등, 판례집 13-2, 830). 선거기간 중 선거권자에게 서신을 이용하여 선거운동을 할 수 없도록 한 규정에 대한 합헌결정에서도 과잉금지원칙여부를 검토하면서 엄격한 심사기준이 적용되어야 한다고 하면서도 구체적으로는 과잉금지의 4가지 요건을 각각 판단한 경우에는 같은 방식으로 판단하였다(헌재 2007. 8. 30. 2004헌바49, 판례집 19-2, 258, 265-267).

선거운동의 선전벽보에 비정규학력의 게재를 금지하는 공직선거법 규정에 대한 합헌결정에서도 판단방식은 역시 이와 같았다(헌재 1999. 9. 16. 99헌바5, 판례집 11-2, 326; 2000. 11. 30. 99헌바95, 판례집 12-2, 298).[30)]

선거운동에 있어 확성기와 자동차사용을 제한한 규정과 선거에 영향을 미치게 하기 위하여 단합대회 또는 야유회 기타의 집회를 개최할 수

---

30) 교육위원선거에서 법정의 선거운동 방법 이외 일체의 선거운동을 금지한 규정에 대한 판단에서도 판단의 방식은 같다(헌재 2000. 3. 30. 99헌바113, 판례집 12-1, 359).

없도록 한 각종집회 등의 제한규정 및 선거운동을 위하여 선거구민에 대하여 서명이나 날인을 받을 수 없도록 한 서명·날인운동의 금지규정 그리고 "누구든지 선거운동을 위하여 무리를 지어 거리를 행진하거나 연달아 소리지르는 행위를 할 수 없고, 정당 또는 후보자의 선거운동을 방해하기 위하여 연달아 소리지르는 행위를 할 수 없다" 고 규정한 구 공직선거법 제105조 제1항에 대한 합헌결정에서는 일반원칙에 대한 언급 없이 과잉금지원칙의 4가지 요건에 맞추어 판단하였다. 이 결정에서도 다른 규정에서 여러 가지 선거운동 방법에 대하여 허용하는 규정을 두어 피해를 최소화하려는 배려를 하고 있다며 피해의 최소성 요건을 충족하고 있다고 보았다(헌재 2001. 12. 20. 2000헌바96등, 판례집 13-2, 830).

반대로 기초의회의원선거에서 정당표방을 금지한 공직선거법규정에 대한 판단에서는 이는 헌법이 정당을 보호하는 한편 지방자치 또한 제도적으로 보장하고 있는 점, 우리의 정치문화와 지방자치에 대한 국민의식 등 제반사정을 헤아린 입법재량의 영역에 속하는 것이라고 명시적으로 언급하면서도 과잉금지원칙의 4가지 요건에 맞추어 판단하기도 하였다(헌재 1999. 11. 25. 99헌바28, 판례집 11-2, 543).[31] 그러나 같은 규정에 대하여 판례를 변경하여 위헌을 선언한 결정들을 보면 입법재량을 언급하지 않으면서 과잉금지원칙의 4가지 요건 중 입법목적의 정당성부터 인정되지 않는 것으로 보았다(헌재 2003. 1. 30. 2001헌가4, 판례집 15-1, 7; 2003. 5. 15. 2003헌가9,10, 판례집 15-1, 503).

3) 완화된 심사기준의 적용

이러한 과잉금지원칙을 적용한 판례들과는 달리 선거운동의 자유제한에 대하여 완화된 심사기준을 적용한 것으로 볼 수 있는 것들도 존재한

---

31) 위 결정은 간접적으로 정당의 지지를 알 수 있는 방법이 있다는 이유로 피해의 최소성 요건을 충족한다고 보았다.

다. 직업적 단체에 대한 특수관계를 이용한 선거운동 금지 규정과 자치구·시·군의 장선거에서 후보자 방송연설의 매체를 제한한 규정에 대한 판단에서는 4가지 과잉금지의 요건에 대한 판단 없이 종합적으로 필요하고 합리적인 제한인지 여부를 판단하였고(헌재 1999. 6. 24. 98헌마153, 판례집 11-1, 839), 단체의 선거운동을 금지한 공직선거법 규정에 대한 판단에서는 그 제한이 선거의 공정과 기회균등의 확보를 위한 것이고 현재 우리나라의 고유한 사정을 고려하여 선거에 있어서의 자유와 공정의 두 이념이 슬기롭게 조화될 수 있도록 배려한 것인 한 원칙적으로 존중되어야 한다고 일반론을 전개하면서 제한이 합리적이라며 합헌결정을 선고하였다(헌재 1995. 5. 25. 95헌마105, 판례집 7-1, 826).[32] 또한 선거사무소와 선거연락소 외의 유사기관설치를 금지한 공직선거법 규정에 대한 합헌결정에서도 선거의 공정성을 확보하기 위하여는 어느 정도 선거운동에 대한 규제가 행하여지지 않을 수 없다고 하면서 단순히 그 방법이 상당하다고 판단하기도 하였다(헌재 1996. 3. 28. 96헌마9등, 판례집 8-1, 289; 1999. 1. 28. 98헌마172, 판례집 11-1, 84; 2001. 10. 25. 2000헌마193, 판례집 13-2, 526).

최근에는 선거운동으로서 2인을 초과하여 다수의 선거구민에게 인사하는 행위를 금지한 공직선거법 규정에 대한 심사에서 질서유지 등을 위한 입법목적의 정당성을 인정하고 그러한 목적달성을 위하여 필요한 범위를 넘었는지 여부와 법익의 현저한 불균형이 있는지 여부를 심사하여 합헌을 선언한 사례가 있고(헌재 2007. 7. 27. 2004헌마215, 판례집 18-2, 200, 207-209), 같은 날 선고된 비례대표국회의원후보의 경우 예비후보자등록제도를 두지 않아 선거기간 전에는 선거운동을 할 수 없도록 한 규

---

32) 이후 노동조합에 한하여 예외적으로 선거운동을 허용한 개정규정에 대한 판단에서는 주로 평등이 문제되었다(헌재 1999. 11. 25. 98헌마141, 판례집 11-2, 614).

정과 선거운동기간 중 공개장소에서 이 연설·대담을 금지한 규정에 대한 위헌심사에서도 4가지 과잉금지의 요건에 대한 판단 없이 종합적으로 합리적 것인지 여부를 판단하였다(헌재 2007. 7. 27. 2004헌마217, 판례집 18-2, 212, 229-232).

3. 심사기준의 결정

선거운동의 자유를 제한하는 입법의 위헌심사기준은 기본권의 성격에 비추어 보면 엄격한 심사에 의하여야 한다고 볼 수 있으나, 대의제도와 관련하여 광범위한 입법재량이 인정된다고 보는 입장도 가능하다. 판례 역시 일반이론의 설시의 경우 엄격한 심사를 해야한다는 내용과 공정과 자유에 대한 입법자의 조화로운 입법이 필요하다며 입법재량이 인정되는 듯한 판시가 함께 등장한다. 구체적인 판단 역시 과잉금지원칙의 4가지 요건에 따라 심사하거나 단순히 합리적이고 과도한 제한인지 여부를 심사하는 것으로 일관된 모습을 보이고 있지 않다.

그러나 과잉금지원칙에 따른 구체적인 판단을 자세히 보면 목적의 정당성과 수단의 적합성 판단은 대체로 무리 없이 인정하고, 피해의 최소성 요건은 특히 피해가 클 것으로 예상되는 특정의 선거운동방법만을 국한하여 제한하고 있을 뿐 기타 다른 선거운동방법이 허용된다고 보아 충족되는 것으로 판단하고 있어 상당히 기준을 완화하여 심사하고 있음을 알 수 있다. 법익의 균형성 역시 역사적 경험과 함께 공정이라는 큰 공익에 의하여 대체로 인정되고 있다. 이와 같이 개별 요건의 심사가 상당히 완화되어 이루어짐으로써 사실상 4가지 요건에 따른 심사가 엄격한 심사로서 기능하지 않고 있다. 이는 대부분의 선거운동방법을 제한하는 입법이 합헌으로 결정되었고 위헌결정된 경우는 입법목적의 정당성부터 인정되지 않았던 점을 보면 분명해진다. 실제로는 단순한 합리성 심사에 의하여도 같은 결과가 나올 수 있다.33) 따라서 일반원칙과 구체적인 판단에서 어떠한 방법으로 판시하는지 여부에 상관없이 실질적으로 판례는 선거운동의 자유를 제한하는 법률에 대하여 심사를 상당히 완화하여 일단 선거의 공정을 위한 합리적인 수단인지 여부에 따라 위헌여부를 심사하고 있다고 할 수 있다.

이와 같이 판례의 원칙적인 판시내용과 실제 심사가 일치하지 않는 것은 문제가 있다. 입법자가 행한 선택이 전혀 불합리하다거나 자의적인 것이 아닌 한 그 판단은 존중되어야 한다는 완화된 심사가 헌법재판소의 실질적인 기준이라면 전면의 엄격한 심사가 이루어져야 한다고 판시하는 것은 단지 수사적인 표현에 불과하며 심사의 일관성을 유지하지 못하는 것이란 평가를 피할 수 없다.

이러한 상황에 대하여 엄격심사의 원칙적인 판시를 중시하여 실제 판단을 이에 맞추어 가는 것도 하나의 해결방법이 될 수 있다. 이에 의하면 공직선거법상의 상당수 선거운동규제규정들은 위헌으로 선언될 가능성이 높으며, 결국 공직선거법상의 선거운동규제 전반에 대한 개편이 필요하게 될 것이다. 이와는 반대로 지금까지의 헌법재판소 판례들의 입장을 중시한다면 전면에 이 분야는 입법재량이 인정되는 분야이므로 위헌성 판단이 상당히 완화되어 이루어져야 한다는 점을 분명히 하는 것도 일관성을 회복하는 방법이다. 또는 선거운동자유와 관련된 사례들을 좀더 엄밀히 분석하여 엄격한 심사가 이루어져야 할 사례군과 완화된 심사의 대상이 될 사례군을 나누어 별도로 심사하는 것도 하나의 방법이 될 수 있다.34) 이 중 어느 방법에 의하거나 헌법재판소 판례가 이론적인 엄밀성

---

33) 이러한 판례의 판단방식은 이론적으로 일정한 경우 입법자의 정책재량을 존중하여 비례의 원칙을 완화하여 적용하는 비례의 원칙의 2단계 심사론의 입장에 의한 것으로 볼 수 있다(이명웅, 비례의 원칙의 2단계 심사론, 「헌법논총」 제15집, 2004, 509쪽).

34) 미연방최고법원의 Burson v. Freeman 판례에서 표현의 자유와 함께 선거권

을 유지하는 것이 필요하며 현재와 같이 적당한 절충적인 판시로 혼선을
가져오는 것은 바람직하지 않다.

Ⅳ. 결론

기본권 이론의 엄밀성을 유지한다면 선거운동자유 제한에 대한 엄격
한 심사는 개별선거운동 행위를 제한한 많은 공직선거법 규정에 대한 위
헌결정으로 이어질 가능성이 높다. 이는 크게 보면 개별행위를 제한하여
선거의 공정을 도모하는 선거법의 입장에서 비용제한 방식 등으로 기본
적인 입장을 전환하는 것을 의미할 수 있다. 결국 완화된 심사를 할 것인
지, 엄격한 심사를 할 것인지 여부는 이와 같이 입법자가 정한 기본적인
선거법의 정책입장을 헌법재판소가 변경할 수 있는지 여부의 문제로 귀
결된다. 일반론으로 엄격하게 심사하여야 한다고 하면서도 구체적으로는
대개 선거운동규제에 대한 합리성을 인정한 많은 판례들은 기본적으로
이러한 문제에 대하여 입법자의 기본입장을 존중해야 한다는 시각을 배
경으로 하고 있는 것으로 볼 수 있다.

이러한 판례의 태도는 표현의 자유와 참정권과 같이 중요한 기본권과
관계된다는 점에서는 엄격심사가 적용되어야 하나, 다른 한편 헌법 제41
조 제3항과 제67조 제5항에서 국회의원과 대통령의 선거에 관한 사항을
법률로 정하도록 규정하여 입법부에 선거제도의 형성권을 부여한 점 및
헌법 제116조 제1항에서 선거운동의 범위를 정함에 있어 균등한 기회 보

이라는 그에 유사한 헌법적 가치가 충돌하여 그 조화를 이룩해야 하는 경우
구체적인 판단은 엄격한 심사에 의했지만 그와 관련된 입법에 대하여 결국
합헌으로 결정하여 표현의 자유만이 문제되는 경우와 구별되는 것이 참고가
될 수 있다.

장, 즉 공정성을 선거운동제도를 구성하는 별도의 헌법적 가치로 규정하고 이를 실현하기 위한 임무를 입법자에게 부여하고 있는 점에서 헌법적 근거를 찾을 수 있다. 우리 헌법상 선거운동의 자유를 기본권의 측면에서만 보면 엄격한 심사가 적용되나, 기타 제도 구성요소로서 헌법이 명시적으로 '공정'이라는 다른 가치를 규정하고 있어 두 가치의 조화가 필요하므로 그 구체적인 실현으로서의 입법은 일차적으로 입법자의 임무로서 폭넓은 재량이 인정되는 것이다. 무엇이 공정한 것인가, 어떠한 선거제도가 균등한 기회의 보장이 될 수 있는가 하는 판단은 각 국가사회의 역사적 경험에 따라 달라질 수 있다는 점에서 제도구성의 일차적 임무가 입법자에게 맡겨진 방식의 합리성이 존재한다. 기존 판례에서 이러한 판단의 요소들을 대부분 언급하고 있음에도 불구하고 판시내용과 결과에서 혼선이 있었던 것은 이와 같은 선거운동의 자유와 관계된 헌법가치와 구조를 체계적으로 정리하지 못한 결과라 할 수 있다.

그렇다 하더라도 개별 선거법 규정이 적용된 사례들이 모두 합리적이며 헌법적으로 올바르다는 것은 아니다. 서두에서 제시한 인터넷 게시판의 사례들은 법률규정은 그대로 존재하나 사회경제적 상황이 변하면서 그 적용상의 불합리성이 발생한 대표적인 경우라 할 수 있다. 그 근거법률규정인 공직선거법 제93조 제1항은 기본적인 내용이 공직선거및선거부정방지법이 제정(1994. 3. 16.)된 때부터 존재하던 것이다. 이는 명확히 문서 등 인쇄물이나 녹음 또는 녹화테이프와 같은 전통적인 매체를 예상하고 만들어진 것으로서 최근의 인터넷을 통한 토론이나 의견의 교환과 같은 현상은 입법시 검토되지 않은 것이다. 과거 문서를 통한 비방과 유언비어가 난무하였던 경험을 토대로 이러한 규정이 만들어졌다고 본다면 위 규정 자체가 잘못되었다고 하기 보다는 이를 인터넷게시판에서의 토론 등에 적용하는 것에 문제가 있다고 보아야 한다. 선거운동의 자유 제한이 정치·사회발전단계, 민주시민의식의 성숙도 기타 제반상황이 종합

적으로 검토되어야 한다는 것은 비단 법률규정의 위헌성을 판단하는 데
에만 국한되는 것은 아니다. 실제 적용사례에서도 이러한 점은 반드시
고려되어야 한다.

어떠한 규정이 적용된 사례들이 불합리하고 그러한 사례들이 계속 반
복되면 결국 당해 법률규정 자체의 문제로 전화될 수 있다. 반면 일군의
불합리한 개별사례들이 존재한다고 당해 규정이 바로 위헌으로 결정되어
야 하는 것도 아니다. 선거운동을 제한하는 법률규정의 합헌성에 대한
엄격한 판단은 입법자와의 관계에서 또 다른 문제가 발생할 수 있다. 그
러한 점에서 오히려 상급심 또는 헌법소원심판에 의하여 개별 적용 사례
가 적절한 교정될 수 있도록 하는 것이 오히려 해답이 될 수도 있을 것
이다.

공인의 인격권과 표현의 자유

-연예인의 경우를 중심으로-*

김 태 수**

Ⅰ. 문제의 제기

표현의 자유는 헌법 제21조에 의해 보장되는 헌법상의 기본권이지만, 개인의 인격권 또한 헌법 제10조가 보장하는 헌법상의 기본권이다.1) 즉,

---

* 이 논문은 2006년 8월 고려대학교 박사학위논문인 "공인에 관한 표현의 자유의 한계"와 2007년 6월 공법연구에 게재한 "표현의 자유와 법익형량-인격권침해적 표현을 중심으로-"라는 제목의 논문을 토대로 발췌 및 일부 수정하여 재구성하였음.

** 고려대학교 법과대학 강사

1) 헌재 1999. 6. 24. 97헌마265: "... 개인의 기본권인 언론의 자유와 타인의 인격권인 명예는 모두 인간으로서의 존엄과 가치, 행복추구권에 그 뿌리를 두고 있으므로 두 권리의 우열은 쉽사리 단정할 성질의 것이 아니다. 그러나 자기의 사상과 의견 표현에 아무런 제한도 받지 않고 타인의 인격권인 명예를 함부로 침해할 수 있다고 한다면 언론의 자유는 자기모순에서 헤어나지 못하므로, 헌법은 언론·출판의 자유는 보장하되 명예 보호와의 관계에서 일정한 제한을 받는 것을 분명히 한 것이다."라는 입장을 취하여 헌법 제

민주주의의 근간이 되는 표현의 자유와 인간의 존엄과 가치에 근거를 둔 인격권, 양자는 어느 한쪽도 소홀히 해서는 안 되는 헌법상 매우 중요한 기본권이다. 그런데 연예인은 언론매체를 통해 해명하기가 쉬울 뿐만 아니라, 알권리의 대상이 되는 공인에 해당되기 때문에 어느 정도 스스로의 인격권침해를 수인할 수밖에 없다. 그러나 최근 유명 연예인인 최진실, 가수 유니와 탤런트 정다빈 등 자살사건 이면에 악성 루머가 있음이 밝혀져 세간의 이목을 끌게 되자[2] 사이버 공간에서 공인인 연예인에게도 인격권을 보호받을 길은 없는지 본격적으로 논의되기 시작하였다. 대부분의 연예인은 악플과 악의적인 루머에 대응을 못한 채 그대로 수인하기도 하지만, 적극적인 해명 글을 올리거나 기자회견을 하고, 강력하게 법적 대응을 하는 사례가 늘고 있다. 예컨대 신체가 훼손되었다는 악성 루머에 맞서 나훈아는 기자회견을 열기도 하였고, 고소영은 근거 없는 루머와 악성 댓글을 올린 35명을 고소하기도 하였다.

본고에서는 연예인의 인격권에 관한 법적 보호의 메카니즘을 알기 위해서 맨 먼저 법익형량[3]의 의미와 구체적 심사기준을 알아보고, 법익형량의 의미를 비례의 원칙에 합치되는 법익형량으로 해석하였다. 그런데

10조에 근거를 두고 있는 것으로 보인다.

2) "최진실이 안재환에게 25억원의 돈을 빌려준 뒤 이를 받지 못하자 죽이겠다는 식으로 협박을 가해 자살하게 했다"는 내용의 증권가 사설정보지(일명 찌라시) 루머를 인터넷에 올린 혐의로 증권사 여직원이 입건되기에 이르렀다. 일명 찌라시는 증권사나 대기업이 주요 회원으로 한 달에 30-100만 원가량 받고 회원들에게 이메일로 사회 전반의 풍문을 제공했었는데, 2005년 3월 대형 광고기획사가 연예인 99명에 대한 루머를 정리한 문건인 이른바 '연예인 X파일' 사건 이후 이은주 자살사건이 발생하자 정부의 단속으로 잠잠하다가 최진실씨 자살사건을 계기로 다시 뜨거운 감자가 되었다.

3) 헌재 1999. 6. 24. 97헌마265; 대판 1998. 7. 14. 96다17257; BVerfGE 4, 219; 4, 347; 6, 290: "이익형량(Interessenabwägung)"; BVerfGE 1, 82; 2, 103; 3, 34; 3, 267; 6, 1: "결과형량(Folgenabwägung)"

사전적 의미의 법익형량으로만 해석한다면 공권력이 자의적인 판단을 하게 될 우려가 있기 때문에 구체적 심사기준을 제시할 필요가 있고, 그 구체적 심사기준으로 "공인", "인격권", "표현", "구체적 사정" 심사기준을 제시하고, 이러한 심사기준에 입각하여 연예인관련 인격권침해적 표현의 규범구조적 특성을 고찰하였다.

Ⅱ. 공인의 인격권과 표현의 자유간의 법익형량

1. 인격권침해적 표현에 존재하는 법익형량의 의미

법익형량의 최종 결정단계만을 놓고 본다면 법익형량은 양자택일로 회귀될 수밖에 없는 문제처럼 보인다. 즉, 입법자의 법익형량인지 아니면 재판에서의 법익형량인지 여부와 상관없이 기본권 충돌의 문제는 어느 한쪽의 기본권을 선택하고 다른 기본권은 배척해야 하는 것이 법익형량인 것처럼 보인다. 그러나 헌법 제21조 제4항에서 "언론·출판은 '타인의 명예나 권리' 또는 공중도덕이나 사회윤리를 침해하여서는 아니된다."고 하였을 때, "타인의 명예나 권리"를 언론·출판보다 우위에 있다고 파악하는 것은 무리가 있고, 반대로 언론·출판의 자유가 "타인의 명예나 권리"보다 우위에 있다고 할 수도 없는 해석상의 난점이 있다.

헌법조문만 놓고 문리해석을 하게 되면 "타인의 명예나 권리"가 표현의 자유보다 우선한 것처럼 보인다. 그러나 인격권침해적 표현에 대한 법익형량심사를 하는 과정에서 "공인"에 해당하게 되면 알 권리의 대상이 되기 때문에 표현의 자유가 인격권보다 우선할 수밖에 없고, "공인"이라 하더라도 "내밀영역"과 같은 인격권의 침해에 대하여는 표현의 자유가 인격권에게 양보해야 하며, "허위의 사실이 아닌 의견"에 해당하는 경우에는 표현의 자유가 인격권보다는 우선하여 보호되는 등 어느 기본권 하나만 우위에 있다고 단정하기 어려운 점이 있다. 또한 "구체적 사정"에 대한 법익형량심사를 통해 입법자가 법조문에 반영하거나 재판에서 판결을 함에 있어서는 어느 기본권만을 일방적으로 선택하고 다른 기본권의 본질적 내용까지 배척할 정도의 결정을 해서는 안 된다. 따라서 인격권 침해적 표현에서의 법익형량은 양자택일의 의미가 될 수 없고, 고정적인 개념도 아니며, 양 기본권의 본질적 내용을 침해하지 않는 다양한 중간 영역에서의 선택의 문제이다.

형량신봉주의(Abwägungsenthusiasmus)[4]의 관점에서는 법익형량의 불가피성을 계속 강조하고 있지만, 형량회의주의(Abwägungsskepsis)[5]의 관점에서는 기본권 충돌문제를 자의적인 "형량유보(Abwägungsvorbehalte)"[6]에만 맡겨둘 수 없다는 법익형량의 내재적 한계를 강조한다. 그러나 법익형량에 있어 문제의 본질은 공권력에 의한 자의적 형량을 어떻게 하면 막을 수 있겠는가 여부이지, 법익형량을 인정할 것인가 여부가 아니다.[7]

---

4) 해벌레(P.Häberle)는 "이익형량(Interessenabwägung)", "법익형량(Güterabwägung)", "가치형량(Werteabwägung)"을 엄격하게 구분하지 않고 있다. 해벌레에 의하면 헌법차원에서의 이익형량의 평가는 헌법의 통일성을 유지하기 위해서 실제적 조화의 원리에 가까울 수밖에 없다는 점을 강조하고 있다. P.Häberle, Die Wesensgehaltgarantie des Art. 19 Abs. 2 GG, 3.Aufl., 1983, S.32ff; 이러한 맥락에서 찌펠리우스(R.Zippelius)도 마찬가지 입장으로 서술하고 있음을 설명하면서 형량신봉주의(Abwägungsenthusiasmus)에 편입시키는 B. Schlink, Abwägung im verfassungsrecht, 1976, S.128ff.

5) P.Schneider, Güterabwägung im freiheitlichen Rechtsstaat, 1966, S.356, 357; H.Hubmann, Grundsätze der Interessenabwägung, 1956, S.102; "형량회의주의 (Abwägungsskepsis)"의 개념에 대하여는 B. Schlink, Abwägung im verfassungsrecht, 1976, S.128ff.

6) B. Schlink, Abwägung im verfassungsrecht, 1976, S.192ff.

7) 문제변증론을 헌법문제의 해결에 구체적으로 적용하는 이론을 확립하고자 했던 뮐러(F.Müller)가 조문해석을 "규범 프로그램(Normprogramm)"으로, 규

2. 인격권침해적 표현에 대한 법익형량의 불가피성

헌법 제21조 제4항은 외견상으로는 표현의 자유에 대한 헌법적 한계의 형식을 취하고 있지만, 표현의 자유와 인격권 사이의 한계를 어떻게 설정할 것인가 하는 문제는 결국 입법자의 형성과 사법부의 판단을 필요로 한다. 왜냐하면 헌법 제21조 제4항의 "타인의 명예나 권리"를 헌법적 한계로 이해하는 다수견해[8]에 따르더라도, "타인의 권리나 명예"를 침해하는 외관을 가진 표현 중에도 헌법의 보호영역에 포함되는 표현이 있다는데 헌법해석의 어려움이 있다. 예컨대 "공인"에 대한 표현이고, "내밀영역이 아닌", "진실한 사실의 적시"를 내용으로 하는 표현이 "타인의 권리나 명예"를 침해한 경우라 하더라도 "구체적 사정"에 비추어 타당하면 헌법의 보호영역에 포함하게 된다. 따라서 "언론·출판"과 "타인의 명예나 권리" 중 어느 한쪽을 우선하여 해석해서는 안 된다. 헌법 제21조 제4항이 표현의 자유의 헌법적 한계를 규정한 것처럼 보이지만, 그 구체적 내용을 어떻게 형성할 것인가 여부에 대하여는 제1차적으로 입법자에게 입법형성의 자유와 의무가 동시에 존재한다고 보아야 하고, 입법자의 법

범 프로그램의 범위 안에서 문제와 관련된 관점들을 구체적으로 찾아내어 보호해야 할 영역을 확인하는 것을 "규범영역(Normbereich)"으로 구별하여 설명하려고 한 이유이다. F.Müller, Normstruktur und Normativität, 1966, S.184ff; 뮐러의 규범영역에 관한 설명을 그대로 따른다면, 형량모델에 대한 이해가 있고 난 이후에야 비로소 규범 프로그램에 합치되는지 여부를 알 수 있고, 그 다음에야 기본권 적용이 가능하다.

8) 내재적 한계로 보는 권영성, 헌법학원론, 법문사, 2007, 500-501쪽: 김철수, 헌법학개론, 박영사, 2007, 724쪽; 성낙인, 헌법학, 법문사, 2007, 454쪽; 헌법 제21조 제4항을 헌법적 한계임과 동시에 사인간의 직접효력규정으로 보는 허 영, 한국헌법론, 박영사, 2007, 260쪽; 헌법에 의한 기본권제한으로 보는 홍성방, 헌법학, 현암사, 2007, 490쪽; 헌법적 한계로 보는 이관희, 한국민주헌법론(1), 박영사, 2004, 323쪽.

익형량이 비례의 원칙에 위반될 때에는 제2차적으로 헌법재판소가 규범통제를 할 수 있고, 법률의 합헌성이 계속 추정되는 한 법원은 헌법과 법률의 범위 안에서 법익형량에 의한 재판을 할 수 있다고 설명하는 테두리 내에서의 헌법적 한계로 보는 해석이 유효하다. 그러므로 헌법 제21조 제4항을 헌법적 한계라고 해석하더라도 입법자에 의한 법익형량과 헌법재판소 및 법원에 의한 법익형량을 필요로 한다.

또한 헌법 제21조 제4항을 헌법적 한계로 보지 않고, 가중적인 개별적 법률유보로 해석하게 되면 표현의 자유를 위축시키지 말아야 한다는 것을 전제로 법률에 유보된 것으로 보기 때문에,9) 헌법 제21조 제4항에서 수행되는 법익형량은 비례의 원칙에 합치되는 법익형량으로 엄격하게 해석되어 질 수밖에 없다. 특히 인격권침해적 표현의 경우에는 헌법 제37조 제2항과 관련하여 표현의 자유의 제한 기준으로 제시되는 명확성의 원칙, 이중기준의 원칙, 덜 제한적인 수단 선택의 원칙, 명백하고 현존하는 위험의 원칙 등의 기준들이 가지는 효용성이 떨어진다. 왜냐하면 민주주의에 가장 중요한 근간인 표현의 자유와 충돌하는 것이 헌법에서 가장 중요하다고 여기는 인간의 존엄과 가치에 바탕을 둔 인격권이기 때문이다. 즉, 양자는 어느 한쪽도 쉽게 양보할 수 없는 기본권들이기에 어쩔 수 없이 적용해야 하는 기준이 법익형량인 것이다. 따라서 헌법 제37조 제2항의 과잉금지의 원칙 내지 비례의 원칙은 인격권침해적 표현에도 적용될 수 있지만, 헌법 제21조 제4항의 법익형량으로 들어가야 인격권과 표현의 자유 사이의 충돌문제를 해결할 수 있게 된다.

---

9) 계희열, 헌법학(중), 2002, 428-432쪽; 헌법 제21조 제4항은 가중적인 법률유보규정은 아니지만, 일반적 법률유보규정인 헌법 제37조 제2항에 의하여 해결할 수 있으므로 삭제해도 무방한 주의적 규정으로 보는 정종섭, 헌법학원론, 박영사, 2006, 460-461쪽.

3. 비례의 원칙에 합치된 법익형량으로의 해석가능성

일반적으로 비례의 원칙 내지 과잉금지의 원칙은 입법자가 기본권에 관한 구성요건[10]을 침해하는 입법을 하는 경우에도 과잉금지의 원칙(비례의 원칙)에 위반되지 않아야 한다는 의미로 사용되고 있다.[11] 제1단계인 기본권의 보호내용 확인단계를 보면, 역사적 경험을 반영하여 기본권의 보호영역의 범위가 설정되는 것이 일반적이다. 그러나 표현의 자유의 경우에는 첨단 멀티미디어의 등장으로 방송의 자유의 개념이 다원화되고, 인터넷 보급으로 표현의 자유의 보호영역의 범위를 설정하는 것은 쉽지 않은 문제가 되었다. 제2단계인 기본권의 제한단계를 보면, 첫째로 헌법에 명문으로 규정하여 유보하거나, 둘째로 일반적 법률유보 및 개별적 법률유보 방식을 취하거나, 셋째로 유보에 관한 명문규정은 없지만 제한가능성에 대하여 불문으로 유보한 것으로 보는 방식을 헌법은 취할 수 있다. 헌법 제21조 제4항을 헌법에 직접적인 제한을 규정한 것으로 보더라도 "타인의 명예나 권리"의 보호가 무제한한 것일 수는 없고 헌법적 지위를 가지는 다른 법익과 가치질서에 의해 제한될 수밖에 없다는 점을 간과해서는 안 된다. 또한 어떠한 입장을 취하더라도 기본권의 본질적인 부분을 침해하지 않는 한 입법자의 형성의 자유는 존재하고, 더 나아가 동일 표제어를 가진 법률조문이 존재한다고 해도 판결마다 전혀 다른 형량기준이 도출될 수도 있다는 상황에 직면하게 되면 그 설명이

---

10) 기본권에 관한 구성요건(Grundrechtstatbestande), 기본권제한(Grundrechtss-chranken), 기본권제한의 한계(Schrankenschranken)라는 "삼각구조(triadische Struktur)"로 기본권의 해석과정을 설명하는 R. Alexy, Theorie der Grundrechte, 1985, S. 275; M. Kloepfer, Festgabe BVerfG Ⅱ, 1976, s. 406f.

11) K. Stern, § 84 Übermaßverbot und Abwägungsgebot, in: Das Staatsrecht für die Bundesrepublik Deutschland, Bd. Ⅲ/2, 1994, S. 798ff.

더욱 쉽지 않게 된다. 그러므로 제3단계인 비례의 원칙에 따른 심사단계의 힘을 빌리 수밖에 없게 되는데, 이 단계에서는 국가와 기본권 주체 사이의 갈등해결에는 국가에 의한 침해의 불가피성(Notwendigkeit) 요건이 중요한 의미를 가지지만, 기본권 주체 상호간의 갈등해결에는 침해의 불가피성 요건만으로는 해결할 수 없게 된다. 기본권 주체 상호간의 갈등을 해결하기 위해 독일연방헌법재판소는 표현의 자유에서의 "상호작용이론(Wechselwirkungslehre)"에 의한 해결을 시도하고 있다.12) 독일연방헌법재판소는 표현의 자유와 법률유보에 의한 기본권 제한에 존재하는 "상호작용"이론이 "문제해결을 오로지 입법자의 결정에만 의존하는 경향(Tendenz der Zerfaserung und des Dezisionismus)"을 조장하게 된다는 비판13)에 대하여 양자의 "상호작용" 사이에 비례의 원칙을 적용시키는 것으로 엄격하게 해석하면 해결된다고 판시하고 있다. 따라서 기본권 주체 상호간의 갈등해결에는 제1단계 기본권의 보호영역에 대한 심사와 제2단계 기본권제한에 대한 유보심사를 거쳐 제3단계 심사인 비례의 원칙에 따른 심사까지 제대로 거쳐야 비로소 헌법에 합치하는 것이 된다고 판시한다. 본고에서는 독일연방헌법재판소의 입장과 같이 인격권 침해적 표현에 대한 법익형량을 비례의 원칙에 합치되는 법익형량으로 파악하였다. 즉, 인격권침해소송에서 헌법재판소나 법원이 자주 사용하는 "법익형량"14)은 양자택일의 의미가 아닌 다자택일의 의미를 가진 비례의 원칙에

---

12) K. Stern, § 84 Übermaßverbot und Abwägungsgebot, in: Das Staatsrecht für die Bundesrepublik Deutschland, Bd. Ⅲ/2, 1994, S. 798ff.

13) 표현의 자유와 법률유보에 의한 기본권 제한 사이의 "상호작용"을 순환론법적인 유희에 불과하다고 보는 비판에 대하여는 P. Lerche, § 122 Grundrechtsschranken, in: HdbStR V, 1992, Rdnr. 21; 이러한 비판에 대하여 독일연방헌법재판소는 법익형량의 과정에 비례성이라는 개념을 적용하는 것으로 해결을 시도하고 있다.

14) 독일연방헌법재판소도 표현의 자유에 의하여 타인의 기본권이 침해되는 경

합치되는 법익형량으로 이해하고, "실제적 조화의 원리"에 따라 비례적으로 정서하여 "최적화 명령"을 구체화시킨다는 의미로 이해하였다.15) 다만 헌법상 비례의 원칙은 개별사례와 결부되어야 제대로 판단할 수 있기 때문에 과잉금지의 원칙(비례의 원칙)을 위반해서는 안 된다는 도그마(Dogma) 차원을 넘어 구체적인 방법론(Methode)을 제시함으로써 일정한 유형과 기준을 내용으로 하는 법익형량개념16)으로 파악하고자 하였다.

헌법 제37조 제2항은 개별 기본권 측면에서 바라 본 일반규정인 반면에, 헌법 제21조 제4항은 기본권 상호간의 충돌로 발생할 수 있는 대사인적 효력을 예정한 특별규정이다. 문언의 해석만으로 보면 헌법 제21조 제4항은 "타인의 명예나 권리" 등에 표현의 자유가 전적으로 양보해야 하는 것처럼 규정되어 있다. 그러나 헌법 제21조 제4항은 표현의 자유가 민주주의에 필요불가결한 요소라는 것을 정면으로 부인하려는 규정이 아니다. 다만 민주주의에 필요불가결한 표현의 자유라 하더라도 인격권의 "본질적 내용"을 침해하는 것을 용인하지 않겠다는 취지이다. 그렇다면 인격권침해적 표현이라고 해서 모두 헌법상 금지되는 것은 아니며, 헌법 제21조 제4항의 "타인의 명예나 권리"를 침해한 것으로 인정되려면 민주적 정당성을 가진 입법자가 정한 법률에 의해 그 한계가 제1차적으로 정해진다고 볼 수밖에 없다. 다만 입법자가 법률로 설정한 한계라고 하더라도 양 기본권의 "본질적 내용"을 침해하였다고 인정되면 헌법재판을 통하여 통제규범으로 작용하고 양 기본권 사이의 한계선은 변경된다. 그

우에는 표현의 자유와 인격권 사이에 구체적인 법익형량을 요구하고 있다. D. Grimm, Die Meinungsfreiheit in der Rechtsprechung des Bundesverfassungsgerichts, NJW, 1995, S.1697ff.
15) 법익형량, 비례의 원칙, 실제적 조화의 원리는 구별되는 개념이지만 교차적인 측면이 있다.
16) B. Schlink, Abwägung im verfassungsrecht, 1976, S. 127.

러므로 표현의 자유에 "위축효과"를 발생할 우려가 있거나[17] 인격권의 "본질적 내용"을 침해한[18] 법률은 헌법에 위반된다. 양 기본권의 본질적인 내용을 침해하지 않는 중간영역에서 입법자는 법률로써 그 한계선을 자유롭게 정할 수 있으나, 기본권 사이에 최적화를 지향해야 법률의 효력이 계속 존속할 수 있다.[19] 왜냐하면 인격권과 표현의 자유가 충돌하는 경우 상호 양보할 수 없는 긴장관계에 처하게 되고, 사회가 변화함에 따라 본질적 내용에 대한 인식은 변할 수 있기 때문이다. 이처럼 자유로운 입법형성의 경우와는 달리 헌법재판소와 법원이 인격권침해적 표현에 대하여 관여할 수 있는 부분은 양 기본권의 "본질적 내용"에 대한 해석에 국한된다고 볼 수 있다.

4. 인격권침해적 표현에 존재하는 법익형량의 규범구조

표현의 자유와 인격권간의 한계는 시대마다 처해진 상황과 헌법질서에 따라 가변적으로 정해질 수밖에 없고, 양 기본권 사이의 최적화지향영역에서 그 한계선이 결정된다고 할 수 있다. 다만 비례의 원칙에 합치

---

17) 표현의 자유에 위축효과(chilling effect)가 발생하게 되면, 허위사실을 공표한 자 뿐만 아니라 진실이라고 믿고 있는 자에게도 처벌이 두려워 발언을 자제하도록 함으로써 공적 관심사에 대한 비판 기능이 약화되기 때문에 사상의 자유시장에 악영향을 끼친다는 점을 지적하고 있는 Abrams v. U.S., 250 U.S. 616(1919).
18) 가치판단의 경우라 하더라도 일정한 표현이 "인간의 존엄과 가치를 침해"를 인정하지 아니한 슈트라우스 판결(BVerfGE 75, 369), 논쟁과는 전혀 관계없이 "오로지 비방할 목적으로 비난하는 경우(Schmähkritik)"에 인격권침해를 인정한 뵐 판결(BVerfGE 54, 208)은 우리에게도 시사하는 바가 크다.
19) 이준일, "법학에서 최적화", 법철학연구 제3권 제1호, 2000, 105-106쪽.

되는 형량만을 법익형량으로 이해한다면 법익형량의 기준을 구체적으로 제시할 수 있어야 하고, 이 기준에 합치되는 영역 내에서 법익형량이 이루어져야 헌법에 합치된다고 할 수 있다. 즉, 재판에서와 마찬가지로 입법자도 법익형량심사를 하며, 인격권침해적 표현에 대한 법익형량으로 "공인", "인격권", "표현", "구체적 사정"에 대한 심사를 모두 거쳐야 한다. 입법과 재판은 인격권 중 본질적 내용을 침해하는 영역과 표현의 자유가 위축되는 영역의 중간영역에서 최적화를 지향하는 법익형량을 해야 하고, 그 경계가 결정되어야 한다.[20]

---

20)　　　　　<인격권침해적 표현에 대한 법익형량의 논리 과정>

A : "공인" 신분 심사　　　표현의 자유의 확대 (인격권보호의 후퇴)

　　　　사인(私人) ------ 부수적 공적 인물 ------ 일반적 공인 --------- 공직자

B : "인격권" 심사　　　표현의 자유 확대의 한계 (인격권보호의 확보)

　　　　사회적 영역　------　사적 영역　--------　내밀 영역

C : "표현" 심사　　　　인격권보호의 확대 (표현의 자유의 후퇴)

　　　　가치판단(의견) --- 모욕　-----　사실주장
　　　　　　　　　　　　진실한 사실 ---- 허위사실

D : "구체적 사정" 심사　인격권보호 확대의 한계 (표현의 자유의 확보)

좁은 의미의 법익형량

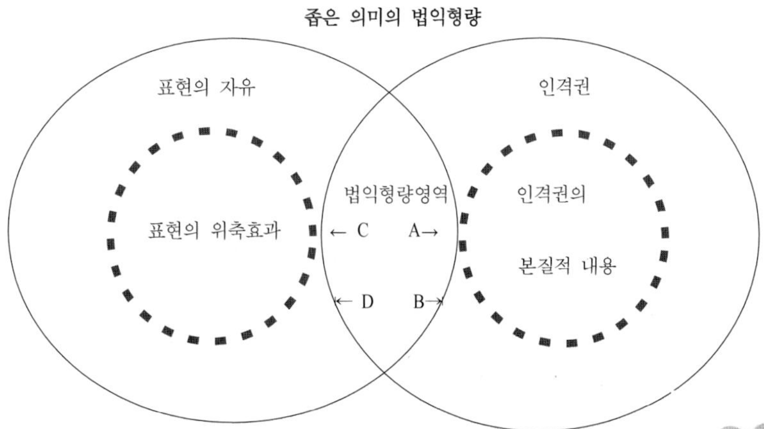

Ⅲ. 인격권침해적 표현에 대한 법익형량 심사의 구체화

1. 인격권침해적 표현대상에 관한 '공인성' 심사

"공인"이론이란 미국판례법에서 발전된 이론으로서 공인 자신과 관련된 표현에 대하여 허위사실의 주장으로 인한 손해를 배상받기 위해서는 그 표현이 현실적 악의에 기해 행해졌음을 공인 스스로 입증하여야 한다는 원칙을 말한다. 헌법재판소가 공인과 사인을 구별하여 심사하여야 한다는 점을 지적한 이후[21] 일반법원도 이를 따르는 것이 최근의 경향이지만[22], 현실적 악의의 원칙까지 그대로 받아들여 한국법체계에 적용해야 한다는 것인지에 관해서는 명확하지 않다. 다만 "공인"과 "사인"을 구별하는 판례의 경향을 감안한다면, 법익형량의 한 유형으로 "공인"에 대한 법익형량심사를 인정하는데 큰 무리는 없을 것이다.

"공인성"심사는 원고의 신분을 기준으로 표현의 자유를 보호하는 기준으로 삼으려는 "신분을 기준으로 한 유형화된 접근방식(status-based approach)"에 해당한다. 공인은 알 권리의 대상이 될 뿐만 아니라, 언론매체에 접근이 쉽고, 해명기회도 많기 때문에 공인은 어느 정도 인격권침해를 수인할 수밖에 없다. 공인이론에 관한 최초의 판결인 뉴욕타임즈

---

21) 헌재 1999. 6. 24. 97헌마265: "신문보도의 명예훼손적 표현의 피해자가 공적 인물인지 아니면 사인인지, 그 표현이 공적인 관심 사안에 관한 것인지 순수한 사적인 영역에 속하는 사안인지의 여부에 따라 헌법적 심사기준에는 차이가 있어야 한다."
22) 대판 2002. 1. 22. 2000다37524, 37531; 대판 2003. 7. 8. 2002다64384; 대판 2003. 7. 22. 2002다62494.

판결[23])은 현실적 악의를 입증해야 하는 공인을 공직자로 한정시켰지만, 거츠 판결[24]) 등을 거치면서 현실적 악의를 요구하는 공인의 범위가 점차 확대되었다. 그런데 공직자 및 전면적·제한적 공적 인물뿐만 아니라[25]) 부수적 공적 인물[26])도 공인에 포함시킬 정도로 공인개념이 최근 확장된 것에서도 알 수 있듯이 "공인"은 시대와 문화에 따라 그 의미가 변하는 가변적인 개념이다.[27]) "그 업적, 명성, 생활양식에 의하여 또는 일반대중이 그의 인격, 행동 등에 정당한 관심을 가지는 공적인 명사"[28]) 또는 "시사적 인물(Personen der Zeitgeschichte)"[29])이라고 서술되는 공인의 개념은 언제라도 확장 또는 축소될 수 있는 가변적인 것이다.[30]) 이처럼 가변

---

23) New York Times v. Sullivan, 376 U.S. 254(1964).

24) Gertz v. Robert Welch, Inc. 418 U.S. 323(1974).

25) 일반적으로 공인(public person)은 공직자(public officer)와 공적 인물(public figure)을 포괄하는 개념으로 사용된다. 한위수, "공인의 명예훼손소송 관련 국내 판결의 경향", 언론중재 통권 제90호, 2004년 봄호, 22쪽 주1.

26) "부수적 공적 인물" 개념에 관하여는 김태수, 공인에 관한 표현의 자유의 한계, 고려대학교 박사학위논문, 2006, 18-28쪽.

27) 본고에서는 "시사적 인물(Person der Zeitgeschichte)"이란 용어를 '공인'으로 대체하여 사용하고자 한다. 원래 Zeitgeschichte의 의미는 시대사(時代史)란 의미로 통용되고 있고, 지금도 의미가 없지 않다. 다만 부수적 공적 인물의 존재를 인정할 정도로 공인의 개념이 확장되어가고 있는 점에 비추어 보면 또 다른 사전적 의미인 시사적(時事的)이란 의미로 변용되어가고 있는 듯하다. 따라서 "Person der Zeitgeschichte"를 '시사적 인물'이라고 해석하되, 그동안 명예훼손법학에서 주로 관용적으로 사용하여 왔던 '공인'이란 용어로 대체하여 당분간 사용하고자 한다.

28) W. L. Prosser, Privacy, California Law Review, August 1960, pp.410-411.

29) K. Gronau, Das Persönlichkeitsrecht von Personen der Zeitgeschichte und die Medienfreiheit, 1. Aufl., 2002, S.17: 그로나우에 따르면 공인을 시사적 인물로 표현하면서, "시사적 인물(Person der Zeitgeschichte)"은 "유명(저명)인(der Prominente)"이란 용어로 설명하고, 그 법적 근거를 "그림과 사진작품에 관한 독일저작권법(KUG: das Urheberrecht an Werken der bildenden Künste und der Photographie)"에서 찾고 있다.

적인 "공인" 개념을 가지고 법익형량을 하게 되면, 자의적 결정이 되지 않겠느냐는 반론이 있을 수 있겠지만, 헌법 제21조 제4항의 법익형량개념을 비례의 원칙이 적용되는 것으로 본다면 자의적 결정에 대한 우려는 어느 정도 불식시킬 수 있을 것이다. "공인성"심사는 알 권리의 대상이 된다는 이유로 표현의 자유를 우위에 두는 것이기 때문에 그 목적의 정당성이 인정된다. 더욱이 공공이익 또는 공적인 관심사를 기준으로 심사하는 경우에는 사안별로 법익형량을 해야 하지만, 공인이라는 신분을 기준으로 표현의 자유의 보호정도를 달리할 경우에는 유형화가 보다 쉬워진다. 다만 공인 신분 해당여부만 파악되면 인격권침해를 원칙적으로 감수해야 하므로, 그 파급력이 법익형량심사의 과정 중 가장 크다고 볼 수 있기 때문에 막연한 공인개념이 아닌 세분화된 공인개념을 적용할 필요가 있다. 즉, "공인"에 해당한다고 하더라도 공직자인지, 전면적·제한적 공적 인물인지, 부수적 공적 인물에 불과한지 여부에 따라 그 효력을 세분화할 필요가 있다.31) 예컨대 넓은 의미의 공직자에 해당하는 정치인인 공인은 정치인의 자질검증 및 민주주의를 위한 기능, 언론의 국가권력

---

30) 캐롤라인 공주에 대해 공인이 사회의 역할 모델이라는 점을 강조하여 '시사적 인물'에 대한 보도를 어느 정도 인정한 독일연방헌법재판소결정에 대해 유럽인권재판소에서는 독일잡지에 게재된 캐롤라인 모나코 공주의 사진이 공주의 사생활을 침해했다고 판시하였다. 유럽인권재판소 판결과 독일법원 판결이 충돌할 경우 권한을 둘러싸고 갈등이 벌어져 유럽평의회(Council of Europe)의 각료 이사회(Committee of Ministers)에서 다뤄질 가능성이 높아졌다. BVerfGE 101, 361(385)(Caroline von Monaco Ⅱ).
31) 사망한 공인, 사이버 공간상의 공인 논의까지 들어가면 더욱 세분화될 수 있을 것이다. 메피스토-클라우스만 판결(BVerfGE 30, 173): 계희열 역, 메피스토-클라우스만 결정, 판례연구 제2집, 고려대학교법학연구소, 1983, 7-45쪽; "소설 이휘소" 판결(서울지법 1995. 6. 23. 94카합9230); 미테랑대통령 관련 판결(Mietterrand et autres c/ Thérond et Cogédipresse, 1997. 1. 13.); 인터넷 게시판 댓글과 관련된 임수경 사건과 김완섭 사건에서부터 개똥녀, 서울대 도서관 사건까지 다양한 형태로 이어지고 있다.

견제기능, 지도자로서 모범을 보여야 하는 모범역할기능 때문에 인격권 침해를 수인해야 하는 정도가 가장 강하다. 다음으로 연예인,[32] 운동선수,[33] 언론인, 작가,[34] 종교지도자,[35] 학자, 변호사, 의사 등의 전문가,[36]

---

[32] 언론매체가 연예인의 동의를 받지 않고 상품화하여 대중에게 노출시킨 경우에는 인격권의 침해로 볼 수 있으나, 자의로 자신의 사생활을 대중에게 공개한 자는 이 범위 내에서 언론매체의 표현을 거절할 수 없다고 보아야 한다. '빅 브라더', '백만장자와 결혼하기' 등 스스로 노출한 경우는 이에 해당하지만, 미국의 '치터스(Cheaters)' 같은 프로그램은 미국문화에서는 모르되, 동의를 받지 않고 사생활을 촬영하였다면 한국의 헌법질서 내에서는 명예훼손이나 모욕, 프라이버시 침해 등 법적으로 문제가 될 수 있다.

[33] 국민적인 인기를 가진 선수가 아니라 해당 종목에 관심을 가진 사람들에게만 널리 알려져 있는 선수들은 유명한 정도에 있어서 스포츠 스타와 다르기 때문에 공인이 되는 요건을 더욱 엄격하게 심사하여야 한다. 다만 Barry v. Time, Inc. 584 F.Supp. 1110(1984): "체육특기생 선발과정에 관여한 대학의 농구팀 감독은 그 자리에 취임함으로써 체육특기생의 선발 및 그 운동선수들의 역할에 관한 공적 논쟁에 스스로 뛰어든 것으로 볼 수 있다."; Holt v. Cox Enterprises, 590 F.Supp. 408(1984): "이전에 있었던 자신의 경기 운영과 관련하여 운동선수는 자신에 대한 보도를 감수해야 한다."

[34] 언론인 및 작가의 경우에도 거의 모든 국민이 알 정도로 유명하다면 전면적 공적 인물이 되고, 어떤 분야에 관심가진 사람들 사이에서만 알려져 있다면 사안에 따라 구체적으로 판단해야 하는 제한적 공적 인물이 된다; 대판 1998. 6. 23. 97다 58590; 대판 1998. 5. 8. 97다34563; 서울고법 1998. 4. 16. 97나47141.

[35] 종교지도자도 공인이지만, 이들이 전면적 공적 인물인지 아니면 제한적 공적 인물인지는 그 판단이 쉽지 않다; "세계정교 총령본존 대 문화방송 PD수첩 반론보도심판청구"사건으로는 대판 2000. 3. 24. 99다63138; "예수교대한연합성결교회 만민중앙교회 및 이재록 대 문화방송"사건으로는 서울고법 2000. 4. 20. 99나27783.

[36] 전문가들은 그 업무만을 수행할 뿐 업무내용의 옹호자가 되어 공적 논쟁의 장에 들어오지 않는 한 사인으로 보아야 한다. 이런 전문가에 속하는 사람으로는 학자, 변호사, 의사, 엔지니어, 컨설턴트, 회계사 등이 있다; Gertz v. Robert Welch, Inc. 418 U.S. 323(1974); 대전법조비리보도와 관련된 대판 2003. 9. 2. 2002다63558; 판문점에서 변사체로 발견된 김훈 중위의 부검을

기업인,37) 범죄인38)과 같은 공적 관심의 대상이 되는 공인의 경우 정치인보다는 완화된 기준을 적용하여야 하고, 마지막으로 범죄혐의자,39) 범죄피해자 및 재난피해자,40) 공인의 배우자 및 미성년자41)와 같이 "인물

담당하였던 의사가 부검감식서를 조작하였음을 암시하는 보도한 사건으로 서울지법 2000. 3. 29. 99가합34685; 김영삼 전 대통령의 차남인 김현철의 진료를 맡았던 비뇨기과 전문의에 대한 보도 사건으로는 서울지법 1998. 12. 16. 97가합76326.

37) 기업인은 특정한 공적 논쟁에 스스로 참여한 경우에만 공적 관심의 범위 내에서 공인으로 취급된다. Tavoulareas v. Piro 817 F.2d 762, (D.C.Cir. 1987).

38) 형사범죄인은 범죄로 인해 공적 관심을 야기했으므로 판결이 확정되고 난 후에는 언론매체에 의한 표현의 대상인 공인으로 취급된다. 다만 수사기관의 발표에만 의존하여 보도하거나 단정적 표현을 함으로써 인격권 침해가 발생하게 된다면 언론매체는 법적 책임을 부담하게 될 수 있다. 대판 1998. 7. 14. 96다17257.

39) 재판이 확정되기 이전의 수사과정 및 재판중의 범죄혐의자는 아직 헌법상 무죄추정을 받는 부수적 공적 인물이라고 보아야 하기 때문에 수사절차 또는 형사절차와 관련된 보도 및 사진게재는 허용하되, 범죄인이 아닌 범죄혐의자라는 것을 분명히 해야 한다. 따라서 형사사건을 보도하되 관계인의 신원은 밝히지 않는 이른바 익명보도의 원칙이 지켜져야 한다; 소년법 제68조, 가사소송법 제10조 및 제72조, 성폭력범죄의처벌및피해자보호등에관한법률 제21조, 특정강력범죄의처벌에관한특례법 제8조.

40) 형사범죄의 피해자나 선박의 침몰, 대화재, 비행기 추락과 같은 재난의 피해자 및 관련당사자는 부수적 공적 인물에 해당될 수 있다. 슬퍼하고 있는 유족의 사진보도의 경우 단지 공적 관심사란 이유만으로 피해자의 이익보다 언론의 이익을 우선하는 것은 정당화되지 않기 때문에, 피해자의 익명성 요구가 있을 때에는 우선적으로 지켜져야 하며 일반적 공인에 대한 보도와는 달리 각별한 주의를 요한다; 한국기자협회의 '재난보도에 대한 보도준칙', NHK와 BBC의 '프로듀서 가이드라인'은 중요한 참고자료가 될 수 있다.

41) 미성년자는 아직 스스로 책임지기에는 미성숙하기 때문에 공적 관심을 끄는 부모와 일상적인 범위 내에서 동행하는 것이라면 비록 부모의 입장에서 이를 남용할 위험이 있다고 하더라도 미성년자에 대한 보호가 우선되어야 한다. K. Gronau, Das Persönlichkeitsrecht von Personen der Zeitgeschichte und die Medienfreiheit, 1. Aufl., 2002, S.219.

(Person)"과 "사건(Ereignis)"에 파생되는 비자발적인 부수적 공적 인물의
경우 "공인"에 해당되더라도 익명보도의 원칙, 근접촬영금지 등 인격권
보호를 위해 배려해야 하는 등 그 침해는 최소한도까지만 허용된다.

2. 공인관련 표현에 의해 침해되는
'인격권 영역' 심사

"인격권 영역" 심사에서는 인격권영역이 내밀영역인지, 사적영역인지,
아니면 사회적 영역인지 심사하고, 각 영역마다 차등을 두어 법익형량을
하게 된다.42) 즉, "인간의 존엄과 가치를 훼손할 정도의 내밀(內密)영역
을 표현"한다던지, "오로지 비방할 목적으로만 표현"하는 경우에는 알
권리의 대상이 된다고 할 수 없기 때문에 공인이라고 하더라도 인격권침
해를 인정할 수밖에 없다.43) 그런데 내밀영역이 아닌 사적(私的)영역의

---

42) 인격권영역구분론의 주창자인 후프만(Hubmann)도 영역구분론 자체의 결함
   을 인식하고 있었다. 그러나 개별영역의 중심 간에는 큰 차이가 있기 때문에
   법적으로 구별되어야 한다고 하면서, 이러한 법적 구별 때문에 "보호하고자
   하는 고유한 생활영역을 문제된 범위가 아닌 완전히 다른 범위로부터 도출
   하는 것은 허용되지 않는다."는 원칙이 생겨난다고 하였다. H. Hubmann, Der
   zivilrechtliche Schutz der Persönlichkeit gegen Indiskretion, JZ 1957, S.521
   (524): 또한 이러한 영역의 구분 가능성을 인정하지 않는다면 기본권 본질내
   용의 구분 가능성도 인정할 수 없다는 결과가 되고, "기본권의 본질적 내용
   은 어떠한 경우에도 침해되어서는 안 된다."는 독일기본법 제19조 제2항 자
   체까지도 결함 있는 구조라고 보게 될 위험이 있다는 견해로는 W. Schmitt
   Glaeser, Schutz der Privatsphäre, HStR VI, (Freiheitsrechte), §129 Rn. 36,
   Hrsg: Josef Isensee, Paul Kirchhof, 2. Aufl., 2001.
43) 독일연방헌법재판소의 입장을 설명하고 있는 문헌으로는 R. Scholz/ K.
   Konrad, Meinungsfreiheit und allgemeines Personlichkeitsrecht-Zur Recht-
   sprechung des Bundesverfassungsgerichts-, AöR,123.,1998, S.102ff; M. Kriele,
   Ehrenschutz und Meinungsfreiheit, NJW, 1994, S.1897ff; W. Schmitt Glaeser,

경우에는 표현의 자유가 공인의 인격권보다 우선한다. 다만 이 경우에도 정보획득의 방법이 적법하였는가 여부에 따라 공인의 인격권을 보호할 여지가 있다. 다만 정치인에 대한 표현의 경우에는 다른 공적 인물과는 달리 위법한 정보획득 과정을 거쳤다고 하더라도 민주주의를 위한 기능 및 정치인의 자질검증 기능 때문에 정치인의 인격권보다 알 권리가 우선한다.

명예훼손·모욕에 의한 불법행위와 사생활침해에 의한 불법행위는 구별될 수 있다. 더 나아가 사생활침해의 유형 중에서 공인에 관한 "사생활의 공개"와 "공중에게 왜곡된 인상을 심어주는 행위"에 대해서는 공인이론이 적용되어 대부분 프라이버시침해로 인한 불법행위책임을 부담하지 않지만, 공인의 "사생활에 침입"하거나 "성명, 초상 등을 영리적으로 이용"하는 경우에는 통상적으로 프라이버시침해로 인한 불법행위책임이 인정될 수 있다.

현대사회에서 프라이버시에 관한 패러다임이 변화했기 때문에 단순한 침해에서 적극적인 침해가 중요시되게 되었고, 정보공개에 관한 부분에 관심을 가지게 되었다.44) 프라이버시권은 소극적으로 "혼자 있을 권리"에 머무르는 것이 아니라 "사생활을 함부로 공개당하지 않을 권리" 및 "자기에 관한 정보유통을 스스로 통제할 수 있는 권리"로서 적극적인 측면이 강조되게 되었다.45) 따라서 입법자는 정보통제권에 대한 입법을 하여야 하고, 비례의 원칙에 위반되지 않아야 한다. 재판 역시 헌법과 법률의 범위 내에서 비례의 원칙에 따라 구체적으로 형량하게 된다.

언론의 자유와 사생활에 관한 기본권의 충돌을 조율하기 위해서 입법

Meinungsfreiheit, Ehrenschutz und Toleranzgebot, NJW, 1996, S. 873ff.

44) 정보환경의 패러다임변화에 대한 자세한 내용은 이인호, 정보환경의 변화와 법의 패러다임, 중앙대 박사학위논문, 1996.

45) 성낙인, 언론정보법, 나남출판, 1998, 486-487쪽.

자는 법률상 구제수단을 어느 정도 인정할 것인지 비례의 원칙에 위반되지 않는 한에서 결정할 수 있다. 입법자는 형법상 구제수단이던,[46] 민사상 구제수단이던,[47] 아니면 특별법상 구제수단이던[48] 상관없이 결정할수 있으나, 표현의 자유를 위축시키거나, 인격권의 본질적 내용을 침해해서는 안 되고, 최적화를 지향하도록 노력하여야 한다. 또한 재판도 헌법과 법률의 범위 내에서 비례의 원칙에 합치되도록 법익형량 가능영역에서 이루어져야 한다.

3. 인격권침해적 표현 자체에 관한 '표현' 심사

인격권침해적 "표현"이 사실주장에 해당하는가[49] 아니면 가치판단에해당하는가 여부는 현실적으로 구별이 힘든 개념이지만, 그 구별의 실익이 존재하기 때문에 헌법의 보호영역인 가치판단의 영역까지 국가가 관여해서는 안 된다. 가치판단의 영역까지 국가가 관여하게 된다면 표현의자유가 위축될 우려가 있기 때문이다. 다만 단순한 의견표현이라고 하더

---

46) 입법자는 명예훼손에 관한 죄, 모욕에 관한 죄, 사생활침해에 관한 죄 등을 시대상황과 헌법질서에 맞게 비례의 원칙에 위반되지 않는 한에서 법규범을 형성한다.
47) 입법자는 명예훼손, 모욕, 사생활침해에 관한 불법행위책임, 정정보도, 금지청구 등의 구제수단에 대하여 민사에 관하여도 비례의 원칙에 위반되지 않는 한에서 법규범을 형성한다.
48) 입법자는 반론보도청구, 정정보도청구, 추후보도청구 등의 구제수단에 대하여 비례의 원칙에 위반되지 않는 한에서 법규범을 형성한다.
49) 독일에서는 사실주장의 징표로 심사가능성(Beweisbarkeit), 명백성(Klärbarkeit), 역사성(Geschichtlichkeit)을 드는 것이 일반적인 입장이라는 W.Seitz/G.Schmidt/A.Schöner, Der Gegendarstellungsanspruch in Presse, Film, Funk und Fernsehen, Verlag C. H. Beck, München, 1980, S.82ff; 박용상, 언론과 개인법익, 조선일보사, 1998, 541쪽.

라도 모욕과 같은 경우에는 인격권침해 여부가 문제될 수 있다. 물론 모욕을 인정하려면 명예훼손에 버금갈 정도의 침해의 동가치성이 인정되어야 하고, 이는 "인격권" 심사에서 거쳐야 하는 과정이다.

미국의 리스테이트먼트의 혼합의견에서 보듯이 근거되는 사실을 제시하면 면책되는 법문화가 있는가 하면,[50] 독일처럼 진실한 사실주장의 경우에는 면책이 되는 법문화가 있고, 우리나라처럼 진실한 사실주장이라고 하더라도 형사, 민사 가릴 것 없이 인격권보호에 치중하는 법문화가 있다. 진실한 사실주장이라도 법적 책임을 물을 것인지 여부에 대하여는 입법자의 입법형성의 자유에 해당되지만, 인격권침해적 표현이라는 이유로 면책 내지 감경사유를 전혀 규정하지 않아 "표현의 자유가 위축"될 정도의 입법이라면 헌법에 위반될 소지가 있다.

또한 인격권침해적 표현이 패러디물인지,[51] 사이버공간의 표현물인지[52] 여부에 따라 그 특성을 인정하여야 하며, "표현" 그 자체의 특성 때문에 인격권보다 표현의 자유를 우선하는 것이 원칙이다.[53] 다만 선거과

---

50) 리스테이트먼트에 관한 소개로는 신 평, "판례에 나타난 명예훼손소송에 있어서의 의견과 사실의 이분론", 세계헌법연구 제9권, 2004, 31쪽, 주28; 신 평, 헌법적 관점에서 본 새로운 명예훼손법, 청림출판, 2004, 200쪽 이하.

51) Hustler Magazine, Inc. v. Falwell, 485 U.S. 46 (1988); 텍사스주 대법원에 계류 중인 91 S.W.3d. 844, 2002 Tex. App. Lexis 3086 (Tex. App. May 2, 2002). 또한 New Times, Inc. v. Isaacks. 사건에 관한 소개로는 문재완, "정치패러디와 표현의 자유의 한계", 언론과 법, 한국언론법학회, 2004. 6., 86쪽 이하.

52) 사이버 공간에서의 게시판 댓글은 게시물과 법적 취급에서는 동일하다. 게시판 댓글은 "즉흥적 자유발언"이 대부분으로 "익명성"과 "비대면성"을 특징으로 한다. "즉흥적" 댓글을 과도하게 법으로 규제하는 것은 표현의 자유를 위축시킬 수 있으므로 "인간의 존엄과 가치를 침해할 정도"의 내용이거나 "오로지 비방을 목적"만 가진 것이 아닌 한 허용되어야 한다. 또한 온라인서비스제공자에 대하여는 극히 제한된 범위에서만 책임을 진다고 보아야 한다.

53) '모든 영역에서' '인터넷 실명제'를 '법'으로 강제하게 되면 표현의 자유에

정에서 이를 인정해야 할 것인지 여부는 각국의 시대적 상황에 따라 입법자의 입법형성에 따라 달라질 수 있으나, "표현의 자유가 위축"되어 선거 자체에 영향을 줄 정도의 입법이라면 헌법에 위반될 소지가 있다.

미국연방대법원의 "현실적 악의"는 미필적 고의 또는 인식 있는 과실이라고 볼 여지가 많기 때문에, 결국 고의·과실의 한 요소라고 볼 수 있다. 그런데 형법 제310조는 "제307조 제1항의 행위가 진실한 사실로서 오로지 공공의 이익에 관한 때에는 처벌하지 아니한다."고 규정하고 위법성조각사유로 해석하는 것이 일반적인데, 대법원은 행위자가 그 사실을 진실한 것으로 믿었고 또 그렇게 믿을만한 상당한 이유가 있으면 면책된다고 하여 "상당성"요건을 추가하였고, 이 "상당성"요건을 위법성으로 보지 않고 고의·과실에 관한 것으로 보는 대법원판례가 일부 등장하였다.54) 미국의 "현실적 악의"와 한국의 "상당성"요건은 유사한 측면이 있다는 점에 착안하여 고의·과실의 한 요소인 "현실적 악의"를 "상당성" 요건으로 대체할 수 있는가 여부가 문제가 될 수 있으나,55) "현실적 악

위축효과를 가져올 수 있고, 타인의 주민등록번호를 도용할 수도 있기 때문에 '선거'나 극히 제한된 영역으로 한정지어야 할 것이다. 다만 '사이버 공간 측면에서의 공인과 공인의 갈등구도' 내지 '현실 공간 측면에서의 사인과 사인의 갈등구도'의 혼동으로 기술과 법 사이의 괴리가 존재하므로 입법자에 의한 입법형성을 필요로 하는 영역이다.

54) 대판 1995. 6. 16. 94다35718: "유인물 등에 표현된 내용이 타인의 명예를 훼손하는 것이라고 하더라도, 그 내용이 진실한 사실로서 오로지 공공의 이익에 관한 것인 때에는 위법성이 없다고 보아야 할 것이며, 또 진실한 사실이라는 점이 증명되지 아니하였어도 그 행위자가 그 사실을 진실하다고 믿은데 상당한 이유가 있는 경우에는 위 행위에 고의 또는 과실이 있다 할 수 없어 불법행위는 성립하지 않는다."; 대판 1998. 2. 27. 97다19038; 대판 1998. 5. 8. 96다36395.
55) '현실적 악의'의 법리가 '상당성' 요건으로 포섭될 수 있다는 견해로는 박선영, "언론에 의한 명예훼손의 법리-우리나라와 미국의 판례를 중심으로-", 공법연구 27집 제1호, 1998, 297쪽.

의”는 원고인 공인이 입증해야 하는데 반하여, “상당성”요건은 피고인 언론매체 내지 표현행위자가 입증함으로써 위법성을 조각하는 것으로 판례는 해석하기 때문에 “현실적 악의”를 “상당성”요건으로 대체하는 것은 무리가 있다.[56][57]

형법 제310조의 위법성요건인 “진실성”과 “공공(공익)성”의 부존재에 관한 입증책임은 검사에게 있다. 형법 제310조를 사실의 증명에 관한 규정으로 보는 대법원판례는 이것을 거증책임의 전환규정으로 이해하여, 진실성에 대한 입증책임을 피고인에게 전환하고 있는데, 헌법 및 형법의 해석상 받아들이기 곤란하다. 또한 모욕죄, 사생활침해와 관련된 죄의 경우에도 그 입증책임은 검사가 부담하는 것으로 해석해야 헌법상 무죄추정의 원칙에 합치된다.

민사재판에서는 일반적으로 인정되는 입증책임분배에 관한 정설은 없고, 명예훼손의 위법성에 대한 판단은 법관이 스스로 판단하여야 한다는 법률요건분류설의 입장과 위험영역으로 들어오게 한 이상 표현행위자가 입증책임을 진다는 위험영역설의 입장으로 분류되는데, 그 입법과 해석은 헌법에 합치되도록 해야 한다. 따라서 허위의 사실이라는 요건, 즉 진실성 요건에 대하여는 공인이 입증책임을 부담하지만, ‘공공(공익)성’과 ‘상당성’ 요건에 대하여는 문제된 표현에 관하여 공적 책임을 가지는 언론매체가 입증책임을 부담하는 것으로 보는 것이 실제적 조화의 원리에 맞는 해석이 될 것이다.[58]

---

56) 김선택, “언론보도의 자유와 인격권 보호-명예훼손소송에 있어 공적인물이론과 현실적 악의의 원칙을 중심으로-”, 고려법학 제43호, 2004, 181-183쪽.

57) 영국, 오스트레일리아, 캐나다, 아일랜드와 같이 전통적으로 보통법을 옹호하는 나라들에서도 미국판례법에서 인정되는 ‘현실적 악의’의 원칙의 수용을 거부하고 있는 것을 비교법적으로 검토한 한위수, “공인과 명예훼손에 대한 비교법적 일고찰: ‘현실적 악의 원칙’을 중심으로”, 한국언론법학회 제1회 학술심포지엄 자료집, ‘한국언론의 현황과 공인의 명예훼손’, 59-85쪽.

또한 모욕으로 인한 불법행위책임의 요건으로 진실성 및 상당성 심사는 하지 않지만, 명예훼손에 비견되는 침해의 동가치성을 가져야 한다. 따라서 공인에 대한 표현이 "인간의 존엄과 가치를 훼손할 정도의 내밀영역을 침해한 경우"에 해당하고, 침해의 반복성, 비방목적의 명백성이 확인되고 정치적 의사표현의 범위를 벗어났다는 점에 대한 입증책임은 민사재판의 원칙상 원고인 공인이 부담한다고 본다.

4. 인격권침해적 표현에 관한 '구체적 사정' 심사

인격권침해적 표현에 관한 '구체적 사정' 심사는 인격권과 표현의 자유 사이의 가장 "좁은 의미의 형량"심사를 의미한다. 입법자는 비례의 원칙에 합치되는 입법형성을 해야 하기 때문에 가능한 한 "구체적 사정"을 법률해석에 반영할 수 있도록 법조문을 삽입해야 한다. 또한 "구체적 사정"에 대한 법익형량은 자의적인 재판까지 허용하는 것은 아니므로 법익형량의 한계를 가진다고 할 수 있다. 따라서 입법이나 재판이 자의적으로 진행되지 않도록 방향을 제시해 줄 수 있는 관점을 계속 연구할 필요가 있다.

독일연방헌법재판소는 의견교환과정의 전체적인 연관관계, 특히 동기와 반응을 고려하여 표현의 자유와 공인의 인격권 사이에 구체적인 법익형량을 한다. 즉, 명예훼손을 당한 자가 반격하는 경우인가(반격의 관점),[59] 명

---

58) 대법원판례의 입장을 비판하면서 명예훼손과 관련된 민사재판에서 '공공(공익)성' 여부에 대한 입증책임은 피고인 언론매체에게 그대로 부담시키고, '진실성' 및 '상당성' 요건에 관하여는 원고에게 입증책임을 부담시키자는 재구성 시도로는 전원열, 명예훼손불법행위에 있어서 위법성 요건의 재구성, 서울대 박사학위논문, 2001, 271-276쪽.

59) BVerfGE 12, 113.

예훼손을 당한 자가 자발적으로 공적 토론에 참여했는가(토론참여의 자발성 관점)[60] 여부를 고려한다. 반격은 공격과 달리 판단되어야 하고, 공적 논쟁에 자발적으로 참여하는 자는 명예의 한 부분을 스스로 포기했다고 볼 수 있기 때문에,[61] 본인의 의사와 관계없이 공적 논쟁에 끌려든 사람보다 많은 것을 수인해야 한다는 것이다. 또한 격한 토론의 경우 심사숙고하지 않은 즉흥적 표현을 할 수 있으며 이 경우에는 지나친 표현이라도 용인되어야 한다는 관점(자유발언의 즉흥성 관점)이 고려되어야 한다.[62] 왜냐하면 즉흥적 진술 때문에 단호한 법원의 제재를 받을지 모른다는 두려움이 있다면, 논의 자체가 마비되거나 좁은 범위로 한정될 위험이 있기 때문이다.

헌법재판소[63]과 대법원[64] 역시 법익형량의 방법에 근거를 두고 있는

---

60) BVerfGE 54, 129.

61) BVerfGE 82, 43: "정치인은 민주정치에 참여하려는 자신의 자발적인 결정을 통하여 명예보호에 관한 권리를 스스로 포기하였다."; 이에 반하여 언론매체에게도 반격권을 인정한 것은 언론매체에게 공적 토론에 참여하는 자의 명예를 훼손할 수 있는 포괄적인 권한을 부여한 것과 같은데, 이는 개인이 공적 토론에 참여함으로써 언론 자신이 여론형성에 있어서 누리는 독점적 영역을 침범한 것으로 간주하여 이에 대한 대가를 치러야 한다는 사고에서 시작한데 불과하다는 비판으로는 M. Kriele, Ehrenschutz und Meinungsfreiheit, NJW, 1994, S.1901; 한수웅, 표현의 자유와 명예의 보호, 저스티스, 2005. 4., 39쪽.

62) BVerfGE 54, 129: "'자유발언의 즉흥성 관점'은 라디오 방송에서 낭독된 논평, 즉 사전에 편집과정을 거쳐 준비된 표현에까지 확대될 수 있다."

63) 헌재 1999. 6. 24. 97헌마265: "국민의 알권리와 다양한 사상·의견의 교환을 보장하는 언론의 자유는 민주제의 근간이 되는 핵심적인 기본권이고, 명예보호는 인간의 존엄과 가치, 행복을 추구하는 기초가 되는 권리이므로, 이 두 권리를 비교형량하여 어느 쪽이 우위에 서는지를 가리는 것은 헌법적인 평가문제에 속하는 것이다."

64) 대판 1998. 7. 14. 96다17257: "민주주의 국가에서는 여론의 자유로운 형성과 전달에 의하여 다수의견을 집약시켜 민주적 정치질서를 생성·유지시켜

데, 법익형량의 방법은 명예훼손소송에서 위법성조각사유로 공공(공익)성, 진실성 외에 상당성을 인정하게 되면 더욱 두드러지게 된다. 특히 행위가 진실이라고 믿을만한 상당한 이유가 있는가를 결정하기 위해서는 언론매체의 성격, 기사의 성격, 정보원의 신뢰성, 진실확인의 용이성 및 노력 등을 종합적으로 고려하여 사안별로 해결할 수밖에 없다.65) 다만 법익형량의 방법은 문제된 표현을 한 자가 자신의 표현이 법원에서 보호받을 수 있을지 여부를 사전에 미리 예측할 수 없다는 약점을 가지고 있다. 따라서 독일연방헌법재판소에서 제시되고 있는 관점들은 시사하는 바가 크다.

"구체적 사정"에 대한 법익형량심사는 신속한 보도를 생명으로 하는 매체인가 파급력이 큰 매체인가 여부,66) 언론매체의 배려의무는 어느 정도 인정할 것인가 여부, 정치적 의사형성 과정에서 추정적 표현을 인정한다고 하는데 어느 정도까지 인정할 것인가 여부, 첫 공격에 대한 반격의 의미를 가지는 경우에는 공인이라고 하더라도 수인해야 하는가 여부,

---

나가는 것이므로 표현의 자유, 특히 공익사항에 대한 표현의 자유는 중요한 헌법상 권리로서 최대한 보장을 받아야 하지만, 그에 못지않게 개인의 명예나 사생활의 자유와 비밀 등 사적 법익도 보호되어야 할 것이므로, 인격권으로서의 개인의 명예의 보호와 표현의 자유의 보장이라는 두 법익이 충돌하였을 때 그 조정을 어떻게 할 것인지는 구체적인 경우에 사회적인 여러 가지 이익을 비교하여 표현의 자유로 얻어지는 이익, 가치와 인격권의 보호에 의하여 달성되는 가치를 형량하여 그 규제의 폭과 방법을 정하여야 한다."

65) 대판 2001. 1. 19. 2000다10208: "상당한 이유가 있는가의 여부를 살펴보는 사정으로 '피해자의 피해정도'를 드는 판례가 많지만, 상당성 기준은 피고가 진실성을 입증하지 못할 때 보충적으로 적용되는 기준이기 때문에 피해자(원고)의 사정은 고려대상이 아니라고 보아야 할 것이다."

66) 언론매체의 효과상의 차이 때문에 기사에 의한 보도와 사진보도 사이에는 서로 구별하여 고찰되어야 한다. 독일연방헌법재판소는 통상적으로 신문에 의한 기사보도나 라디오에 의한 보도보다는 TV를 통한 보도에서 더욱 강하게 인격권이 침해된다고 판시하였다. BVerfGE 35, 202(226ff.).

과도한 자극[67] 내지 선정성[68]을 기준으로 삼을 수 있는가 여부, 보도의
뉴스가치가 심사의 기준이 될 수 있는가 여부,[69] 정보획득의 방법이 위
법했다고 하면 심사기준이 될 수 있는가 여부,[70] 보도의 형식과 내용을
규제하면 자칫 검열이 되지는 않는가 여부 등 구체적으로 심사하는 과정
이다. "구체적 사정"에 대한 법익형량에서도 마찬가지로 실제적 조화의
원리 내지 최적화 명령에 따라 그 제한은 최소한도에 그쳐야 하고, 그 제
한의 방법은 적합하여야 하며, 제한된 기본권간에는 비례관계가 성립되
어야 한다. 따라서 "구체적 사정"에 대한 법익형량에서는 추정적 표현,
반격의 원칙, 보도의 뉴스가치 등의 소극적 판단기준에 해당되지 않아야
인격권침해적 표현에 대하여 인격권의 보호를 요청할 수 있게 된다.

---

67) "과도한 자극"이라는 기준을 인격권을 더욱 보호해야 하는 기준으로 삼을
　　수 있을지 여부에 대해서는 과도한 자극에 대한 기준이 모호하기 때문에 조
　　심스런 접근이 필요하다; "과도한 자극"을 인정한 판례로는 BVefGE 24,
　　278(286).

68) 보도의 진지성 구별기준을 적용하면 국가기관이 평가하고 지도하게 되어 보
　　도와 관련된 기본권을 침해할 우려가 있기 때문에 조심스런 접근이 필요하
　　다. 다만 공인의 사생활로부터 "오로지(bloß)" 호기심이나 자극욕구를 충족
　　시키거나 즐거움을 얻으려는 동기만 존재한다면 "보호할 가치가 없다."고
　　보아야 한다. BVerfG NJW 2000, S.1021(1024); BVerfGE 34, 269(283).

69) 다른 신문에서 보도되어 이미 많은 사람들이 알고 있었던 보도를 다시 공표
　　한 것과 같이 이미 전파되었던 것이라면 공인의 사적 영역을 침해하는 비중
　　은 "현저하게(in einem beträchtlichen Maße)" 감소할 수 있다. BGH AfP 2000,
　　S.350ff.

70) 위법한 정보를 수집하는 행위와는 구별하여 위법한 정보를 전파하는 것은 헌
　　법상 보호영역에 해당한다고 보아야 한다. 왜냐하면 위법하게 수집된 정보라
　　고 해서 정보를 전파하는 것까지 막는다면, 언론매체에게 부여되는 감시임무
　　가 위축될 우려가 있기 때문이다. K. Gronau, Das Persönlichkeitsrecht von
　　Personen der Zeitgeschichte und die Medienfreiheit, 1. Aufl., 2002, S.189.

Ⅳ. 연예인과 관련된 인격권침해적 표현의 규범구조적 특성

1. 연예인에 관한 '공인성' 심사의 특성

연예인에게 공인으로서의 지위를 인정하여 사생활 공개를 허용하더라도 공개에는 일정한 한계가 있다. 언론매체가 연예인의 동의를 받지 않고 상품화하여 대중에게 노출시킨 경우에는 인격권의 침해로 볼 수 있으나, 자의로 자신의 사생활을 대중에게 공개한 자는 이 범위 내에서 언론매체의 표현을 거절할 수 없다.

현대사회에서는 정치인이나 공무원 이외에도 사회적 결정에 관하여 영향력을 행사하는 인물들이 존재하는데, 연예인, 인기배우 등도 현대사회의 대중적 성격 때문에 중대한 사회적 결정들에 대하여 영향을 끼칠 수 있다.

일반적으로 국민에게 널리 알려져 있는 예술가, 인기배우 정도면 전면적 공적 인물에 해당하지만, 보통의 예술가나 배우의 경우는 자신의 분야와 관련된 공적 관심사에 관하여만 제한적인 공적 인물이라 할 수 있다. 다만 연예인이라고 하더라도 일반인에게 거의 알려지지 않았다면 공적 관심사 결정에 대한 영향력이나 언론 접근 가능성 등을 고려할 때 공인이라기보다는 일반 사인에 가깝다.

방송에 출연하는 유명 연예인은 전면적 공적 인물이다. 이들의 발언은 대중적인 영향력을 가지고 있기 때문에 공인으로 취급받아야 한다. 예를 들어 배용준, 이영애, 안성기, 최진실, 이은주[71] 같은 인기배우는 대

---

71) 영화배우 이은주는 자살로서 더욱 유명해졌다. 한국자살예방협회, 한국기자협회, 보건복지부는 무분별한 자살관련보도를 지양하기 하기 위해 '언론의

중에게 널리 알려져 있고, 무대, 영화 또는 TV에서 자신의 연기 때문에 대중의 집중적인 관심의 대상이 되고 있어서 소위 시사적 인물, 즉 공인에 속한다고 할 수 있다.72) 다만 공인으로서의 지위를 인정하여 연예인에 관한 사생활 공개를 허용한다고 하더라도 일정한 한계가 있다.73) 즉, 연예인이 대중의 공적 관심의 대상이 된다고 했을 때의 공적 관심은 단순한 호기심뿐만 아니라 문화·예술적 측면도 동시에 고려해야 한다는 것을 의미한다.

무엇보다 연예인 같은 공적 관심의 대상이 되는 공인의 경우 정치인보다는 완화된 기준을 적용하여야 한다. 즉, 정치인에게 수반되는 자질검증 정도는 아니지만 유명 연예인에게도 모범역할 기능이 존재하기 때문이다. 유명인이 자살 한 후에 모방자살이 늘어나는 것 같은 "베르테르 효과"에서 볼 수 있듯이 유명 연예인을 모방하고자 하는 일반인의 욕구는 결코 작지 않다. 그러므로 공인이론을 원용하여 유명 연예인의 공인성을

자살보도 권고기준'을 제정하였고, 이 권고에서는 흥미를 유발하려는 접근이나 속보나 특종 경쟁의 수단 배제 등을 제시했음에도 불구하고 언론사들은 정확한 사실확인 절차를 생략하고 편의에 따라 속보경쟁을 벌여 온갖 추측성 기사와 오보를 내보냈고, 고인의 명예를 심각하게 훼손하는 기사들을 남발하기도 하였다. 연예인은 공인이 아니라는 견해로는 신순철, "언론의 무분별한 속보성 경쟁과 연예인의 인격권", 언론중재 통권 제98호, 2006년 봄호, 114-119쪽.

72) MBC 여자 앵커였던 B양, 섹스 비디오 파문을 불러일으켰던 탤런트 O양, 가수 B양, 정신대 누드로 파문을 일으킨 탤런트 L양, 최고 인기를 누리고 있던 탤런트 H양의 마약 복용과 가수 S군의 대마초 흡입 사건을 선정적으로 보도한 스포츠신문의 보도행태로 인한 연예인의 사생활 침해에 대한 비판으로는 성동규, "스포츠신문의 연예인보호와 인격권보호", 언론중재 통권 제82호, 2002년 봄호. 82-87쪽.

73) "스타는 죽으려고 해도 죽을 수 없다. 스타가 되는 순간 그는 저널리즘에 의해 죽은 뒤 방부 처리되기 때문이다"라고 말한 유명 배우 더스틴 호프만의 말은 언론매체에 의해 난도질당하는 연예인의 심정을 잘 표현해주고 있다.

인정한 결과, 인격권 침해적 표현이 허위사실에 근거하고 있음을 입증하거나 인격권의 본질적 내용을 침해했음을 유명 연예인 스스로 입증하지 못하는 한 연예인은 자신의 인격권 침해를 수인할 수밖에 없다. 다만 연예인이 공인성을 획득함으로써 부담해야 하는 허위사실 또는 인격권의 본질적 내용에 대한 입증부담의 정도는 민주정치를 위한 지도자의 자질 검증기능으로 인해 신랄한 표현까지 감수할 수밖에 없는 정치인의 입증부담보다는 경감시켜 해석하여야 할 것이다.

2. 연예인과 관련된 '인격권 영역' 심사의 특성

연예인은 자신의 지명도를 높이기 위해 이미지를 형성하는 언론매체에 의존하는 점이 크다. 언론매체는 일정한 정보를 단순하게 전달하는 기능에 그치지 않고, 더 나아가 이미지를 창출하고 유지하게 하는 역할까지 수행하는 방향으로 변화되어 가고 있다.[74] 예를 들면 TV 등의 언론매체는 특정 정보에 대한 순서를 뒤로 미루기도 하고, 시청자의 관심을 끄는 토크쇼에 사진을 올리거나 출연시켜 이미지 형성을 위한 목적으로 이용하기도 하며, 이렇게 형성된 "이미지"를 보도를 통하여 단기간 내에 없애기도 한다. 이러한 역할변화는 언론매체 뿐만 아니라 이미지를 창출하기 위해 계속 재투자를 해야 하는 "유명인"에게도 "주변관리"를 요구한다. 따라서 언론매체는 대중의 주목을 받고 있는 "판매시장(Umschlagplatz)"일 뿐만 아니라, 연예인들에 대해 평가를 하는 "거래시장(Börse)"이기도 하다.[75] 이처럼 언론매체에 등장함으로써 비로소 공적인 주목을 받게 된다고 보면, 언론매체와 공인인 연예인은 상호 밀접한 관계를 가진다. 즉, 뛰어난 연

---

74) K.-H. Ladeur, Persönlichkeitsschutz und "Comedy", Das Beispiel der Fälle SAT 1/Stahnke und RTL 2/Schröder, NJW 2000, S.1977ff.

75) G. Franck, Ökonomie der Aufmerksamkeit, München, Wien 1998, S.151.

기력이 있다고 하여 바로 대중의 주목을 받게 되는 것은 아니고, 언론매체에 소개되어야 비로소 주목을 받게 된다. 판매부수 또는 시청률에 영향을 미치고 언론매체에 유리하다고 판단되면, 언론매체가 연예인을 유명해지도록 유도하기도 한다. 공인인 연예인은 판매부수와 시청률과 연관시켜 평가되기도 하며,[76] 언론매체는 대중의 관심을 끄는 것이라면 무리해서라도 인기 프로그램으로 편성하려 한다.[77] 이것은 전면적 공적 인물에 포함되는 연예인의 문제가 아닐 수도 있으나,[78] 언론과 "유명인"의 상호관계 내지 언론출연과 그 결과의 상호관계를 잘 나타내준다.[79]

연예인의 인격권침해를 이유로 법정까지 간 사건들을 보면 유학사기 사건[80]이나 대마초흡연, 마약복용 의혹 등 사회적 관심사를 다룬 경우도 있었으나, 주로 연예인의 사생활, 특히 성관계 의혹,[81] 연애설, 혼인 등 성적 내용을 다루고 있다. 위 사건들은 대부분 일반인 일방의 제보에만 의존하여 사실여부에 대한 진지한 확인절차를 거치지 않고 언론보도를

---

76) Dun & Bradstreet, Inc., v. Greenmoss Builders 사건을 예로 들면서 공인이라고 하더라도 사적 관심에 관련된 이슈의 경우 현실적 악의의 원칙의 적용은 제한하는 신중한 자세를 취하고 있음을 지적한 이효성, "'연예인 x파일' 사건과 사이버상의 명예훼손 및 프라이버시 침해", 언론중재 통권 제94호, 2005년 봄호. 116-121쪽.

77) G. Franck, a. a. O., S.152.

78) H. Hartwig, "Bigbrother" und die Folgen, JZ 2000, S.967ff.

79) K. Gronau, Das Persönlichkeitsrecht von Personen der Zeitgeschichte und die Medienfreiheit, 1. Aufl., 2002, S.222.

80) 연예인 최유리가 7건의 언론소송을 진행하여 코리아헤럴드에 대하여 대법원의 파기환송 이후 인용판결을 받은 판결로는 대판 1996.5.28.선고 94다33828: 서울고법 1996.9.20.선고 96나24196 판결.

81) 전두환 대통령 동생 전경환과의 염문설을 허위로 유포한 사실에 대해 김성희가 동아일보 등 여러 언론사를 상대로 손해배상을 청구하여 동아일보 등과 마드모아젤을 상대로 인용판결까지 받은 판결로는 서울고법 1989.11.29.선고 89나36528판결: 서울고법 1989.11.29.선고 89나8158판결.

함으로써 재판결과 허위의 사실로 드러난 경우가 많았다. 다만 연예인관련 보도의 경우 언론의 취재 부주의 측면 외에 연예인 스스로 관심을 유발시킨 측면이 많으므로 산업구조의 특성을 어느 정도 감안한 해석이 필요하다. 그러나 언론보도에 공공성이 흠결되어 있거나 내밀한 영역을 침해한 경우에는 알권리의 대상이라고 할 수는 없다.[82] O양 비디오 사건의 보도에 대한 판결에서 지적하듯이 "독자들의 성적 호기심과 성적 욕구의 대리만족, 해당 사건의 비디오테이프에 대한 궁금증 고조 등에 기여하는 바가 훨씬 크다고 보여 지므로 공익목적으로 보도된 것이라고 보기 어렵다." 따라서 단순히 성적 호기심을 유발하려는 보도에 불과하다면 연예인의 내밀영역을 침해한 것으로 인정할 수 있을 것이다.

3. 연예인관련 표현 자체에 대한 '표현' 심사의 특성

연예인을 취재하거나 보도하는 연예부 기자들은 연예인의 사생활을 어느 정도 독자들의 알권리에 속한다고 여긴다. 그런데 연예부 기자가 소속된 언론매체를 이용한 경우뿐만 아니라 자신의 블로그에 공개한 경우에도 연예부 기자들은 언론의 자유와 책임을 동시에 담당한다고 보아야 한다. 왜냐하면 일반인들이 인터넷에 접속하여 기자의 블로그에 방문하면서 기자 자신이 올린 글에 어느 정도 공신력을 가진다고 여기기 때문이다. 다만 인기연예인의 경우 취재기자가 직접 당사자를 취재할 기회가 적고, 연예인 매니저들에 의해 취재가 봉쇄되거나 매니저들이 역정보를 언론에 노출하는 등의 한계를 갖고 있다. 따라서 제보받은 내용이 국민의 알권리에 해당하는지, 연예인들의 사생활을 침해할 가능성은 없는

---

82) 이에 반해 가수 신해철의 결혼예정 사실은 일반인들로서 관심을 가질만하기 때문에, 원고의 내밀한 영역의 문제는 아니라는 판결로는 서울지법 2001. 12.19.선고 2001가합8399판결.

지에 대한 언론의 판단과 대응에 따라 법적 관점이 달라질 수 있다는데 문제의 본질에 접근하는 어려움이 있다.

게시판에서의 악의적 댓글은 대부분 구체적인 사실적시보다는 욕설 등 단순 모욕행위라는 점에서 형법보다 가중 처벌해야 한다는 견해도 있을 수 있겠으나, 게시판 댓글의 속성상 "즉흥적 자유발언(Spontaneität der freien Rede)"이 대부분이고, 게시판 댓글은 '최초의 동기유발' 게시물에 대한 '반격'의 의미를 가질 수 있다. 따라서 게시판 댓글에서 나타나는 인격권 침해를 형사처벌에 의한 방법으로만 해결하려 한다면 표현의 위축효과가 발생할뿐더러 네티즌 전체를 잠재적 범죄자로 규정지어버릴 위험이 있게 된다. 특히 정치인에 대한 댓글은 사생활과 관련된 것이라고 할지라도 자유민주주의를 형성하는 표현으로 볼 여지가 많으므로 무리한 가중처벌의 도입은 신중해야 할 것이고, 인격권 침해로 인해 형사처벌을 해야 하는 경우는 '사인'에 관한 게시판 댓글의 경우에 한정하는 것을 원칙으로 해야 한다. 따라서 연예인관련 인격권침해적 표현은 "인격권의 본질적 내용"을 침해하는 심각한 경우에만 법적 제재를 가할 수 있되, "표현의 자유를 위축"시켜서는 안 되는 중간영역에서 법익형량하여 법적으로 결정되어진다고 할 수 있다.

4. 연예인관련 표현에 대한 '구체적 사정' 심사의 특성

언론매체가 연예인의 동의를 받지 않고 상품화하여 대중에게 노출시킬 수 있는지 여부가 문제되는데, 동의를 받지 않은 경우에는 인격권의 침해로 볼 수 있으나, 자의로 자신의 사생활을 대중에게 공개한 자는 이 범위 내에서 언론매체의 표현을 거절할 수 없다고 본다. 언론매체와 유명인 사이에 상호 의존관계가 있다는 것을 인정한 독일의 판결[83]과 같은 시각에서 보면 위의 프로그램과 같이 있는 사실 그대로 보여주는 것이 허용되는지 판단할 필요가 있다. 최근 인기를 상승시키거나 회복시키기 위해 이러한 프로그램이 증가하고 있어서 문제가 되고 있는데, 언론매체가 영리적인 목적으로 이를 공표하는 것에 출연자가 동의했다면 출연자는 이 범위 내에서 자신의 사생활에 관한 일반적 보호를 받는 것을 포기했다고 보아야 하기 때문에, 사안에 따라 구체적으로 법익형량을 함으로써 실제적 조화의 이론에 맞도록 판단할 수밖에 없다.

독일연방헌법재판소는 "음반판결(Tonträger-Entscheidung)"[84]에서 오늘날 만연되고 있는 "과도한 자극(Reizüberflutung)"에 대해 언급하고 있다. 독일연방헌법재판소는 이러한 현상에 대해 언급하였으나, 과도한 자극이란 형량기준을 받아들인 예는 이후 최근의 판결에서 더 이상 찾기 힘들다고 한다.[85] 황색 저널리즘[86]을 대표하는 언론매체로 스포츠신문을 들고 있는데, 영화배우 이은주의 자살관련 보도나 인기 탈렌트 H양의 마약복용관련 보도[87]에서 보듯이 스포츠신문의 선정성 보도는 판매부수

---

83) OLG Frankfurt, NJW 2000, S.594ff.(Katharina Witt).

84) BVefGE 24, 278(286)(Tonträger).

85) K. Gronau, Das Persönlichkeitsrecht von Personen der Zeitgeschichte und die Medienfreiheit, 1. Aufl., 2002, S.188.

86) 황색 저널리즘이란 대중의 원시적 본능을 자극하고 호기심에 호소하여 흥미 본위의 보도를 하는 센세이셔널리즘 경향을 띠는 저널리즘을 뜻한다. 황색 저널리즘(Yellow Journalism)이란 1889년 W. R. 허스트의 <모닝 저널>이 당시 인기를 끌었던 J. 퓰리처의 <뉴욕 월드> 일요판 만화인 '옐로 키드(yellow kid)'의 스태프를 그대로 빼내서 또 다른 '옐로 키드'를 만들어냄으로써 동시에 두 잡지가 황색의 옷을 입은 소년이 주인공인 '옐로 키드'를 가지고 치열한 경쟁을 하게 되었고 경쟁이 격화됨에 따라 신문이 과도한 선정주의(sensationalism)로 흐름으로써 생긴 말이라고 한다. 황색 저널리즘이 등장하면서 프라이버시권의 필요성이 제기되기 시작하였다고 할 수 있다.

87) H양의 경우 마약복용은 현행법상 금지된 행위이기 때문에 주목받을 수 있

경쟁과 맞물려 더욱 자극적인 양상을 보이고 있다. 언론보도가 선정적인지 여부에 대해 판단할 수 있는 기준 중 하나는 기사나 사진이 어떤 형태의 외관을 가지고 독자에게 전달되는가 여부이다. 즉, 제목에 자극적인 빨간색을 사용하면서 기사내용과 제목이 일치하지도 않고, 취재원이 일부러 밝지 않아 의혹을 불러일으킬 여지를 제공하고, 해당 연예인의 사생활[88]이나 품행, 성격 등을 파헤치는데 많은 지면을 할애하는 등 과도하게 자극적인 보도성향을 나타내면 선정적이라고 볼 수 있다.[89] 언론보

는 사건이었지만, 그 대가가 지나치게 컸다는 비난 여론까지도 조성될 정도로 사건과 무관한 사생활을 공개 당했으며, 추정적인 허위보도로 인해 심적 고통을 겪어야만 했다. H양 보도와 관련하여 '한국신문윤리위원회'는 2001년 11월 29일에 스포츠투데이, 스포츠서울, 일간스포츠, 굿데이(goodday) 등 스포츠신문 4개지에 대해 갖가지 소문과 억측을 실제 사건에 덧붙여 보도함으로써 개인의 인격을 파괴하고 신문의 품위를 훼손하였다는 이유로 '공개 경고'를 결정하였다. 이후 언론중재위원회도 심의를 통해서 18개 중앙일간지와 24개 지방일간지, 1개 통신사 등 모두 48개 언론사에 대해서 시정권고를 결정하였다.

88) Dun & Bradstreet, Inc. v. Greenmoss Builders, Inc. 472 U.S. 749(1985): 미국 연방대법원은 1971년 Dun & Bradstreet, Inc. v. Greenmoss Builders판결에서 개인적 관심사에 대한 명예훼손적 언사의 경우 연방수정헌법 제1조가 명시하고 있는 표현의 자유를 완전히 보장받지 못한다고 판시하였다. 즉 원고가 공적인물일지라도 사생활과 관련된 경우 현실적 악의 원칙이 제한적으로 적용될 수 있다는 것이다. 언론에게 우월적 지위를 부여함으로써 표현의 자유를 최대한 보장하려고 하는 미국에서조차 공인의 사적 관심에 대해서만큼은 신중한 자세를 견지할 것을 원칙으로 삼았다.

89) 탤런트 H양이 출연한 TV드라마에서 나타났던 '참한', '깨끗한' 등의 이미지와 함께 '현모양처' 등과 같은 이미지가 강조되었고, 동시에 '얌전한 고양이', '난잡한 사생활', '최음제' 등과 같은 어구들을 빈번하게 사용함으로써, 사건의 본질과는 무관한 방향인 윤리적인 입장에서 질타하게끔 하는 여론을 형성했고, 남자관계를 들추어냄으로써 복잡한 성관계를 강조함으로써 '섹스 비디오 사건'처럼 확대시키려 한 스포츠신문의 보도 태도에 대한 비판으로는 성동규, "스포츠신문의 연예인 보호와 인격권 보호", 언론중재 통권 제82

도가 선정적인지 여부를 판단하기 위해서는 기사의 내용과 중요 구성요소를 고려하여야 한다. 즉, 입장 차이가 분명한 쟁점에 대해서는 복수의 취재원을 밝힘으로써 기사 안에서 균형을 맞춰주는 것이 관행이고, 국내의 언론사들도 최근 수많은 소송을 겪으면서 이러한 관행을 정착시켜가고 있다. 그럼에도 불구하고 스포츠신문들은 선정적이면서도 추측과 허위 보도로 일관된 연예인 관련기사라면 선정적인 보도로 볼 수 있다. 다만 독일연방헌법재판소의 예에서 살펴본 것처럼 과도한 자극, 즉 선정성을 구체적 사정심사의 기준으로 삼는 것은 극히 제한적인 경우로 한정시켜야 할 것이다.

연예인 상호간에 발생한 인격권침해적 표현[90]의 경우 연예인 스스로 자발적으로 대중에 노출되었다고 할 수 있으므로 다소 과격하거나 격정적인 표현을 사용하더라도 법적 책임에 있어 어느 정도 완화되는 것으로 해석할 필요가 있다.

V. 결론

연예인의 인격권에 관한 법적 보호의 메카니즘도 일반적인 법익형량[91]의 구조를 가지고 있고, 양자택일의 의미가 아닌 다자택일의 의미를

호, 2002년 봄호, 82-87쪽.

90) 길은정이 가수 편승엽을 비방한 혐의로 불구속기소돼 2004년 7월 징역 7월의 실형을 선고받았으나, 편승엽이 고소를 취하한 사건, 2003년 5월 영화배우 진도희가 비디오 제작자 한모씨를 명예훼손혐의로 고소한 사건, 2004년 6월 여성 댄스그룹 베이비복스의 명예를 훼손한 혐의로 DJ DOC 멤버인 이하늘이 고소당한 사건을 예로 든 이승선, "연예인의 인격권 침해유형과 언론소송에 있어서 '공적 지위'의 특성에 관한 연구, 한국방송학보 통권 제18-3호, 2004년 가을호, 313쪽 주26.

가지고 있기 때문에 비례의 원칙에 합치된 법익형량으로 이해해야 한다. 다만 법익형량의 자의성을 배제하기 위해 구체적 심사기준을 제시하고 어느 정도 유형화하는 것이 필요하다. 이에 본고에서는 그 구체적 심사 기준으로 "공인성", "인격권", "표현", "구체적 사정"을 제시하였는데, 이 기준들은 "인격권의 본질적 내용"을 침해하지 않고, "표현의 자유를 위축"시키지도 않는 중간영역에서 입법자와 사법부가 행하는 법익형량을 통해 결정되어진다고 할 수 있다.

연예인관련 인격권침해적 표현은 다음과 같은 규범구조적 특성을 가지고 있다. 우선 "공인성"심사 측면에서 정치인보다는 완화된 공인성을 가진다고 할 수 있고, "인격권"심사에 측면에서 내밀영역, 즉 인격권의 본질적 내용을 침해해서는 안 되지만, 연예 사업의 구조를 어느 정도 반영하는 해석을 할 필요가 있다. 또한 "표현"심사 측면에서 연예부 기자의 표현의 자유를 보장해 주되, 사실확인 의무를 동시에 지는 것으로 해석해야 하고, 게시판 댓글 자체의 특성을 충분히 고려하여 표현의 자유가 위축되지 않도록 배려해야 한다. 마지막으로 "구체적 사정"심사 측면에서 유형화된 관점이 적용될 필요가 있고, 다소 선정적 표현을 사용하더라도 연예인의 특성상 수인해야 할 경우가 많을 것이며, 연예인 상호간의 인격권침해적 표현의 경우 다소 과격하거나 격정적인 표현을 사용하더라도 법적 책임이 어느 정도 완화될 가능성이 있다고 하겠다. 비재천학하기 그지없는 짧은 학문수준으로 표현의 자유 전반의 역동성을 그려보고, 연예인관련 인격침해적 표현의 미묘한 뉘앙스를 드러내고자 하였으나 상당히 역부족이었던 것 같다. 미처 다루지 못한 부분과 오류는 후속연구로 대체하고자 한다.

---

91) 헌재 1999. 6. 24. 97헌마265; 대판 1998. 7. 14. 96다17257; BVerfGE 4, 219; 4, 347; 6, 290: "이익형량(Interessenabwägung)" ; BVerfGE 1, 82; 2, 103; 3, 34; 3, 267; 6, 1: "결과형량(Folgenabwägung)"

참고문헌

계희열, "메피스토-클라우스만 결정", 판례연구 제2집, 고려대학교법학연구소, 1983, 7-45쪽.

계희열, 헌법학(상), 박영사, 2005.

계희열, 헌법학(중), 박영사, 2004.

권영성, 헌법학원론, 법문사, 2007.

김선택, "언론보도의 자유와 인격권 보호 -명예훼손소송에 있어 공적인물이론과 현실적 악의의 원칙을 중심으로-", 고려법학 제43호, 2004, 165-196쪽.

김태수, "공인에 관한 표현의 자유의 한계", 고려대학교 박사학위논문, 2006.

김태수, "표현의 자유와 법익형량 -인격권침해적 표현을 중심으로-", 공법연구 제35집 제4호, 2007. 6., 407-432쪽.

김철수, 헌법학개론, 박영사, 2007.

문재완, "정치패러디와 표현의 자유의 한계", 언론과 법, 한국언론법학회, 2004. 6., 71-108쪽.

박선영, "언론에 의한 명예훼손의 법리 -우리나라와 미국의 판례를 중심으로-", 공법연구 27집 제1호, 1998, 271-300쪽.

박용상, 언론과 개인법익-명예, 신용, 프라이버시 침해의 구제제도-, 조선일보사, 1997.

성낙인, 언론정보법, 나남출판, 1998.

성낙인, 헌법학, 법문사, 2007.

성동규, "스포츠 신문의 연예인 보도와 인격권 보호", 언론중재 통권 제82호, 2002년 봄호, 82-87쪽.

신순철, "언론의 무분별한 속보성 경쟁과 연예인의 인격권", 언론중재 통권 제98호, 2006년 봄호, 114-119쪽.

신 평, "판례에 나타난 명예훼손소송에 있어서의 의견과 사실의 이분론", 세계헌법연구 제9권, 2004, 23-60쪽.

신 평, 헌법적 관점에서 본 새로운 명예훼손법, 청림출판, 2004.

이관희, 한국민주헌법론(1)(2), 박영사, 2004.

이승선, "연예인의 인격권 침해유형과 언론소송에 있어서 '공적 지위'의 특성에 관한 연구", 한국방송학보 통권 제18-3호, 2004년 가을호, 293-334쪽.
이재진, "연예인 관련 언론소송에서 나타난 한·미간의 위법성조각사유에 대한
    비교연구: 공인이론과 알권리를 중심으로", 한국방송학보 통권 제18-3
    호, 2004년 가을호, 7-50쪽.
이인호, 정보환경의 변화와 법의 패러다임, 중앙대 박사학위논문, 1996.
이준일, "법학에서 최적화", 법철학연구 제3권 제1호, 2000, 101-130쪽.
이효성, "연예인 X파일 사건과 사이버상의 명예훼손 및 프라이버시 침해", 언
    론중재 통권 제94호, 2005년 봄호, 116-121쪽.
장영수, 헌법학 I, II 헌법총론· 기본권론, 홍문사, 2006.
전원열, "명예훼손 불법행위에 있어서 위법성 요건의 재구성", 서울대 박사학
    위논문, 2001.
정종섭, 헌법학원론, 박영사, 2006.
한수웅, "표현의 자유와 명예의 보호", 저스티스, 2005. 4., 21-52쪽.
한위수, "공인과 명예훼손에 대한 비교법적 일고찰: 현실적 악의 원칙을 중심
    으로", 한국언론법학회 제1회 학술심포지엄 자료집, '한국언론의 현황
    과 공인의 명예훼손', 59-85쪽.
허 영, 한국헌법론, 박영사, 2007.
홍성방, 헌법학, 현암사, 2007.

Grimm,   Dieter;   Die   Meinungsfreiheit   in   der   Rechtsprechung   des
    Bundesverfassungsgerichts, NJW 1995, S.1697-1705.
Gronau, Kerstin; Das Persönlichkeitsrecht von Personen der Zeitgeschichte und
    die Medienfreiheit, 1. Aufl., 2002.
Häberle, Peter; Die Wesensgehaltgarantie des Art. 19 Abs. 2 GG, 3.Aufl., 1983.
Hesse,   Konrad;   Grundzüge   des   Verfassungsrechts   der   Bundesrepublik
    Deutschland, 20. Aufl., 1995.
Hubmann, Heinrich; Der zivilrechtliche Schutz der Persönlichkeit gegen
    Indiskretion, JZ 1957, S.521-528.
Hubmann, Heinrich; Grundsätze der Interessenabwägung, in: AcP 155, 1956,
    S.85-134.
Hubmann, Heinrich; Inhalt und Abgrenzung des zivilrechtlichen allgemeinen

Persönlichkeitsrechts, Festschrift für Karl Heinz Schwab, 1990.

Kriele, Martin; Ehrenschutz und Meinungsfreiheit, NJW, 1994, S.1897ff.

Ladeur, Karl-Heinz; Schutz von Prominenz als Eigentum. Zur Kritik der Caroline-Rechtsprechung des Bundesverfassungsgerichts, ZUM 2000, S.879-890.

Lerche, Peter; Meinungsfreiheit und Richtigkeitsanforderungen an Tatsachenangaben im wirtschaftlichen Wettbewerb, Festschrift für Werner Lorenz zum 70. Geburtstag, Tübingen 1991, S.143-153.

Müller, Friedrich; Normstruktur und Normativität. Zum Verhältnis von Recht und Wirklichkeit in der juristischen Hermeneutik, entwickelt an Fragen der Verfassungsinterpretation, Berlin 1966.

Prosser, William L; Privacy, 48 California Law Review, 383(1960).

Prosser, William L./Keeton, W. Page; The Law of Torts, 5th ed., 1984.

Schlink, Bernhard; Abwägung im verfassungsrecht, 1976.

Schmitt Glaeser, Walter; Meinungsfreiheit und Ehrenschutz, JZ 1983, S.95-100.

Schneider, Peter; Güterabwägung im freiheitlichen Rechtsstaat, in: Dieter Stolte und Richard Wisser, Integritas. Geistige Wandlung und menschliche Wirklichkeit, Tübingen 1966, S. 355-368.

Scholz,Rupert/Konrad,Karlheinz; Meinungsfreiheit und allgemeines Persönlichkeitsrecht, -Zur Rechtsprechung des Bundesverfassungsgerichts-, AöR 123(1998), S.60-121.

[종합토론]

    2008년 12월 13일(토) 14:00~19:00, 서울대 법대 백주년기념관 소강당에서 개최된 <2008년 한국과 표현의 자유>라는 제목의 학술대회는 1부 발표(한상희, 한인섭, 박경신, 조국) 및 2부 발표(오동석, 황성기, 전종익, 김태수) 그리고 종합토론의 순으로 진행되었다. 1부 사회는 송석윤 교수(서울대), 2부 사회는 이상원 교수(서울대)가 맡았고, 종합토론의 사회는 정종섭 교수(서울대)가 맡았다. 종합토론은 지정토론과 자유토론의 순으로 진행되었다. 지정토론에는 문재완 교수(한국외국어대), 김기창 교수(고려대), 김남근 변호사, 박근용 팀장(참여연대), 그리고 장여경(진보네트워크) 님이 참여했으며, 자유토론에는 학부생, 대학원생, 각계의 전문가들이 두루 참여했다. 토론의 요지를 아래에 싣는다.

□ **사회자(정종섭 교수):**

    지금부터 올해(2008년) 들어와서 다시 우리 사회에서 표현의 자유와 그 범위, 한계 등에 대한 토론이 진행하겠습니다. 오늘 발표한 사람들이 대부분 헌법학자들인데, 개인주의적 권리 담론들이 공동체주의 내지 공화주의로 갈 때 논의들이 어떻게 갈 것인가가 상당히 어려운 문제입니다. 결국 그러한 결론들을 처리하는 방법인데, 우리 서울대 공익인권법센터에서 연말에 한꺼번에 이렇게 많은 주제를 올려가지고 단기간에 논의를 하는 방법인데, 시간이 모자라시더라도 종합토론에 가급적 적극적으로 참여하셔서 당장 답은 안 나오더라도 논의 자체를 풍성하게 하고, 후속 작업들을 법학자들이 정돈해 가는 것이 순서가 아닌가 생각합니다. 사회자는 일체의 의견을 추가하지 않겠습니다. 제3부의 토론에는 다섯

분이 참여하시는데 지금은 발표자들이 답변해야 할 혹은 자기들이 발표 시간에 다 발표하지 못한 부분에 대해 설명하는 시간이기 때문에 한 분 당 십분 밖에는 시간이 없습니다. 꼭 10분 시간을 지켜주시길 바라면서, 토론자 분들 중에서는 이 분야에서 쟁쟁한 맹장들만 등장하셨는데, 하시 고 싶으신 말씀 많으시더라도 쟁점에 관해서만 의견 말씀해 주시기 바랍 니다. 먼저 한국외국어대학에 계시는 문재완 서생님께서 바쁘시기 때문 에 먼저 말씀하시기를 바랍니다.

□ **문재완 교수:**

1, 2부에서 법률에 대한 개별적 문제점들을 많이 지적해 주셨고요, 저 도 상당 부분 공감합니다. 그 외에도 오늘 언급되지 않았던 개별적인 법 률들이 언론의 자유의 측면에서의 문제를 갖고 있으며 위헌의 소지가 있 다는 부분에 대해서도 저는 전적으로 동의합니다. 저는 여기에서 의견의 다양성이라는 측면에서 앞에서 말씀하신 것과 다른 의견을 개진하는 것 이 의미가 있다고 생각합니다. 그래서 제가 평상시에 갖고 있었던 생각 을 간단히 말씀드리려고 합니다. 얼마 전에 미국 신문을 보니까 오바마 가 서머스(Summers)씨를 경제 자문기관의 의장으로 위촉하게 되었는데 이에 대한 신문의 평이 나오기를 오바마는 "he thinks with his mind open", 즉 마음을 열어두고 생각한다고 하는데요 서머스는 "he thinks without his mouth open", 즉 항상 떠들면서 생각한다는 것이죠. 저는 여 기서 도전적인 문제를 던지려고 하는데요, 현재 우리나라 사회가 표현의 자유가 전반적으로 그렇게 위축된 상황인가를 문제 던지고자 합니다. 지 금 문제가 있는 것은 사실이지만 이것이 문제가 있는 것이 이야기를 못 하게 하기 때문인지, 너무 이야기를 많이 하고 자기 이야기만 강조하고 때로는 강요하기 때문이 아닌가를 고찰해야 한다고 생각합니다. 예를 들 어 시카고 대학에 있는 교수처럼 의견의 다양성, intolerance 같은 여러

표현들을 쓰는데, 이는 다른 생각을 가진 사람의 의견을 들을 때, 이는 합리적인 의견에 도출될 수 있다는 가능성을 전제로 해야 합니다. 인터넷으로 대표되는 현재의 시장에서 상당히 많은 분들이 이미 어떤 마음을 가지고 이미 이러한 마음을 가진 사람들과 같이 이야기 하다보면 결국 극단적인 결론에 이르게 되고 이는 의견의 양극화로 이어지고, 이는 때에 따라서는 상대방의 의견에 대한 관용(tolerance) 없이 공격적으로 나아가는 것은 아닌가 하는 문제를 제기하고자 합니다.

물론 저도 그러한 과정에서 극단적인 의견을 개진한 적이 있다는 적이 있고 이를 자기 고백해야 한다고 생각합니다. 오늘 대회에서는 촛불에 대한, 또한 조중동에 대한 2차 불매운동에 대한 견해가 있었습니다. 저는 2가지에 대해서 1부에서 발표하신 선생님들의 주장의 합리적 논거가 충분하지만 보는 시각에 따라서는 전혀 다른 설명이 있을 수 있다고 보고 그 다른 설명을 하고자 합니다. 저는 촛불시위가 마지막에 불법이 되고 언제 불법으로 변했는가의 문제를 떠나서 마지막에 어떻게 끝났는가의 문제를 이야기하고자 합니다.

촛불집회는 쇠고기의 문제로 시작하여 수사적이라고는 하지만 이명박 OUT으로 이어져서 마지막에 모여있던 분들이 원하는 결과까지 나오지 않으면 끝까지 나오는 것 않는가. 그것이 결국 원하는 것 아니었던가 하는 생각을 합니다. 조중동 불매운동의 경우에는 오늘 박경신 교수님과 같은 접근도 충분히 가능하지만 또 한편으로 보면 제 생각에는 A라는 사람이 B라는 사람에게 특정 신문이 싫으므로 그 신문을 보지 말라고 충분히 이야기할 수 있다고 봅니다. 더 나아가 그 신문에 광고를 싣는 것이 적절하지 않다고 말할 수 있다고 생각합니다. 따라서 1차이냐 2차이냐의 부차적인 문제이고 결국 중요한 것은 행태라고 생각합니다. 그 행태들을 제가 사이트에서 대략적으로 보면 다음과 같은 논의에서 나오는 것 같습니다. 조중동이 우리 사회에서 굉장히 여론을 왜곡한다, 그러므로 조중동

목소리가 줄으면 줄수록 우리 사회는 민주화 된다, 이 목소리를 줄이기 위해서는 조중동의 매출을 줄여야 한다, 신문의 매출은 판매가 아닌 광고에서 나온다, 그 광고를 어떻게 줄일 수 있는가, 조중동 자체보다는 광고를 내는 사람에게 영향력을 행사하는 것이 좋다는 생각으로 이어집니다.

영향력을 행사하는 구체적인 방법은 제가 본 한에서는 다음과 같습니다. 예약했다가 취소하거나, 또는 전화를 해서 상대방을 방해합니다. 이러한 행태는 제가 이해하기로는 "당신이 조중동에 광고에 내는 것 정당하지 않다"라고 말했던 소비자의 것이 아니라 소비자인 것처럼 행동하다가 마지막에 예약을 취소하는 소비자로 가장한 사람들의 운동이었다고 생각합니다. 물론 조중동이 글을 잘못쓰고 정보를 왜곡하였다고 하더라도 그 반대편에 선 사람들도 그와 똑같은 행태로 정보를 왜곡하는 것이 아닌가 하고 생각합니다. 그렇다면 이것이야말로 우리 사회가 갖고 있는 언론의 자유의 큰 문제이며 이를 해결하기 위한 고민과 노력이라고 생각합니다.

물론 개별적인 법률들도 많은 문제를 내포하고 있습니다. 그렇지만 제 나름대로 던지고 싶은 문제는 우리가 이러한 문제들 또한 들여다볼 필요성이 있다는 것입니다. 매체에 공정성을 강요하는 법제를 하다보면 이는 매체들마다 다른 양상을 보이게 됩니다. 이 규제는 어떤 매체에는 불가능할 수 있으며, 어떤 매체에서는 가능할 수도 있습니다. 이러한 규제는 방송 매체의 경우 전통적으로 여러 의견을 그 속에 심으라는 방향으로 전개되어 왔습니다. 오늘날의 문제는 인터넷 포탈의 문제라고도 할 수 있습니다. 인터넷 포탈은 규제가 곤란하며, 굉장히 소비적이며 표현촉진적인 매체이기 때문에 어떠한 형태의 규제도 불가능하기 때문에 자제해야 한다는 그 논리가 과연 적정한 것인가에 대해서는 의문을 가질 수밖에 없습니다. 또한 거의 모든 사람들이 정보를 인터넷 포탈을 통하여 접하고 있는 현실에서 이들 포탈들이 단순한 정보의 전달자이기 때문에 공적 규제를 가하는 것이 침해라고 볼 수 있는 것인가에 대해 저는 다시 생각해 봐야 할 시점이 아닌가 생각합니다. 제 의견 여기까지 마치겠습니다.

□ **김기창 교수:**

저는 3가지에 대하여 말씀드리겠습니다. 저는 인터넷 매체와 관련된 부분에 대해서 이야기해 보도록 하겠습니다. 첫 번째로는 조중동 광고주 불매운동의 문제. 그 다음에는 인터넷 실명제에 관련된 기술적 문제. 그 다음에는 인터넷 사전검열 상황, 특히 임시조치, 삭제조치에 대하여 말씀드리겠습니다. 조중동 광고주 불매운동과 관련해 크게 제가 파악하는 이슈는 이른바 1차, 2차 불매운동을 소비자 불매운동의 차원에서 보아 2차는 위법하고 1차는 적법하다는 의견이 과연 타당하겠는가의 문제와 또 다양성이 보장되어야 하는데 한쪽 견해만이 과도하게 지배하는 지금의 상태를 어떻게 할 것인가의 문제가 있습니다.

1차 불매운동, 2차 불매운동에 관련된 견해는 어느 순간 이러한 의견이 한국에 소개된 이후에는 검찰이 그 주장을 거의 전적으로 사용해 왔습니다. 재판 과정에서 미국에서 사용된 견해라고 주장을 했었는데, 실제로 미국에서 1982년의 매우 중요한 연방대법원 판례에서 분명하게 1차 불매운동, 2차 불매운동 구분은 노동 운동 관련된 법리이며, 소비자 불매운동 관련해서 적용되는 법리가 아니라는 명백한 판결이 나온 것이 알려진 이후로는 이 입장은 전혀 인정될 수 없다고 주장되고 있습니다. 현재 검찰은 영장 신청 이유와는 반대로 오히려 미국법은 본건에 문제되지 않는다고 주장하고 있습니다. 이는 제가 관련 사건에서 미국법에 관련된 감정 증인으로 나갔을 때에 검찰에서 주장한 사항입니다.

1차와 2차의 구분이 소비자 불매운동에 적용되지 않는 이유에는 크게 두 가지가 있습니다. 노동쟁의 맥락에서는 1차/2차의 구분이 법리적 구분

지표로서 가능합니다. 고용계약관계와 고용조건 향상을 위해 보이코트하는 것은 적법하게 허용되는 것이라고 볼 수 있습니다. 여기서 고용관계 없는 사업자를 상대로 할 때 2차의 개념이 나옵니다. 그러나 소비자와 어떤 사업자 간에는 원래 모든 경우에 어떤 계약 관계가 없습니다. 소비자는 장차 구매계약을 체결할 것인지에 대하여 생각하는 자이기 때문에 아예 1,2차 구분의 지표가 없다고 생각합니다. 소비자 운동은 현재 정치적으로 굉장히 큰 의미를 갖고 있는 사회적 현상입니다. 왜냐하면 헌법에서는 "모든 국민"이라고 규정하고 있지만 이는 결국 "모든 소비자"라고 볼 수 있습니다. 따라서 소비자는 자신의 구매 행위를 통하여 윤리적, 정치적 표현행위를 하는 것입니다. 따라서 이에는 ethical consumerism과 기업의 책임 문제가 모두 연결되어 있다고 생각합니다.

문재완 선생님께서 말씀하신 문제는 조중동 절독운동은 가능한데 배달 운동은 너무 과하지 않느냐인데 저는 좀 다르게 생각합니다. 왜냐하면 어차피 표현의 자유 또는 언론의 자유는 언론사만 누리는 자유가 아닙니다. 개별적 사적 주체들은 그 표현이 자유로워야 합니다. 그 말은 못하게 틀어막는 것은 위헌적인 발상입니다. 권력이 어떤 사적 주체에게 이러는 것은 불가능하지만 개별 사적주체들이 상대방을 폐간시키고 싶다는 표현은 가능한 것입니다.

다음 인터넷 실명제 관련해서 말씀드리겠습니다. 우리나라 인터넷 실명제의 현행법상 근거는 정보통신망법입니다. 국가기관, 지방자치단체, 공기업, 준정부기관, 공공기관들에는 접속자 수에 상관없이 의무적으로 적용됩니다. 그리고 정보통신서비스 제공자 중에서는 평균이용자 10만명 이상이면서 대통령령에 따라 해당되는 곳들에 적용됩니다. 현재 대통령령은 30만명이 넘는 곳 중에서 지정하는 것으로 되어있습니다.

법령을 보면 모두 본인 확인이라는 표현을 씁니다. 시행령을 보면 기술적으로 참 웃기는 겁니다. 첫 번째로 본인확인 방법으로는 공인인증기관이 제공하는 본인확인 서비스를 이용할 수 있으며, 그 다음에는 그 밖에 본인확인서비스를 제공하는 제3자가 규정되어있는 데 이에는 5개 정도의 사설업체가 이른바 본인확인서비스를 제공하는 주체인 것처럼 행세하고 있습니다. 세 번째 방법으로는 행정기관에 의뢰하거나, 기타 방법으로 본인임을 확인할 수 있는 수단이 있습니다. 이 세 번째 방법의 문제를 말씀드리자면 인터넷의 가장 근본적인 특성이 전자거래의 비대면성이기 때문에 여기서 본인 확인의 방법을 보면 모사전송 또는 대면확인이라고 되어있습니다만, 웹사이트에서 댓글하나를 작성하기 위하여 대면확인을 하는 경우는 상상하기 어렵습니다.

여기서 핵심적으로 오용되고 있는 부분을 말씀드리자면 위의 본인확인 서비스를 제공하는 업체들은 본인 확인이라는 용어를 사용하지 않습니다. 이들은 "실명 확인"이라고 표현합니다. 본인확인과 실명확인 사이에는 기술적으로 엄청난 차이가 있습니다. 실명 확인은 김기창이라는 이름과 주민등록번호의 매치가 이 자들의 데이터베이스에 있는지 없는지를 확인하는 것입니다. 그러나 이를 확인하고자 하는 신호를 보내는 주체가 과연 김기창인지는 기술적으로 확인하는 것이 불가능합니다. 이는 불가능한 것인데도 쓰고 있는 것이 현실입니다. 이러한 문제는 옥션 해킹에서 이미 그 구체적인 예를 찾을 수 있습니다. 그 다음에 전자서명법이 있습니다. 현재의 전자 인증서 제도가 본인 확인의 가장 높은 개연성을 가진 확인 가능성인 것은 맞습니다. 그러나 여기서는 궁극적으로 인터넷이 무엇이냐, 혹은 과연 한국국민만 이용하는 것이냐라는 문제를 생각해야 합니다. 현재 한국의 인터넷은 거대한 인트라넷에 지나지 않는다고 말할 수 있습니다. 한국의 인터넷에서 외국인의 사용은 거의 불가능하다고 해도 과언이 아닙니다.

인터넷 검열 관련해 잠시 말씀드리겠습니다. 삭제 요청의 확실한 근거 조항이 이것입니다. "권리를 침해받은 자는 삭제 요구를 할 수 있으며 일단은 임시삭제 조치 등의 필요한 조치를 해야 한다"라는 조항입니다. 그런데 제가 궁금한 것은, 침해를 받은 자라는 개념과 침해를 당하였다고 주장하는 자가 같은 것이냐, 다른 것이냐에 대한 의문이 있다고 생각합니다. 우리나라 법률가들은 이 차이가 없다고 생각하고 있으며 침해가 있다고 주장한다면 위 조항에 해당되는 것으로 운용되고 있습니다. 이 법의 입법자들이 어떻게 생각했는지 저는 모르겠습니다만, 적어도 문언만 가지고 보면 이와는 다르게 운용해야 하는 것 아닌가 하고 생각합니다. 검열기관에는 사후적인 법원의 검열과 정부 권력 기관의 검열이 있습니다. 여기서 권력기관의 검열이 위험하다고 말해지고 있습니다만 가장 악랄하고 위험한 검열자는 자기가 피해자라고 주장하는 자라고 생각합니다. 이 사람들은 가장 열정적으로 검열을 시도합니다. 우리 법은 그런 자가 주장하였다고만 하면 마치 침해받은 것처럼 운용되고 있습니다. 소위 피해자에 의한 검열이 인터넷상에서는 허용되고 있는 것입니다. 인터넷 이외의 매체에서는 이와 같은 경우는 찾아볼 수 없을 것입니다. 미국의 경우와 비교해 설명드릴 시간은 없습니다만, 미국의 입장은 매우 다르다는 것을 말씀드리겠습니다. 이 정도로 마치겠습니다.

▫ 김남근 변호사:

오늘 학술토론회에서 중요한 대상사건으로 많이 언급되고 있는 촛불집회의 형사 변론을 맡고 있는 변호사입니다. 민변에서는 지금 촛불집회를 주최했다는 광우병국민대책회의 실무자들을 변론하기 위한 팀을 꾸리고 있는데 거기에서 변론팀장을 맡고 있습니다. 현재 관련해서 12명이 기소가 되어 있는데 그 중에 9명은 광우병국민대책회의의 실무를 맡았던 분이고, 세 분은 직접적 관련은 없지만 배후가 진보연대라는 단체라고 검찰이 지목을 해서 진보연대의 대표되시는 분들 세 분이 공모공동정범으로 기소된 것입니다. 그 중 다섯 개 부분에 대해서는 보석결정이 내려져서 불구속 재판이 이루어지고 있고, 그 재판들은 앞서 제기가 되었던 위헌법률심판제청을 보고 판결을 하겠다고 하고 있어서 헌법재판소에 가 있는 집시법 제10조의 위헌여부가 중요한 전제로 되어 있는 상황입니다. 관련해서 민사재판이 세 개 진행되고 있는데 그 세 개 중 두 개의 재판부는 마찬가지로 헌법재판소에서의 집시법 제10조의 위헌여부를 보고 재판을 진행하겠다고 하고 있어서, 많은 재판들이 헌법재판소의 결정을 보고 진행하려는 상황이라 집시법 제10조에 대해 여러 이야기가 제기되고 있습니다.

광우병국민대책회의가 주최했다고 하는 촛불집회와 관련해서는 여러 쟁점이 있었는데 예를 들어 첫 번째는 사실관계에 대한 다툼으로, 경찰이 구속영장을 청구할 때, 저희가 보기에는 다분히 정치적 목적이 있다고 보이는데, 광우병국민대책회의가 주최했던 촛불집회가 폭력불법집회라는 것을 보여주기 위해서 특수공무방해죄, 손괴죄, 폭력행위등처벌에관한법률 위반죄, 또 심지어는 방화미수죄까지 해서 온갖 것들을 모으고 그것을 청구할 때마다 언론에 흘리고 그 혐의에 의해 구속이 된 것처럼 주장을 했습니다만, 실제 관계를 본다면 광우병국민대책회의의 경우 가두시위에 나가는 것이 경찰과 충돌하는 경우 조중동 같은 보수언론에 의해 공격을 받게 될 우려 같은 것이 있기 때문에 가두시위를 나가는 것에 대해 초기에는 소극적인 태도를 보였었고, 가두시위가 진행된 이후에 있어서도 질서유지를 위해 노력했다든가, 밧줄 같은 것을 회수하려고 했다든가, 방화하는 시민을 붙잡아 경찰에 인계했다든가, 전체적으로 경찰과 협력하면서 집회 장소와 시간 등을 가능한 한 조정하려고 했다든가 하는 많은 사실관계가 있어서, 검찰에 대해서도 이 부분에 대해서는 과연 우리 사회에서 사회적으로 중요한 역사적 사건이 되었던 촛불집회에 대해서 어떻게 사회적 책임을 물을 것인가에 대한 그런 차원에서의 재판이 되어야지 구구절절 사실관계를 다투는 것은 적절하지 않겠느냐 하고 제안을 했었고, 검찰도 받아들여서 현재 기소된 내용들은 그런 내용들이 하나도 없고 집시법 위반죄와 일반교통방해죄 위반 이 두 가지 부분만 기소가 되어있습니다.

형사소송에 있어서 주로 쟁점이 되고 있는 것은 앞서 말씀드린 것처럼 집시법 위헌 문제가 있고, 또 하나의 부분은 위헌이 아니다 치더라도 현재의 집시법을 해석할 때, 예를 들면 경찰정보상황보고에는 이렇게 되어 있습니다. 문화제를 시작했는데 윤도현 가수가 나와서 노래를 부르고 누가 자유발언을 하고... 이렇게 촛불 문화제로 진행이 되던 중 사회자가 구호를 외치면 그때 불법정치집회로 변질됐기 때문에 해산명령을 하게 되었다... 진행이 되다가 노회찬 전 국회의원이 나와서 정치적인 연설을 했기 때문에 해산명령을 했다, 이런 식으로 되어 있습니다. 전체적으로 촛불집회는 7시부터 9시30분까지 약 2시간 30분 동안 진행되면서 거기에 연예인들이 나와서 공연도 하고 고등학생, 대학생의 춤 공연도 있고, 그러다 중간에 정치적 구호를 외치거나 정치적 연설을 하게 되는데 그 부분만을 다 뽑아내서 그게 전체적으로 정치 집회이다, 그렇기 때문에 야간에 허가를 받지 않고 집회를 했기 때문에 집시법 위반이다 이렇게 구성이 되고 있습니다. 공소장만을 보면 오늘 한인섭 선생님께서 발제를 하며 보여주셨던 사진들에서 보는 바와 같이 "아름다운 촛불" 이런 얘기는 전혀 나올 수 없는 것이지요.

그렇다면 헌법재판소에 있어서도 야간에 있어서의 집회를 전면적으로 금지하는 게 우리 헌법 제21조 제2항에 비추어 봤을 때에는 헌법의 규정 형식이나 내용에 비추어 위헌의 소지가 있다, 여기까지는 14년 전에 나왔던 헌법재판소 결정문에도 나와 있습니다. 다만 논거를 들며 나왔던 것 중에 또 다른 방식의, 문화제나 종교집회 등 다른 방식으로는 허용하고 있는 것 아니냐, 옥외집회 방식은 허용하고 있는 것 아니냐, 그러니까 아예 못 하게 하는 것은 아니다 그런 취지로 헌법재판소에서는 예시를 하고 있는데, 그렇다면 헌법재판소의 예시를 보더라도 현재 집시법을 가능한 한 합헌적으로 해석한다면 전체적으로 문화제로서 2시간 30분 동안 진행이 되었는데 그 중 30분 동안 정치적 연설이나 구호 제창이 있었다면 그것을 문화제로 보아야 하느냐, 아니면 그 부분만 떼어내서 정치적 집회로서 집시법 위반이라고 보아야 하느냐 하는 그런 문제가 있다는 것이지요. 따라서 집시법의 해석 문제도 쟁점이 되고 있습니다.

그리고 물론 대통령도 잘못했다 그러고, 대통령 스스로도 국민들의 광범위한 촛불집회 과정에서 정치적 의사가 있었기 때문에 결국 미국이 추가 협상에 응하게 되고, 추가협상을 통해 상대적으로 우리 국민들에게 유리한 외교가 보완이 되었다는 측면에서 볼 수도 있기 때문에 목적의 정당성, 수단의 정당성을 가지고 정당행위 이런 부분들이 논의가 되고 있습니다. 일반교통방해죄에 대해서는 이런 심포지엄이 좀 더 일찍 있었으면 좋았겠다는 생각이 드는데, 한인섭 선생님께서 말씀하신 그런 것들이 논의가 되는지 저는 전혀 알지도 못했고, 지금까지 일반교통방해죄로 무수히 많은 사람들이 형사처벌을 받았기 때문에, 한인섭 선생님께서 말씀하시는 일반교통방해죄가 적용되어야 하는 행위태양의 문제, "손괴, 불통, 기타의 방법"이기 때문에 손괴, 불통에 준하는 방식으로서의 교통방해가 있었어야 되는데, 단지 도로를 점거하고 시위를 했다는 것이 손괴나 그런 것에 해당되는지에 대해서는 이야기를 해야겠다는 생각이 심포지엄 진행 중에 들었습니다.

헌법소송에 있어서는 저희가 제기한 것에 대해 법무부, 검찰청장, 그리고 담당검사, 경찰 등에서 의견서 제출이 있었습니다. 현재 쟁점이 되고 있는 게 오늘 나누어 드린 자료입니다만, 먼저 가장 핵심적인 부분은 헌법 제37조와 헌법 제21조 제2항의 관계가 어떻게 되어야 할 것인가의 문제입니다. 헌법 제21조 제2항은 집회시위의 자유에 관해서는 사전허가를 인정하지 않는다고 되어 있는데, 헌법재판소나 검찰, 경찰의 의견은 그렇다 할지라도 집회시위의 자유도 하나의 기본권이기 때문에 헌법 제 37조에 의해서 목적의 정당성, 수단의 정당성 이런 것들이 인정되게 되면 기본권을 제한할 수 있는 것 아니냐 라고 전제하고, 그렇기 때문에 야간이나 옥외라는 장소의 특수성 때문에 제한을 할 수 있다, 사전에도 금지를 할 수 있다 이런 논지로 이야기를 하고 있습니다. 그렇게 하다 보면 제21조 제2항은 왜 만들었느냐에 대해서는 이야기가 갑자기 사라져 버리는 그런 문제가 생긴다는 것이지요. 제21조 제2항을 만든 이유가 무엇이냐에 대한 설명이 있어야 한다는 것이고, 저의 주장은 일반과 특별 관계 아니냐. 집회시위의 자유도 기본권 일반의 제한을 할 수 있지만 제21조 제2항에서 규정을 두고 있는 것은 제한의 방식이 사전 허가제라든가, 사전적 금지의 형태로 되는 것은 위헌이 된다고 하는 그런 취지로 해석하는 것이 우리 헌법 체계, 내용이 맞는 것이 아니냐 하는 것입니다. 따라서 우리 헌법의 체계와 내용을 봤을 때 집회 및 시위의 자유에 관해서는 기본권의 실현은 허용을 하되 그 실현의 방식을 제한하는, 그래서 집회의 방법으로서 소음의 규제라든가 여러 가지를 할 수는 있겠지만 아예 못하게 하는 그러한 방식은 허용되지 않는 것이 아닌가 하는 저의 문제의식입니다.

또 하나는 검찰과 경찰에 있어서 사전허가제는 안 되지만 야간이라는 특수한 상황 속에서의 사전 '금지'는 되는 것 아니냐는 이야기가 있고 이 부분에서 상당히 헷갈리는 부분이 많았습니다만, 우리 행정법에서 허가제라고 할 때에는 일반적으로 자유롭게 할 수 있는 행위를 법률적으로 금지하고는 예외적으로 일정한 요건 있을 때 허가를 해주는 것을 이야기하고 있는 것이기 때문에 사전허가제가 안 된다는 것은 논리적으로 봤을 때 사전 금지도 안 된다는 것인지, 사전허가는 안 되는데 사전금지는 된다는 것은 논리적으로 모순이 아닌가 하는 생각이 듭니다.

세 번째 부분에 있어서는 검찰과 경찰에 있어서는 표현의 자유 중 집회 및 시위는 집단적 의사 표현의 방식 즉, 집단행동에 수반되는 구분이기 때문에 다른 표현의 자유나 다른 기본권에 비해서 제한의 필요성이 훨씬 높은, 그리고 그 제한의 정당성이 훨씬 높은 기본권이 아니냐 하는 문제제기를 하고 있는데요, 거꾸로 본다면 집회 및 시위의 자유라는 것이 집단적 의사표현의 방식이기 때문에 그런 사회적 여론을 형성하는 것이고, 우리 서울중앙지법에서 위헌법률심판제청을 했던 결정문의 내용에도 그런 부분이 나옵니다만, 현대 사회에 있어서는 직접민주주의가 아니고 대의제, 임기제 민주주의 형태를 취하는데 선거 때 있어서는 국민들에게 정치적으로 책임을 지려 하지만, 선거가 지난 나머지 시점에 있어서는 국민들에게 그러한 책임을 지지 않으려 하는 대의제, 임기제 민주주의의 한계를 극복하는 중요한 수단이 바로 집회와 시위를 통해 여론을 형성하는 방식이기 때문에, 집회 및 시위의 자유에 관한 문제는 반드시 기본권에 관한 문제일 뿐만 아니라 우리 민주주의를 운영해 나가는 현대사회에 있어서는 기본질서의 한 내용을 이루는 것으로 봐야 하는 것이 아닌가.

그 다음에 가장 많이 제기되면서도 어필하고 있는 것은, 현실적으로 현대사회에 있어서는 주간의 경우에는 대부분 생업에 종사하거나 학교를 다녀야 하기 때문에 정치적 의사를 교류할 수 있는 집회를 주간에 개최할 경우에는 아무런 실효성이 없다는 것이지요. 아무도 와서 보지 않고, 집단적인 여론 형성을 한다는 집회시위의 기능이 전혀 확보되지 않는 것입니다. 오히려 집회의 개최의 필요성이 가장 높을 때는 퇴근시간인 7시부터 9시인데, 우리 집시법은 바로 그 시간대에 집회를 금지하고 있다는 것입니다. 집회시위의 실효성이 가장 높을 때 제한하고 있기 때문에 과잉금지의 원칙에 어긋나지 않느냐는 문제를 제기하고 있는 것이고요. 입법례에 대한 논쟁도 많습니다만, 경찰과 검찰의 주장은 우리나라의 집시법은 외국의 입법례에 비해 집회시위의 범위를 굉장히 광범위하게 인정해주고 있다 이렇게 이야기를 하고, 대부분 외국에 있어 야간에 집회시위를 규제하고 있는 내용을 많이 담고 있다 이렇게 이야기를 하고 있습니다. 그 예들을 보더라도 프랑스 같은 경우에도 밤 11시 이후 규제를 하고 있고, 러시아의 경우에도 밤 11시 이후, 중국의 경우 밤 10시, 이렇게 제한을 하고 있거나 대부분 시간을 제한하고 있지 않아서 시간을 제한하더라도 제한의 방식은 심야 시간을 제한한다는 방식이지, 이렇게 우리처럼 일몰 직후 5시, 6시 이렇게 제한하지는 않는다는 것이지요. 그래서 외국의 입법례도 퇴근 시간이나 저녁 시간에 집회시위가 가능하다고 보기 때문에 그 부분에 있어서 보장을 하면서 심야시간을 제한하고 있지, 바로 이렇게 초저녁부터 제한을 하지 않는다는 점에 있어서 외국 입법례에 비해서는 광범위한 제한을 하고 있다고 보입니다.

옥외의 경우에 있어서도 옥외 일반을 제한하는 입법례는 드물고, 주요 도로라든지, 주거지역이라든지 이렇게 장소를 특정해서 제한을 하지, 이렇게 옥외 전부를 제한하는 방식은 취하지 않고 있다는 것입니다. 미국 입법례를 이야기하면 항상 논란이 많은 부분입니다만, 미국을 대표할 수 있는 도시인 뉴욕이라든가 디트로이트, 시카고 같은 대도시에 있어서는 야간에 시위를 제한하는 규정이 없습니다. 검찰이나 경찰이 아마 서울대학교 게시판에서 긁어다가 사용한 모양인데 인구가 2000명 되는 소도시의 집회 제한이나 8000명 되는 소도시의 예를 든다든가 등은 미국의 입법례를 드는 데 있어 적절하지 않은 방식이 아닌가 하는 생각이 듭니다.

그 외에도 만약 사전 허가제가 위헌이 아니라고 쳐도, 현재의 집시법이 사전허가제로 운용될 수 있느냐에 있어서도 위헌성 여부는 있다는 것이지요. 예를 들면 헌법재판소의 14년 전 결정 중 하나에는 사전행위이더라도 이것은 기속행위이기 때문에 요건만 갖추면 바로 허가를 내주게되어 있기 때문에 기본권 제한이 아니라는데 실제는 그러냐 이것이지요. 광우병대책회의도 여섯 번 허가 신청을 했지만 모두 거부되었었고, 시민,

사회단체에서 하는 대부분 신청이 거부되고 있습니다. 검찰, 경찰이 인정된 예라 하면서 딱 세 개를 들고 있더라고요. 그럼 이게 어떻게 허가제가 될 수 있느냐는 것이고 그 허가제가 안 되는 것에 헌법재판소의 태도는 무엇이냐면 그것은 운영의 문제이지, 법의 문제가 아니다 이런 태도입니다. 경찰, 검찰 역시 그것은 행정관청의 운영의 문제이지 법이 잘못된 문제가 아니라고 이야기합니다. 그것을 신청인들이 혼동하고 있다고 이야기하는데 저의 주장은 법의 내용에 이미 그렇게 되어 있다는 겁니다. 예를 들어 허가제를 다루는 건축법 등 행정법의 경우 허가의 요건이 예시되어 있거든요. 그래서 그 허가의 요건들만 갖추어서 하는 경우에는 법으로 할 수 없도록 되어 있는데, 현재 집시법은 "집회의 성격상 부득이한 경우에" 이게 허가의 요건입니다. 그러니까 집회의 성격상 부득이한 경우에 대해서는 결국 해석 재량을 광범위하게 가질 수밖에 없고, 그렇다 보니까 이게 허가제가 아니라 현재 재량 행위로 집시법이 운용될 수밖에 없도록 되어 있기 때문에 명확성의 원칙 등에도 위배되는 점이 있다는 것입니다.

그리고 불복 절차에 있어서도 보통 저희가 신청을 하게 되면 2시간 전에 불허를 합니다. 그럼 2시간 동안 어떻게 저희가 불복절차를 밟겠습니까. 가장 빠르게 불복절차를 밟을 수 있는 것이 행정관청에 불허가처분 취소 청구의 전제로서의 효력정지 가처분 신청을 내는 것인데, 효력정지 신청을 내는 데 그게 심리되어서 결정을 받는 데에도 적어도 일주일은 걸리는데, 세 시간, 네 시간 전에 통보하는 방식을 통해서 할 수가 없다는 것이지요. 실제로 몇몇 변호사들이 그것에 대해 효력정지 신청을 내본 적이 있는데 대부분 이미 시간이 지났기 때문에 법원에서는 소의 이익이 없다 해서 각하를 당할 수밖에 없다는 것이지요. 그래서 현실적인 불복의 절차가 마련돼 있지 않다는 점에 있어서도 위헌의 소지가 있다는 것입니다. 그리고 무엇보다 표현의 자유에 대해서는 미국 판례를 받아들여서 "명백하고 현존하는 위험이 있는 경우" 제한이 가능한데, 야간이라는 게 그렇게 공공의 안녕, 질서를 해할 수 있는 명백하고 현존하는 위험이 있느냐, 현대 사회에서 야간이, 특히 초저녁에는 사회적, 문화적으로 주간과 활동에 차이가 없는 상황인데도, 단지 "야간에는 사람들이 흥분되기 쉽다", 헌법재판소의 14년 전 결정문에서는 "야간의 경우에는 불순세력이 개입될 소지가 크다", 주간의 경우에는 불순세력이 개입될 소지가 적은데 야간의 경우에는 어떤 근거로 불순세력이 개입될 소지가 크다는 것인지 상당히 의문이 있습니다. 그런 식의 막연하고 추상적인 논리로는 "명백하고 현존하는 위험"이 야간에 있다고 말하기 어려운 것이 아닌가, 그래서 야간집회를 전면적으로 금지하고 있는 집시법 10조에 있어서는 위헌성이 크다고 볼 수 있는 것이 아닌가 하는 생각이 듭니다. 이만 마치도록 하겠습니다.

□ 박근용 팀장:

반갑습니다. 학술적인 전문가가 아니고 학술대회임에도 불구하고 저를 오라고 한인섭 교수님께서 말씀하실 때, 시민단체 사람으로서 할 말 있으면 다 해봐라 이런 취지라고 생각했습니다. 논쟁이 되고 있는 여러 주제들에 대해 많은 분들께서 법률적, 사회적으로 왜 문제가 되는지 말씀해 주셨습니다. 그래서 전문 연구자가 아닌 제가 그 부분에 대해서 덧붙일 내용은 거의 없는 것 같습니다. 다만 시민단체 사람으로서 한, 두 가지 짧게 추가하고 싶습니다.

아까 문재완 선생님의 말씀에 꼭 비판하는 것은 아닌데 "말의 성찬이 너무 심하다", "우리나라는 말이 너무 많은 사회다"라고 말씀하셨지만, 그렇지도 않은 것 같습니다. 예를 들면 전종익 선생님께서 언급하신 선거권 문제, 제93조 제1항, 선거일로 180일 전부터 선거일까지는 선거후보등록원 외에 아무도 말 못하게 하는 게 바로 그 조항인데요. 2006년 타임지에서 선정한 올해의 인물이 유투브의 YOU였지요. 그래서 2007년도에 우리나라도 아마 유투브 같은 UCC가 선거에 있어 엄청난 축제의 장이 될 것이라고 2007년 초에 다들 그렇게 예측을 했었거든요. 그런데 2007년 7월부터 선거판에서 UCC는 완전히 통제되어 버렸지요. 아마 옆에 있는 장여경 님께서 그 부분에 대해서는 저보다 많이 아실 것 같은데 그 몇 개월 동안에 삭제된 글이 수백, 수천 건까지 올라갔고 경찰의 사이버 수사대에서 나와라, 가라 한 것이 수백 건 있었고... 더욱이나 참여연대 쪽에서 법률적으로 최소한의 지원을 한다든지... 지금까지 재판 받는 분들도 계시고.

그런데 문제는 1심에서 어떤 법원에서는 "그 정도 행위는 공정성 훼손에 크게 문제가 안 된다."고 무죄라고 해주는데, 대동소이한 경우 어떤 법원에 가면 또 유죄라 하고 판단하고 그런 경우들이 있는데, 그러면 이게 도대체, 물론 2심, 3심에서 제어가 되겠지만, 죄형법정주의에 의해 사람들이 사전에 내가 행위하는 것이 문제가 될 수 있느냐, 없느냐를 판단할 수 없을 정도로 단순히 선거에 영향을 끼칠 의도로 쓰는 또는 끼칠 수 있는 그런 자료들은 사전운동 기간 중에 유포하면 안 된다, 그러면 처벌받는다고 애매모호하게 되어 있는 이 선거법 조항도 정말 문제가 된다 싶고요. 이제 2년 후 되면 지방선거도 있고 3년 후 되면 총선도 있고 할 텐데 그때 또 이 조항이 얼마나 악랄하게 이용이 되어서 정권에 대한 비판적인 목소리에 대해... 또 단순한 정보제공도 못하게 하고 있지요. 이 후보자들은 과거에 이런 일이 있었다고 올리는 것만으로도 선거에 영향을 미치는 효과가 있을 수 있다는 이유만으로 삭제를 명령하기 때문에 우리나라에서는 "말의 성찬"이 아니라 오히려 죽여 버리고 있는 실정이라고 보이고요.

그리고 집시법에서 복면이라든지 여러 가지 물품 소지는 완전히 일제시대 예비단속법과 똑같은 것 아니냐. 범죄가 발생하지도 않았는데, 나중에 범죄가 발생하면 그 사람의 신분을 확인할 수 있어야 하는데 신분을 확인하지 못할 수 있기 때문에 당장 그 사람을 처벌할 수 있다. 그 사람이 아직 복면을 쓰고 쇠파이프를 던지거나 화염병을 던지거나 누구를 때린 것도 아닌데 쓴 것만으로도 할 수 있다는 것. 화염병을 운반했다는 것만으로 범죄행위가 발생하지 않았는데도 단속하겠다는 것은 국가보안법 이전 일제시대 예비단속법으로 돌아가겠다고 하는 것인데, 그것을 우리 사회가 용인할 수 있다는 것이냐. 사실 저희가 가장 실망스러운 것 중 하나는 이러한 것들을 정치인들이 주도할 수 있다는 사실입니다. 아까 이야기한 촛불집회의 탄압을 위해서, 앞으로의 정부를 위한 비판을 위해서, 오만가지 생각을 할 수 있는 게 이른바 '정치꾼'이니까요. 그렇지만 개정안을 내놓은 상당수 사람들을 보면 대부분 법률가 출신 정치가들입니다. 판사 출신, 검사 출신, 연수원 변호사 출신들이 상당부분을 하고 있었습니다. 저희가 아주 치밀하게 조사한 것은 아니지만, 대략 7가지 정도, 집시법이니 사이버 모욕죄 같은 악법을 선정해서 발의한 사람들을 조사해 보니까 역시나 법률가 출신 한나라당 의원들이 많이 들어가 있었습니다. 그 중에 서너 개 정도는 법률가 출신 의원들이 공동 발의하지만 않으면 10명 이상이 발의에 참여해야 법안으로서 형식을 충족시킬 수 있는데 그러지 못하는 분들도 여러 건 있었단 말이지요. 말도 안 되는 신** 의원 같은 사람, 그렇게 보지 않는 분들도 계시겠지만, 그런 양반들이 나서서 그런 법안을 발의했다고 하면 한 마디라도 이해하겠지만, 연수원에서, 학교에서 헌법 공부를 다 했다는 판사 출신이 그런 이야기를 하고 법안을 발의했다는 것을 보면 도대체 이 나라의 법률가들은 뭐하는 사람인지 정말 실망스럽지요.

어제 우연히 TV에서 나경원 의원이 이전에 포커스에서 미디어 비평으로 바뀐 프로그램에서 하시는 말씀을 잠깐 들었어요. 사이버 모욕죄에 대해 자신의 입장을 설명하는 순서였는데, 제가 들은 부분은 이거였어요.

검찰이 일단 수사하고 피해자라고 생각되는 사람한테 "이런 자료가 있는데 당신 이것 한 번 조사해 볼 것이냐"… 그러고 나서 안 하면 OK, 끝이고 하게 하면 검찰이 나서서 기소하게 하면 되는데 뭐가 문제냐. 왜 사이버모욕죄는 일반모욕죄에 비해 친고죄가 아니라 반의사불벌죄로 하느냐를 설명하시면서 검찰이 일단 수사하고 피해자한테 의사 물어봐서 피해자로 생각하는 사람이 처벌을 원하면 하고 안 하면 안 하면 되는 문제지 그게 무슨 문제냐 라고 할 때, 수사기관이 누구를 조사하고 하는 것에 대해 이렇게 무책임하게 생각하고 아무것도 아닌 것처럼 생각하는 게, 검찰 출신도 아닌 판사 출신인 양반이 그런 말을 하는 것을 보면 도대체 이 나라의 판사들은 뭘 배우고 자랐던가. 우리 법학과 교수님들은 왜 이 제자를 가만히 두시냐. 불러서 혼쭐을 내주어야 하는 것 아니냐는 생각이 듭니다. 그 전에도, 참여정부 때에도 표현의 자유는 위협되는 경우가 많았지요. 집시법 문제가 지금 새로 도입된 문제도 아니고, 물론 지금 새로 개악조항을 도입하겠다는 것이지만, 그 전부터 악용이 많이 되어 왔고, 인터넷 통제도 작년에 이미 선거 관련 문제가 많이 되었으니까 올해만의 문제는 아니지만, 올해는 그게 가장 심각해지고 있고 그렇다는 게 가시화되고 있는 시점인 것 같습니다.

그래서 아마 2008년은 한국의 법률가 집단에서 생각하면 표현의 자유에 관한 문제가 가장 쟁점이 되는 한 해, 이런 의미가 있고 오늘 토론회도 있는데, 한인섭 교수님께서 이런 행사를 열심히 주최하신 것으로 저도 알고 있는데, 좀 일찍 하시지 이것을 왜 이제야 하시는지… 제가 알기로는 9월 달 쯤에 이런 아이디어가 나와서 저한테도 나중에 실무적으로 박팀장이 도와줄 것 있으면 좀 도와달라고 하셨는데, 12월 달이 되어서야 하는데…, 그나마 감사드리지요. 그런데 한인섭 선생님 말고 다른 헌법학자들, 법학과 선생님들은 뭐하시나. 물론 저는 몰랐는데 여러 선생님들이 말씀하시는 것 보니까 각주에 올해 김종철 교수님이 경찰법 학회에

서 말씀하신 것도 있고, 다른 선생님들도 논문으로 조금씩 내신 게 있는
데 그래 가지고 사실 되는 게 아니지 않습니까. 제 생각에는 한국의 헌법
학자들이 피터지게, 물론 헌법학자 안에서도 다르게 생각하시는 분들이
있겠지요, 그러면 이 뜨거운 쟁점에 대해 피터지게 논쟁을 한 번 해보시
든지, 일치된 내용이 있으면 그것을 가지고 헌법학자 선언이라도 해보시
든지, 아니면 헌법학자 대행진을 조직해 보시든지, 뭔가 해야 하는 것 아
닌가.

아마 올해 로스쿨 준비 때문에 법대 교수님들께서 바쁘셨을 것 같아
요. 로스쿨 도입 운동을 했던 참여연대가 또 이런 문제에 있어서 방해물
로 작용했네요. 저 개인적으로도 올해 변호사 시험법, 로스쿨 때문에 사
법감시팀에 있으면서 기본권 침해에 대해 검찰이라든지 법원, 국회에 대
해 싸움을 제대로 못해서 제가 제 일을 하고 있는 것인가, 변호사 시험과
로스쿨 문제 가지고 하고 있는 게 직분에 맞는 것인가, 그런 생각을 가끔
씩 했는데, 선생님들 중에서도 그런 생각 가지고 계신 분들이 있고, 뭔가
하고 싶으셨는데 여건이 안 되거나 아이디어가 참신하지 못하다는 스스
로의 평가 때문에 접으신 분들도 계실 텐데....

경제학자들 나서는 것 보면서 저는 헌법학자들이 반성을 좀 하셨으면
합니다. 경제위기가 올해 중반기 넘어서면서 많이 심각해지고 그러면서
우리나라 경제 정책 관련해서 비판이 엄청 많아지고 그러면서 경제학자
들 심포지엄도 많이 하면서 사회적으로 반향을 일으키는 행사를 많이 조
직하고 연구자들끼리 별도의 모임 만드시고 막 그러지 않았습니까. 그런
데 왜 법학자 진영에서는 이런 움직임이 작고 개별적이고 타이밍도 뒤처
지고 있는가 라는 생각이 듭니다. 오늘 이 자리가 어떻게 보면 작은 자리
이긴 하지만 첫 출발이 될 수 있는 자리라 생각하고요, 헌법학계에서 다
양한 의견이 있을 수 있다는 것이 저도 충분히 예상이 되는데 최대한 기
본적으로 우리 사회가 지켜야 되는 것을 침범하고 있는 것에 대한 합의

점은 분명 법학자 내에서 만들어낼 수 있다고 생각합니다. 그런 내용을 가지고 대형 심포지엄도 만들어 보시고 국회에 항의방문도 좀 하시고 그랬으면 좋겠습니다.

보니까 내일 모레 월요일에 한국법학원이라고 권위는 있지만 저는 아주 보수적이라고 생각하는 학술단체가 법무부와 손잡고 사이버모욕죄에 대해 찬성을 이야기하기 위한 토론회를 하시더라고요. 물론 반대론자도 토론패널로 한 분 정도 들어가신 것 같긴 한데… 형식적이지요. 한국법학원이라고 하는 상당히 권위가 있다고 인정받는 조직이 법무부라는 정부 조직을 끼고 남대문 옆에 있는 대한상공회의소에서 그렇게 큰 심포지엄을 하는 것이 타산지석이 되어서 좀 더 분발해주셨으면 좋겠다는 말씀으로 시민단체에서 일하는 사람의… 저도 아이디어를 더 내고 선생님들을 부추겨야 하는 임무를 가지고 있는 사람이니까 열심히 하겠지만 분발과 노력을 기울여 주시기를 부탁드리겠습니다.

□ **사회자:**

경제학자들이 모여 말을 많이 하는데 경제학자들이 한 번도 제대로 맞춘 적이 없어요. 그런데 법학자들은 천천히 따라가지면 뭔가 해결책을 분명히 제시할 것으로 보이는데, 원래 법학자들이 예전에는 행동을 많이 했지만 행동에는 또… 옳은지 그른지 잘 모르니까 전부 지금 연구한다고 들어앉아 있는 것 같습니다. 한번 기다려봅시다. 활동가는 활동가대로 일이 있을 테고, 이론하는 사람은 이론하는 사람대로 여러 가지 고민이 있을 테니까… 원래 법학이 상당히 어렵습니다. 어떤 상황에 대해 이해관계자들은 자신의 이해관계를 가지고 있지만 이 법학의 문제는 그것을 어떻게 해결할 것인가에 대해 워낙에 다양한 의견들이 있기 때문에 어떤 결론을 내느냐가 쉽지 않습니다. 그때그때 법학이 대응을 해주어야 하는데 법학이 좀 늦은 부분이 아쉽긴 하지만, 경제학자들보다는 법학자들이 낫다 이렇게 말할 수 있겠습니다. 이제 마지막으로 장여경 선생께서 말씀하시겠습니다.

□ **장여경(진보네트워크센터):**

이후에 표현의 자유 관련 연구하실 때 좀 고려해 주셨으면 하는 점을 말씀드리겠습니다. 집시법이나 인터넷 관련 규제법들, 선거법들, 거기에서 주로 규제의 대상으로 삼고 있는 수범자들이 누구인지에 대하여 주목해야 한다고 생각합니다. 제가 보기에는 그 수범자는 일반시민이라고 생각합니다. 여기서 일반시민이란 언론출판의 자유에서 언론, 방송, 출판물을 통하여 자기표현을 하기가 실질적으로 어려운 사람들을 의미합니다. 그 사람들이 인터넷이라는 미디어 환경의 변화로 인하여 처음으로 자기표현을 할 수 있는 상황인데 그에 대하여 여러 당혹스러운 상황이 벌어지는 것이지요. 이러한 상황을 조화를 하기 위해 여러 논의를 진행하는데 있어서 꼭 고려를 해야 하는 것은 이 사람들에게 처음으로 주어진 표현의 자유를 되도록 인정하는 방향으로 논의가 진행되어야 한다고 생각합니다.

물론 저는 인터넷이 아무 문제가 없다든지 법의 영역으로 삼아야한다고 생각하는 것은 아닙니다. 포털들에는 특히 문제가 있다고 생각합니다. 진보넷도 그런 경험을 많이 했습니다. 저희도 여러 활동들을 했지만, 어떤 이용자 분들이 예비군의 시위참여를 제한하는 조치를 비판하는 글을 올렸습니다. 거기에 하룻밤 사이에 400~500개 사이의 댓글이 달리더군요. dcinside 통해 진보넷 들어오기는 처음이라고 하는 반응도 있었습니다. 촛불 시위를 지지하는 네티즌들에게 공적이 됐던 블로그 포스트가 진보넷상의 블로그에 실렸습니다. 사실 거기에서는 예비군들에 대해 게시문에 달린 비판적 덧글을 보면 문제가 있는 표현이 많았습니다. 저는 이것이 인터넷 자체의 문제라고는 생각하지 않습니다. 가부장적이라든지, 군대 옹호적인 문화 등은 한국 사회 전반적인 문제라 봅니다. 이것은 인터넷을 규제한다고 해결되는 문제라고 생각하지 않습니다.

그리고 검열 문제를 들 수 있습니다. 원래 검열이라고 하면 표현물이 사전에 제출되고 그것을 사전 심사하는 것을 검열이라고 하는 것이 법조계의 용어 정의라고 알고 있습니다. 그런데 인터넷은 그것이 불가능합니다. 그래서 그것을 어떤 식으로 규제가 이루어지고 있느냐 하면, 이용자들을 상당히 위축되는 방향으로 이루어지고 있다고 생각합니다. 그 중 한 가지가 수사기관들의 자의적인 수사이죠. 물론 수사가 공정하게 이루어질 가능성은 있습니다. 참여연대도 마찬가지이겠지만 저희 사무실에 6월 달부터 전화오기 시작했습니다. 대구 경찰이 출두하라고 회사로 전화했는데 어떻게 대응해야 하느냐 하는 전화들이 6개월 내내 저희 사무실에 걸려오다가 선고가 가까워오자 전화하시는 분들이 더 이상 참기 힘들다, 나름대로 회사 다니느라 바쁜데 이런 소환에 하나하나 응할 수 있느냐, 이제 글 안 올리려 한다고 분통을 터트리시는 분들이 계셨습니다. 이때 경찰에 입건되신 분이 1000명이 넘었습니다. 2008년 6월에 대검에서 발표한 최종 기소자 수는 600명에 불과했습니다. 이 때 검찰의 발표에 의하면 경찰이나 검찰이 헌신적으로 수사를 해서 입건된 수의 90%가 신고에 의한 수사가 아닌 인지수사라고 합니다. 즉, 경찰과 검찰이 사이버 공간을 낱낱이 뒤져서 문제가 된 사람들을 90%이상 찾아내었다는 말입니다. 저는 이것이 검열과 다름이 없었다고 생각합니다. 이것이 어떤 의미에서의 검열이냐면, 표현을 위축시켰다는 측면에서 검열이라고 생각합니다. 저희는 실제로 재판기간에 표현을 위축시켰다고 생각합니다.

또 하나 문제가 되는 것은 광우병 괴담 수사입니다. 다음과 같은 것은 괴담이니까 올리지 말라고 하면서 인터넷 상에서 올라오던 10문 10답 글이라든지, 광우병의 물 전염설 공기 전염설과 같은 비과학적 사실, 혹은 학교 동맹 휴업 글을 올리지 말라고 하는 것도 저는 검열이었다고 생각합니다. 왜냐하면 법무부 장관이 이야기하는 10문10답 등은 인터넷에서 많이 위축되었다고 생각하며 또한 적어도 동맹휴업은 이루어지지 않았습니다. 동맹 휴업을 제안한 학생 같은 경우에는 결국 법원에서 무죄판결을 받았지만 무죄판결이 난 것은 9월의 이야기였고 5~9월 사이에는 그러한 의견이 위축된 것이 사실입니다. 광고주 불매운동등도 이와 비슷한 경우라고 생각할 수 있습니다. 이런 식으로 이용자들 또는 국민들의 표현에 대하여 어떤 것은 되고 어떤 것은 안 된다고 하는 것은 인터넷에 대한 신종의 검열이라고 생각합니다.

이러한 측면에 대해서는 경찰 측에서도 주지하고 있는 사실입니다. 경찰대 교수님 한분은 이를 "냉각효과"라고 칭하시면서 냉각효과를 위해서 적극적인 수사를 해야 한다는 말을 공공연히 하고 계십니다. 이렇게 위축되는 점에 대해서는 법학계에서 이후 논의를 하시면 될 것 같습니다. 이에 대하여 일반시민들이 대응하는 방식은 이렇습니다. 촛불집회 등이 집시법상으로 불법집회로 규정되는 것에 대하여 일반시민 분들은 자신들이 무엇을 잘못했는지 도대체 이유를 알 수 없다고 말합니다. 이분들은 100~300만원까지의 벌금 통지서가 집으로 날아올 뿐만 아니라 주위 사람들이 한 명씩, 두 명씩 소식을 끊고 잠적하면서 위축되는 모습이 안타깝다고 말씀하십니다.

그런데 어느 순간부터 수요일마다 촛불 산책이 시작되었습니다. 이분들이 모이면 집시법 시비를 걸겠죠. 그래서인지 이 분들이 하시는 것이 촛불을 들고 계속 걸어요. 대학로에서 광화문을 거쳐서 서대문으로 가서 경찰청 거쳐서 다시 대학로로 돌아오는 촛불 산책을 2시간 동안 합니다. 이분들은 서로 10미터 떨어져서 걷고 멈추지 않습니다. 그리고 횡단보도 위에서는 도로상이기 때문에 불을 끕니다. 그렇게 걸으신 지 7주째 됐습니다. 이 이야기는 인터넷에 올리지 않습니다. 인터넷에 올리면 누군가가 배후세력이 되기 때문입니다. 이 이야기는 입소문을 타고 퍼져

나갑니다. 그래서 저는 이번 주에 나가보았습니다만, 서로 모르는 사람들이 많이 모여 있었습니다.

그 분들에게 물어 보았습니다: 왜 이런 것을 하냐. 촛불시위 다 끝난 것 아니냐. 이 분들은 너무 약이 올라서 그런다, 경찰의 약을 올리고 싶다 라고 말씀하십니다. 우리는 잘못한 게 없고 촛불 시위한 게 잘못한 거 없다고 생각하는데 공권력이 이를 위축시키려고 하니 우리 식으로 위축감에서 벗어나려고 한다는 것입니다. 저는 이것이 일종의 불복종 운동이라고 생각합니다. 법이 무엇이라고 규정하고 있던지 간에 이러한 불복종 운동을 통해서 표현의 자유의 지평을 확장시킬 수 있다고 생각합니다. 광고주 불매운동의 경우에는 형사 소추에 들어간 다음에 해당 카페의 네티즌들이 목록을 계속 올릴 것이냐의 문제를 두고 서로 격렬한 논쟁을 벌였습니다. 올려진 목록을 이용하여 전화를 하거나 보이콧을 하는 행위가 불법이냐를 떠나서 목록을 올리는 행위 자체가 불법이냐에 대하여 입장의 차이가 있었기 때문입니다. 현재에는 목록을 올리는 것 자체를 불복종 운동으로 보고 목록이 계속 올라오고 있습니다. 실명제 같은 경우에도 이를 거부한 인터넷 언론에 대한 과태료 1천만원을 두고 재판이 진행 중입니다. 이런 것들을 포함한 시민들의 여러 가지 불복종 행위가 우리 사회 표현의 자유의 지평을 넓히는 데에 중요한 역할을 하고 있다고 생각합니다. 이러한 시민들의 실질적인 노력들을 꼭 이후 연구에 반영해 주셨으면 좋겠습니다.

마지막으로 방통심의위원회가 좀 문제 있지 않은가 하는 생각이 듭니다. 가장 큰 문제는 행정기관에서 왜 불법성 여부를 심사하는지 모르겠습니다. 포탈에 삭제 요구가 있는 경우에 방통위의 의견을 듣지 않으면 이후에 형사처벌을 받을 수 있고 따르지 않을 수가 없거든요. 재판에 가서 항변할 기회 한 마디도 없이 일방적으로 결정을 할 수 있는 것인지, 그게 검열은 아닌지 묻고 싶습니다. 이상입니다.

□ **사회자:**

지정토론자님들께 감사드립니다. 오늘 굉장히 많은 주제, 논의가 나와서 앞으로 30분 동안 사실 충분한 논의가 이루어지지 않을 것 같지만, 그래도 여러분들께서 많은 이야기를 테이블 위에 올려놓는다는 데 의미를 두시고, 다소 혼란스럽다고 생각되시더라도 양해해 주시기 바랍니다. 아까 박근용 선생님께서 말씀하셨듯이 이런 주제에 대해 다른 생각을 가지고 있는 사람들이 그야말로 '끝까지' 자기 이야기를 해봐야 하는데, 오늘 우리도 그렇지만, 여러 사람들이 다 모여 있으면 토론이 잘 안 되지요. 한국법학원은 한국법학원대로, 우리는 우리대로 하지만, 크게 보면 그런 이야기들이 전체적인 담론 속에서는 또다시 찬반의 형태를 가져올 수도 있으니까, 그렇게 보면 오늘 우리 이야기들이 나름대로 상당한 의미가 있지 않나 이렇게 생각합니다.

지금 30분이 남아있는데요, 발표하신 분들에게 2분씩만 시간을 드려도 몇 분입니까, 16분이지요, 도저히 제가 2분씩은 못 드리겠고 딱 1분씩만 드리겠습니다. 나머지는 객석에 계시는 분들께서 말씀을 하시는데, 각자 꼭 1분 동안에만 말씀을 하시기 바랍니다. 오늘 흡족한 답변을 못 얻는다 하더라도 우리 사회에서 나온 많은 문제들을 제기해 놓는다는 그 자체에 의미가 있는 것이고, 많은 문제의식을 쌓아놓으면 언젠가는 우리 법학자들이 연구를 할 것입니다. 너무 실망하지 마시고, 오늘은 많은 숙제들을 던지는 데 의미를 두고 활발한 토론을 해봤으면 합니다. 토론진행은 자유롭게 손을 들어 말씀해 주십시오.

□ **박경신:**

지정토론을 하신 문재완 선생님께서 제 발표에 대해 말씀을 하셔서 이에 대해 말씀드리도록 하겠습니다. 우선 첫 번째로 "지금 우리나라가 표현의 자유가 위축된 상황인가.", "너무 많은 말을 해서 문제가 아닌가." 그런 취지의 말씀을 하셨는데, 저는 동의합니다. 일반인들이 일반적인 이야기를 쉽게 할 수 있는 상황인 것은 맞습니다. 문제는, '특별한' 이야기를 하는 사람들이 '특별하게' 처벌을 받고 있기 때문입니다. 예를 들어 우리나라 의료보험 제도가 좋은 의료보험 제도인 것처럼 알려져 있지만, 일반인들을 위해서는 아주 좋지만, 실제로 '특별한' 상황에 빠져있는 사람들에게는 아주 좋지 않습니다. 감기약은 공짜로 줄 지 모르지만, 희귀병, 불치병에 걸리게 되면 바로 자기 부담률이 50% 이렇게 올라가면서, 도리어 영화 <Sicko> 등에 나타난 미국보다도, 특별한 상황에 빠진 사람들, 특별한 사고나 특별한 질병에 걸린 사람들에게는 매우 불리한 제도입니다. 그렇다면 사회보장제도가 일반인들을 위해 존재하는 것이냐, 아니면 이와 같이 특별한 상황에 빠진 사람들을 위해 존재하는 것이냐. 저는 특별한 사람들을 위해 존재하는 것이라고 생각합니다.

표현의 자유도 마찬가지입니다. 지금 일반인들이 쉽게 인터넷을 통해 많은 이야기하는 게 중요한 게 아닙니다. 그 중에서 정권이나 권력을 가진 사람이 '특별한' 언사들을 골라 가혹하게 처벌할 수 있고 가혹하게 처벌하게 하는 상황이 문제라고 생각합니다.

그리고 두 번째로 조중동 광고 중단 운동에 대해서 1차, 2차가 문제가 아니고, 1차든 2차든 실제로 광고주들한테 전화를 해서 아주 오랫동안 불통상황을 만든다거나, 또는 구매의사가 없으면서 구매하는 척 하고 취소를 한다든가 이런 것들이 문제가 된다고 말씀을 하셨는데, 저도 그 부분은 동의를 합니다. 그런데 문제는, 현재 방송통신심의위원회의 위법 판단도 그렇고 또 검찰의 기소도 그렇고, 그런 전화로 해서 불통을 시키고 이런 상황에 대해 위법 판단을 하는 게 아닙니다. "전화를 하자."는 광고 중단을 종용하는 게시물 자체에 위법 판단이 내려지는 것이고, 그리고 광고주들의 전화번호를 올리는 것 자체에 대해서 위법판단이 내려졌기

때문에 문제입니다. 이 부분은 선생님께서 현실적인 발언을 해주신 것이
지만, 법리적인 부분에서 꼭 짚고 넘어가야 되기 때문에 지금 우리가 중
요하게 봐야 하지 않나 생각합니다.

□ **사회자:**

　우리 문재완 선생님 하실 말씀 있으시겠지만 좀 참으시고, 조금 더 자
유로운 이야기를 하도록 하겠습니다.

□ **참석자1:**

　박사과정 김익성이라고 합니다. 저는 지금 여러분께서 인터넷 실명제
를 표현의 자유에 대한 제한이라 보고 인터넷 익명제를 표현의 자유의
확대라 이야기하시는 것 같은데, 오히려　인터넷 사용자 입장에서 말씀
드리면 저는 오히려 인터넷 익명제로 인해 오히려 제 의사형성의 자유가
침해되고 있다 이렇게 보거든요. 왜냐하면 제가 어떤 사건이 나오고 했
을 때 사람들이 어떻게 생각하나 하고 인터넷을 뒤져보곤 하는데, 그야
말로 제가 볼 때 쓸데없는 의견들 때문에 도대체 이 의견이 진정한 것인
지 아닌지 알 수 없기 때문에, 인터넷에 있는 정보를 제가 믿을 수가 없
습니다. 그렇기 때문에 제 의사판단의 기초로 삼기 위해서는 적어도 신
뢰성이 있어야 하는데, 익명제 하에서는 그게 좀 불가능하지 않은가.
　그렇기 때문에 제 의견은 규제가 정당한지 아닌지는 차후의 문제이
고, 우선 인터넷 자체에서 도는 의사들을 투명하게 만들어놓고 그 다음
에 그 투명한 의견에 대해 공권력이 침해를 하면 그 침해가 정당한가 아
닌가는 그 다음 문제라고 생각을 하거든요. 지금과 같이 익명제에 의해
인터넷 자체가 투명하지 않은 상황에서는, 보통 저 같은 사람이 그런 인
터넷으로 여러 잘못된 정보에 의해 재산권이 침해되는 것도 아니고 명예
가 침해되는 것도 아니지만, 인터넷 그 밖의 방법으로 인한 제 정치적 의

사의 자유로운 형성 침해를, 권리를 제가 어떻게 주장하겠습니까. 그렇기 때문에 아까 매킨타이어 사건에서 익명성을 누릴 수 있는 권리에 대해 말씀하셨는데, 저희가 법학 처음 접할 때 배웠지만 권리에는 항상 의무가 따르고 자유에는 책임이 따르는데, 그럼 의사표현의 자유에도 자유뿐만 아니라 책임성도 담보할 수 있는 방법이 필요한 것이 아닌가. 그것이 결과적으로 인터넷의 투명성을 보장하고, 그런 가운데 진정한 의사표현이 왔다 갔다 할 때 제가 그것들을 바탕으로 제 의견을 형성하고, 그럴 때 사회적으로 전체적으로 의미 있는 의사형성이 되지, 지금과 같은 상황에서는 그게 좀 힘들다고 생각합니다.

□ **사회자:**

아까 말씀드린 대로 사회자가 논의를 정리하지는 않겠습니다. 서로 관련되는 것에 대해서는 자유롭게 말씀하시도록 하세요. 지정토론하신 분들은 일단 참으시고, 우선 아직 말씀 안 하신 분들께서 자유롭게 말씀하시기 바랍니다.

□ **참석자2:**

저는 변호사입니다. 한인섭 교수님께서 말씀하신 일반교통방해죄 관련해서, 그게 현실적으로 지금 굉장히 중요한 부분이라, 그것에 대해 잠시 말씀드리도록 하겠습니다. 집시법의 경우 표현의 자유 중에서 집회의 자유를 기본적으로 보장하는 법률인데, 지금 촛불집회 참여자들에게 약식명령이 발부되거나, 구공판이 되거나, 이 분들께 지금 벌금이 100~300만원 이렇게 나오는 이유가 집시법 위반 때문에 그런 것이 아니고 일반교통방해죄 위반 때문에 그렇습니다. 왜냐하면 집시법 위반 같은 경우에는 해산명령불응 같은 경우에는 형이 약간 세긴 한데, 거의 대부분의 참가자들이 '미신고 야간 옥외집회 다중 참가'의 제23조 제3호 위반으로 기소가 되고 있고, 그와 같은 경우에는 50만원 미만의 벌금에 불과하거든요. 그런데 형법상 일반교통방해죄 같은 경우에는 10년 이하의 징역 또는 1500만원 이하 벌금이라서 형이 과중하고, 실제로 대법원 같은 경우에는 과거 민주노총의 거리행진의 경우 전(全)차로뿐만 아니라 반(半)차로를 점거하는 것에 대해 일반교통방해죄를 인정하고 있고요, 교수님 말씀하신 것 관련해서 보면, 교통의 흐름 자체를 보호법익으로 보고 있는 것이고 나아가서 추상적 위험범으로 보고 있고요, 사실상 이 논리를 깨뜨린다는 게 만만치 않고, 현재로서 저희가 주장하고 있는 것은 집시법 같은 경우에는 기본적으로 집시를 보장하는 법률이고, 그리고 시위 자체가, 정의규정에서 보듯이 거리를 행진하는 것을 행위태양으로 보장하고 있고, 그렇다고 한다면, 집시법상 위반과는 비교도 안 되게 형이 과중한 일반교통방해죄를 집회에 참가한 사람들에게 일률적으로 적용할 수 있느냐, 나아가서 신고가 되거나 또는 허가가 되고 안되고의 이 차이에 따라 일반교통방해죄로 의율할 수 있느냐 이렇게 기본적인 의견 정도만 이야기하고 있습니다. 그래서 여기에 조국 교수님도 계시고, 한인섭 교수님도 계시지만, 그런 부분에 대한 연구가 지금 굉장히 중요하다고 보고요, 강조를 드리지만 이것이 현실적으로 집회에 참가한 사람들의 표현의 자유를 실질적으로 가로막고 있는 형벌이기 때문에, 이런 말씀을 드리고 싶습니다.

□ **사회자:**

또 말씀하실 분?

□ **참석자3:**

토론 잘 들었고요, 저는 학부생이고 경희대학교 법과대학을 다니고 있습니다. 오늘 느낀 것들을 잠깐 이야기해보고자 하는데 먼저, 제가 기본적으로 생각하고 있는 것이 학문은 사회와 연결되었을 때 가장 의미가 있다는 생각이 듭니다. 이 자리에 와서 그런 사실을 더욱 느끼게 되었고 그런 점에서 참 다행이라는 생각이 듭니다. 법학을 공부하는 데 있어서, 아마도 이번 년도에 각 학교 학생들의 모의재판에 있어서도 가장 큰 주제는 촛불문화제였을 것이라 생각합니다. 그런 점에서 교수님들 역시도 이런 문제를 좀 더 일찍 열었더라면 더 좋지 않았을까 라는 생각이 듭니다.

제가 여기 오게 된 계기가, 서울대학교 법과대학 홈페이지 보면 "학생들의 참여를 환영합니다." 이런 말이 쓰여 있었습니다. 그래서 오게 되었고요, 이런 자리에 학부생들이 다양하게 참여해야 한다고 생각하고 대학원생들뿐만 아니라 학부생들도 학문을 하는 데 많은 역할을 해줄 수 있다는 생각이 듭니다. 그런 점에 있어서 교수님들이 이런 자리를 보다 많은 학부생들이 누릴 수 있도록 수업시간뿐만 아니라 이런 세미나 자리를 열어주시면 참 좋을 것 같다는 생각이 듭니다.

그리고 간략하게 이야기하자면, 저는 군대 제대한 지 얼마 안 됐는데, 군대 안에서는 휴가나 외박을 나갈 때 그런 이야기를 합니다. "집회 나가지 말라." 저는 그런 말 들으면서 많은 고민을 했습니다. "저기 가고 싶은데 가야 할까 말아야 할까." 그런데 그런 고민의 틀 역시 깨어질 수 있게 하기 위해서는 이러한 연구 자료가 많이 있어야 한다고 생각하고, 군대는 특정 집단이긴 하지만, 군대 역시 표현의 자유가 인정되어야 하는 집단이라 생각합니다. 그러한 점에 있어서 이러한 자리가 뜻 깊다고 이야기하고 싶습니다. 감사합니다.

□ 사회자:

예, 법학은 어떠한 경우에 있어서도 사회적 문제에 답변을 못하면 법학으로서의 기능이 전혀 없습니다. 그래서 법학은 항상 사회, 현실문제와 결착이 되어 있는 것이고, 법학자들은 항상 답변을 찾으려고 하지요. 사회와 동떨어진 법학은 존재하지가 않습니다. 그래서 오늘 학부생들뿐만 아니라 누구든지 관심을 가지고 이 문제에 대해 고민을 해야 할 그런 자리이기 때문에, 오신 것에 대해서는 정말 환영합니다. 자연스럽게 토론으로 나아가겠습니다.

□ **참석자4:**

인하대에 있는 김인회 교수입니다. 일단 표현의 자유, 집회, 또는 시위의 자유와 관련해 얘기를 하고 있는데 자유권적 기본권이란 측면도 있지만, 공동체와의 관련성에 좀 더 주목을 해야 할 필요가 있다고 생각합니다. 이게 자유권적 기본권이긴 하지만 공동체를 파손시킬 수 있는 위험성도 좀 가지고 있고, 적극적으로 본다면 공동체를 형성해 나가는 원리도 같이 작용하고 있다고 보입니다. 그런데 최근의 경향을 보면 선거권, 선거와 관련해서 50% 내외의 투표율을 자랑하면서 또 한편으로는 높은 정도의 직접 행동 민주주의, 직접 민주주의라기보다는 직접 행동 민주주의로, 좀 더 높은 수준의 참여가 나타나고 있습니다. 그래서 결국에는 표현, 또는 집회 시위의 자유 부분, 즉 공동체의 적극적인 형성의 기능으로 오히려 조금 더 앵글을 맞춰볼 필요가 있다 이렇게 생각이 듭니다.

공동체에서 핵심은 역시 정치적인 의사표시이고, 또 정치라는 것은 결국 공동체 문제에 대한 집단적 해결 과정이기 때문에 집회, 시위, 또는 표현의 자유와 직접적인 결부가 된다고 생각합니다. 여기서 또 하나 전제를 갖다 붙이면 역시 인권이 불가분의 성격을 갖고 있고, 그렇기 때문에 기본권 역시 불가분의 성격을 갖고 있다고 한다면, 집회, 시위 또는 표현의 자유의 본질적 부분이 무엇이 될 수 있을까 라는 데 대한, 침해받을 수 없는 본질적인 부분에 대해서 참정권과 연결을 시켜볼 수 있다 이런 생각이 듭니다. 참정권은 직접, 비밀, 평등, 그리고 보통 이 네 가지가 본질적으로 보호가 되는 것인데, 그렇다면 공동체에 형성적인 표현의 자유, 집회의 자유와 이 네 가지를 연결시켜볼 때 비밀, 이것은 인터넷 상의 익명성 문제로 될 것 같고요, 그 다음에 보통, 누구나 참여 가능해야 하기 때문에, 허가나 신고제의 강화는 이러한 기본권, 인권에 반하는 그런 결론으로 이어질 것으로 보입니다. 사전허가제나 야간집회 같은 것들이 반 기본권적인 성격으로 해석이 되지 않을까 싶습니다. 선거도 물론 밤에 못하도록 되어있긴 하지만, 알고 보면 총선이나 대선은 휴일 날 투표를 하기 때문에 야간에는 굳이 하실 필요가 없는 것이지요? 그리고 재보선에는 투표기간을 늘려서 야간에 또 투표를 하는 것이니까, 그것도 공동체 형성적인 의의는 있다고 보입니다.

다만 이런 것들 속에서도 일부 지적이 나왔습니다만 공동체 붕괴적인 현상으로, 공동체를 흔드는 부분으로 갈 수 있는 것을 어떻게 규제할 것인가 하는 부분인데, 그것은 직접 행동 민주주의를 높이는 법적, 제도적 방안과 함께 윤리적이고 또는 자체적인, 노골적으로 솔직한 대안을 같이 얘기하는 그런 것들이 좀 마련이 되어야 하지 않을까 하는 생각이 듭니다. 너무 일방만 강조했을 때는 사실상 표현의 자유나 집회, 시위의 자유로 인해서 상당 부분 이제, 저는 좌나 우나 다 비슷하다고 봅니다만, 중간에 있는 사람들은 별로 다치지 않고, marginal에 있는, 한계상황에 있는 분들이 상당히 많은 마음의 상처를 입고 공동체에 포섭이 되지 못하는, 그런 문제는 여전히 있다고 보입니다.

또 말씀하실 분?

안녕하세요. 저는 김현숙이라고 하고 이번에 박사를 받았습니다. 제가 궁금한 것은, 인터넷 실명제 이야기를 하는데요, 인터넷 실명제에서 가장 문제가 되는 것이 거기에 개인 정보가 나타난다 하는 점이 가장 문제인 것 같은데, 발표하신 한상희 교수님께 질문을 하고 싶습니다. 익명성을 말씀하시는데 어디까지를 익명성이라고 이야기할 수 있는지, 그것이 가장 궁금합니다. 예를 들어 게시판에 그 사람의 이름이 나타나지 않는다 해도 그 사람이 쓴 글에 IP가 들어갈 수도 있고, 비밀번호라든지 이메일 같은 게 적힐 수 있는데 어느 정도까지 적힐 수 있는지, 아니면 익명성이라고 해서 닉네임을 쓰고 그 이상의 것은 아무것도 쓰지 않아야만 익명성이 보장되는 것인지 그게 궁금합니다.

□ **사회자:**

이번에는 지명 질문이 있으니 잘 기억하십시오. 또 말씀하실 분 있으신가요? 없으신가요? 그럼 이제 지정토론자들, 발표자들이 이야기할 시간인데 단상단하 이동은 안 하겠습니다.

사회자인 제가 잠깐만 양념으로 끼어들면, 야간집회는 열대 국가에 가면 다 하거든요? 그래서 대만에 가면 야간 9시에도 선거운동하고 계속 합니다. 그래서 야간집회 문제를 어떻게 제한이든, 제한의 범위든 이것을 어떻게 정당화하느냐 하는 그런 문제로 돌아가겠지요. 그래서 해만 떨어지면 못 움직인다 이렇게 하는 것을 과연 정당화할 수 있겠느냐, 그렇다면 어느 범위까지 정당화할 수 있겠느냐, 이게 바로 헌법학적인 쟁점입니다. 그것을 정당화해나가는 부분을 어떻게 우리는 찾아낼 것이냐 할 때 이제 그 선이 확정될 것이고, 그 다음에 권리는 국가와 개인 간의 권리, 개인과 개인 간의 권리가 또 다른 것이고, 또 불법행위라 할지라도 민사적 책임을 묻는 경우와 형사적 책임을 묻는 경우는 또 레벨이 다르기 때문에, 또 찾아봐야 하는 그런 문제이기 때문에, 그 문제의 층이 굉장히 다양하거든요?

어쨌든 그런 문제들은 이제 저희 법학자들이 계속적으로 고민할 것이고, 먼저 지정토론자들 말고 우리 발표자들께서 지금 지정토론자 및 자유토론에서 자기와 관련돼 있다고 생각하는 부분에 대해서 자유롭게 1분 안에 끝을 내주십시오.

□ **황성기**:

인터넷 실명제와 관련해 두 분이 질문을 하신 것 같은데요, 먼저 첫 번째 질문을 하신 분께 세 가지 측면에서 답변을 하겠습니다. 아까 게시판에 들어가니 너무 지저분한 글들이 많아서 어느 것이 진실인지 모르겠다고 말씀하셨는데, 단순하게 애기하면, 쓸거냐 마냐는 선생님의 자유입니다. 어떠한 정보를 믿을 것인지 말 것인지도 선생님의 자유이고요. 문제는, 국가가 어떤 제재를 동원해서 강제하게 되면 실제로 쓰고 싶은 마음이 안 생기게 된다는 것이지요. 그게 바로 위축효과 내지 냉각효과이고, 표현자에게 굉장히 억압을 하는 효과를 구성하게 되는 것이고요.

그 다음에 문화의 문제입니다. 게시판의 문화에 대해 지적을 하신 것인데, 원래 문화와 법 제도는 서로 영향을 받게 마련입니다. 그런데 문제는, 일정한 문화에 대해 법제도가 개입을 할 수 있는데 실명제와 같은 네거티브 방식은 잘못됐다는 것이지요. 그런 측면에서 문화와 법제도를 구분할 필요가 있고요. 마지막으로 보통 게시판의 저질 문화를 이야기할 때 dc inside를 이야기하는데, 그밖에 또 굉장히 저질문화가 형성된 곳이 chosun.com이라는 이야기를 많이 합니다. 그런데 보시면 chosun.com은 철저하게 실명제 사이트입니다. 그 다음에 또 인터넷 실명제를 도입할 당시 대통령 사건, 연예인 사건 등 많았지만 특히 또 서울대 도서관 사건도 그 중에 하나인데, 그게 바로 cyworld입니다. 요즘에는 cyworld도 잘 안 하지만 이도 역시 철저하게 실명제 방식입니다. 그렇기 때문에 익명성과 명예훼손, 모욕 사이에는 과학적으로 볼 때 인과관계가 없다는 것이지요. 그런 측면에서 말씀드리고 싶습니다.

□ 한상희:

아까 질문하신, 실명제를 어디까지 해야 할 것이냐, 거꾸로 얘기하면 익명제가 어디까지 되느냐가 되겠지요. IP는 기술상으로 도망갈 방법은 없을 것 같아요. 자기가 접촉한, 그런 물리적 공간을 지배하는 것이거든요. 거기에 실명, 주민등록번호, 혹은 가명까지 허용하느냐 하는 것은 그것은 사적인 측면에 그쳐야 하는 것이거든요. 국가가 어디까지 해라라고 이야기하는 자체가 문제라는 것이지요. 국가가 표현의 내용 그 자체에 들어가 어디까지는 좋아, 어디는 안 되... 라고 규정하는 자체가 문제라는 것입니다.

그 다음에 논의 과정에서 문재완 선생님께서도 그 이야기를 하셨는데, 인터넷 공간은 양극화되는 경향이 있다, 실제로 양극화될 수밖에 없습니다. 그런데 문제는 양극화가 됐다고 해서 그것을 두고 국가가 나서서 옳다, 그르다하는 이야기할 필요가 있는 것인지 그게 바로 제 지적이었고요. 또 하나 역시 같은 맥락인데요, 공동체 속에서 표현의 자유를 바라볼 필요가 있지 않느냐, 맞습니다. 공동체 속에서 표현의 자유를 바라볼 필요는 엄연히 있습니다. 양극화를 이야기하면서 공동체 속에서의 표현의 자유를 이야기한 대표적인 인물이 카스 선스타인(Cass R. Sunstein) 같은 공화주의자들인데요. 이 공화주의적 관점에서도 역시 마찬가지입니다. 크게 다른 이야기를 하지 않지요. 공동체 속에서 조화로운 표현의 자유가 이루어지기 위해서 기본적인 전제는 자기지배이고 자기결정이고, 그래서 의사표시를 할 때 거기에 대해 국가가 또는 제3자가 관여하는 것은 자기지배의 원칙에 반하니까 그렇게 하지 말라는 것입니다. 답은 똑같습니다.

다만 이 사람들은 무얼 이야기하느냐면, viewpoint-based하고 viewpoint-neutral을 구분합니다. 국가가 어떤 사람의 언술에 대해서, 내용에 대해서, 관점에 대해서, 그것을 가지고 구분하는 것은 절대금지입니다. 자기지배 원칙이 그대로 적용됩니다. 다만 다양한 의견들이 표출될 수 있도록 의사가 소통되는 구조, 예를 들어 케이블 TV 채널이 100개라면 다 마음대로 하는데, 그 중에 하나는 교육방송 집어넣고, 지역방송 집어넣어줘라, 그래서 소수자라도 한, 두 명이라도 자기가 보고 싶은 EBS 등을 열어주어라 하는 것이거든요. 내용을 규제하라는 것은 아닙니다. 내용 규제라는 이야기는, 거기에 대해서는 나오지 않습니다. 그런 관점에서 본다면 우리나라에서 지금 현 정부가 하고 있는 언론정책은 어떠한 점에서는 공동체주의적인 또는 공화주의적인 사고방식과도 역행을 하는 것이지요. 원칙으로 이야기를 하자면, 예를 들어 방송과 자본의 결합이라든지 이런 것은 허용되지 않는 것이지요. 왜냐하면 가진 자만 말을 할 수 있거든요. 방송과 신문의 결합, 허용되지 않습니다. 한 사람만 말할 수 있거든요. 다양한 사람이 말할 수 있도록 하자는 것이 공화주의의 틀입니다. 그 정도만 말씀드리겠습니다.

□ **사회자:**

그 다음에 또 관련되는 질문이 많이 있었던 것 같은데요. 지정토론자도 마찬가지로 관련되는 쟁점에 대해 말씀을 해주시기 바랍니다.

□ **한인섭:**

저는 촛불시위 관련자의 공소장을 보기 전에는 하도 "검찰이 불법폭력시위의 주동자들을 체포하고 구속한다." 이렇게 들었기 때문에, 무슨 폭력과 관계된 법률이 공소장에 들어가 있는 줄로 알았습니다. 그런데 공소장을 보고 깜짝 놀랐습니다. 야간집회 부분하고 일반교통방해 밖에 없었어요. 폭력 그거 다 어디 갔느냐 그런 생각이 들었고요. 다음 조문을 보기 시작하니까 이 조문이, 지금 민변 변호사님께서 또 하나의 지적을 하셨는데요, "육로, 수로, 교량을 손괴, 불통하게 하거나 기타 방법으로 교통을 방해"? 저는 여기까지 주안점을 두어 읽었습니다. 그래서 구성요건을 너무 황당하게 해석하는구나 했는데, 변호사님께서 지적한 형벌 조항을 들여다보니, 이것 더 문제네요. "10년 이하의 징역에 처한다." 이렇게 되어 있거든요. 이것을 읽었으면 10년 이하의 징역을 처할 교통방해는, 내가 걸어가다가 그냥 불 바뀌었는데 나 혼자 서 있었다 그러면 잡아서 10년이 되냐면 그게 아니고요, 여기에는 예를 들어 다리를 파괴한다거나 컨테이너를 도로 중간에 버려놓고 차량 운전을 방해한다든가 이런 정도가 될 때 문제 삼을 수 있는 행위로 이야기하고 있다. 형벌조문을 보면 너무나 명백하고, 우리 교통 방해 참 많이 하거든요? 운전을 하다가 기름이 떨어졌다, 길건너다 신호등이 바뀌어 차들이 빵빵거린다...그래서 차가 멈췄다, 붙잡아 가지고 신고하고 이렇게 하지 않잖아요.

그리고 촛불시위 경우에 5만 명, 10만 명, 100만 명 이렇게 모였는데 거기에 교통방해를 했으면 한 개인이 교통방해에 차지하는 비중이 과연 얼마나 될 것이냐. 그러니까 모든 10만 명을 10년에 처할 만큼의, 혹은 10만 명을 100만원에 처할 만큼의 교통방해가, 그 정도의 사회적 침해가 나왔느냐. 그것은 이제 공동정범으로 엮으면 되겠지요. 그러면 10만 명을 공동정범으로 엮어가지고 한 번 처벌을 해보려면 해봐라, 그래서 한 나라의 법이 그렇거든요. 그런데 그런 것이 아니다. 형사법이라 하는 것은 여기에 원래 기대되고 예상되었던 것들을 생각하면 다리를 파괴한다거나 하는 등의 명백한 것을 문제 삼는다 하는 것이고, 국가 입장에서는 안 그런지 모르겠지만, 우리 이런 것 교통방해, 통행이 완전히 불가능하잖아요. 조금 더 논리를 전개할 필요가 있겠습니다.

□ **김기창:**

저도 교통방해 그 문제는 조중동 불매운동 사건에서 검찰이 저지르고 있는, 제가 생각하기에 오류라고 생각하는 것과, 좀 같은 구조를 가지고 있다. 뭐냐 하면, 검찰 같은 경우에 업무방해라는 범죄구성요건이 있다, 그래서 그 구성요건만 갖고, 나머지 모든 고려로부터 딱 절연을 해가지고, 위력이 형성되었느냐 안 되었느냐, 위력이 형성되었으면 OK, 그 다음에 유죄, 이런 분석을 하는 것 같은데요. 그런 분석을 한다면 결국 소비자주권 이런 것은 양립 불가능하게 되는, 보호될 수 없는 것이지요. 성공하는 소비자 불매운동은 다 위력적인 불매운동이고, 위력이 형성되는 겁니다, 그런데 영업권 보호라는 게 절대적인 권리가 아니고, 그것이 소비자 권익이나 아니면 시민들의 표현의 자유와의 관계에서 결국은 운용되고 규정되어야 할 것이라고 저는 봅니다. 마찬가지라 교통방해라는 것도 이것은 일반적인 신체자유의 문제가 아니고 오로지 도로에서 통행이 자유롭게 될 수 있는 어떤 가치가 있겠지요, 공동체를 지켜야 하는 어떤 가치, 그것을 보호하기 위한 것인데, 그 가치가 절대적으로 보호되어야 할 가치냐. 그 가치가 절대적으로 보호되어야 한다면 결국은 집회나 시위하지 말라는 이야기가 되지요. 많은 군중이 모여 어쩔 수 없이 흘러넘칠 수밖에 없는 것이거든요. 그렇다면 어느 가치가 더 소중한 것이냐. 전체적으로 조망되어야지 마치 교통방해가 절대적인 가치인 것처럼 이런 분석은 마땅치 않다고 생각합니다.

그 다음에 우리 김익성 선생님께서 익명성에 대해 말씀해 주셨는데, 저는 선생님의 생각은 이른바 전통적인 진리의 구조에 의존하는 견해인 것 같습니다. 뭐냐 하면 매체가, 인터넷 매체, 그리고 그 이전의 매체 이것을 두 개로 나누어 봤을 때 진리가 형성되는 그 구조 자체가 근본적으로 바뀌었다고 봅니다. 과거의 진리 형성구조는 결국 따져보면 화자 즉 author의 authority에 근거하는, 물론 거기에만 근거하는 것은 아니겠지만, 그 화자가 누구냐 그 자가 어느 정도의 위세나 권위를 누리느냐가 진리 형성에 매우 중요한 작용을 합니다. 그렇기 때문에 제가 고려대학교 교수 이렇게 명함 내밀고 한 마디 하면 조금은 더 들어줍니다. 그런데 인터넷에서 저도 글 올립니다. 아무도 안 읽어요. 그런데 저도 익명으로 올려 가지고 성공한 인터넷 글도 있거든요. 인터넷에서는 author가 누구냐, 그 자가 어느 정도의 권위를 누리느냐가 그 자의 contents의 위상을 좌우하지 않습니다. 따라서 오로지 내용을 읽어보고 그 내용이 설득력 있으면 그것이 궁극적으로 진리로 자리하게 됩니다. 위키피디아라는 것이 바로, 옛날 엔사이클로피디아 브리태니커와의 가장 중요한 차이가 그것이거든요. 따라서 누가 그 말을 했는지를 내가 알아야 그 contents를 믿을 수 있을지 아닐지를 결정할 수 있다 하는 것은 아주 전통적인 진리 모델이고요. 인터넷은 바로 그것을 깼기 때문에 아무런 권위 없는 사람도 contents만 가치 있고, 그런 contents를 제시할 능력만 있으면 결국 진리의 막강한 파워를 누릴 수 있게 되니까, 모든 사용자들이 동일하게 해방됐다 이렇게 보는 것이지요.

□ **참석자1:**

회사에서도 특히 유한책임, 물적회사에서의 유한책임제도 말하지 않습니까. 옛날에는 쌀장사하면 자기 이름 아래 자기가 책임을 지고 하는 장사에서는 큰 문제가 없었습니다. 그런데 현대사회에서는 우리가 주식투자를 통해, 유한책임 아래 하기 때문에 요새 우리도 겪고 있습니다만, 많은 문제점들이 나중에 나타난다 하는 것이지요. 그래서 지금 인터넷 이외의 세상에서는 진리 형성의 과정이 다르다고 하지만, 그런 과정이 과연 나중에 지금의 경제에서 나타나는 현상이 없겠냐고 누가 말하겠습니까. 제가 염려하는 것은 그런 맥락입니다.

□ **김기창:**

결국은 실명제를 강요하면 범법자들이 위축되거나 변할 것이다, 그 논거인데요, 주민등록번호를 사용해서 하겠다 이것은 정말 기술적으로 말이 안 되는 것입니다. 주민등록번호는 private data이긴 하지만 이미 secret data는 아니거든요. 이번에 참석하느라 또 조교분께서 제게 이름과 주민등록번호 요구했지요. 저는 드렸어요. 그 다음에 우리나라에 수천 기업들이 제 주민등록번호 가지고 있어요. 그렇기 때문에 범법을 저지르는 사람은 아주 쉽게 주민등록번호하고 이름 등을 언제나 확보할 수 있는 것이지요. 그러면 실은 범죄를 저지르는 그런 분들은 다 빠져나가는 것입니다.

□ **박경신**:

김기창 선생님께서 말씀하신 것에 대해서 지금 여러 답변들이 있었는데, 아직도 제가 흡족하지는 않습니다. 뭐냐 하면, 여러 가지 기술적 문제에도 불구하고 결국에는 실명으로 해야 contents가 신뢰성이 있느냐 하는 것이 아니냐 이런 관점이신데, 상거래 예를 들면 금융실명제, 부동산실명제 모두 실명을 요구하고 있거든요. 상거래에서의 실명을 말씀하시는 것인데, 우선 첫째로, 헌법, 꼭 헌법 내부에서 꼭 그렇다기보다 상거래는 표현은 아닙니다. 상거래는 표현행위로 판단되지 않고 그래서 예를 들어 제가 익명제에 반대 의견을 내면서 도리어 전부 익명으로 거래하고 또 거래가 잘 이루어지지 않을 때 거기에 대한 평가를 익명으로 올림으로 인해, 그 신뢰도만 보고 사람들이 누구와 거래할지를 정하게 되는 그런 제도를 제가 말씀드리면서, 이게 익명제로 운영됨에도 불구하고 이렇게 신뢰에 대한 판단을 할 수 있는 그런 좋은 제도를 제가 예로 드는데, 그 좋은 제도에서도 제가 익명으로 서로 광고를 하지만 나중에 물건을 사고 팔 때에는 실명으로 할 수밖에 없습니다. 왜, credit card를 사용해야 하거든요. 그래서 상거래 자체는 표현이 아니고 행위다. 그리고 이것 관해서는 상업적 표현에 관한 여러 가지 미국 판례들에 보면 그런 내용들이 있고요.

지금 실명이 신뢰성을 고양시킨다, 그런데 이것은 어떤 말씀이시냐면 결국 국민들이 인터넷이 됐든 어떤 매체가 됐든 진실인 사실들만 접할 권리가 있지 않느냐, 이런 내용으로 받아들이게 됩니다. 또는 명백히 허위가 아닌 사실들만 국민들이 접할 권리가 있지 않느냐 그런 권리를 정부가 보호해 주어야 하는 것 아니냐, 그런 것들을 보호해 주기 위해서는 실명제를 해야 하는 것 아니냐 이런 내용이 되는데, 그런데 그렇다면 그것은 표현의 자유가 필요 없는 것이지요. 표현의 자유, 사상의 자유 시장 이런 것들이 필요한 이유가 결국 누가, 어떤 표현이 허위인지 사실인지 모르기 때문에 거기에 대해서 자유로운 토론을 통해서 진실 여부를 한 번 가려보자 이런 취지로 우리가 표현의 자유를 보호하는 것인데, 그것을 진실 여부를 누군가 판단할 수 있고, 그래서 진실인 명제들만 둥둥 매체 속에 떠다니도록 한다는 것은 기본적으로 자유민주주의 체제하고 맞지 않는 것 아닌가 라고 생각을 합니다.

□ **사회자:**

예, 이제는 제가 사회자로서 제 의무를 다 해야 할 것 같은데 대략 이 정도로 저희 오늘 논의를 하고, 제가 말씀드린 대로 다소 논의가 만족스럽지 않지만, 우리가 상당히 올해를 거치면서 우리 사회에서 경험했던 것 중에 많은 문제들을 테이블 위에 얹어놓았다 라고 생각을 합니다. 그래서 우리들이 이런 문제에 대해 법학자, 법률가들도 더 고심을 할 것이고, 또 우리 사회에서 이것이 테이블 위로 올라왔다 이 자체에 저는 의미가 있다고 생각합니다. 오늘 전체적인 학술 대회는 이것으로 마치도록 하겠습니다. 감사합니다.

(정리: 김수영)

공익과인권 14

2008 2009 한국과 표현의 자유

값 15,000원

2009년 2월 20일 초판 인쇄
2009년 2월 28일 초판 발행

기　　획 : **서울대학교 공익인권법센터**

엮은이 : 한 인 섭

발행인 : 한 정 희

편　　집 : 신 학 태

발행처 : 경인문화사

서울특별시 마포구 마포동 324-3

전화 : 718-4831~2, 팩스 : 703-9711

이메일 : kyunginp@chol.com

홈페이지 : http://www.kyunginp.co.kr
http://한국학서적.kr

등록번호 : 제10-18호(1973. 11. 8)

ⓒ 2009, 공익인권법센터
ISBN : 978-89-499-0633-1 94360
※ 파본 및 훼손된 책은 교환해 드립니다.